实用影像学诊断与法医鉴定

主编　张振华　陆淑娟
　　　李景华　朱　慧

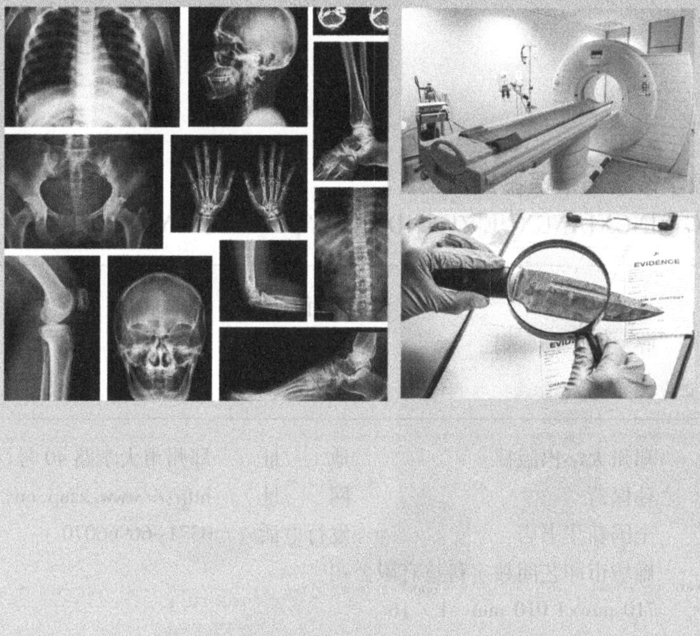

郑州大学出版社

图书在版编目(CIP)数据

实用影像学诊断与法医鉴定 / 张振华等主编. — 郑州：郑州大学出版社, 2023.7(2024.6 重印)

ISBN 978-7-5645-9700-9

Ⅰ. ①实…　Ⅱ. ①张…　Ⅲ. ①影像诊断 - 应用 - 法医学检验　Ⅳ. ①D919.2

中国国家版本馆 CIP 数据核字(2023)第 080862 号

实用影像学诊断与法医鉴定

SHIYONG YINGXIANGXUE ZHENDUAN YU FAYI JIANDING

策划编辑	李龙传	封面设计	曾耀东
责任编辑	薛　晗　杨　鹏	版式设计	胡晓晨
责任校对	刘　莉	责任监制	李瑞卿

出版发行	郑州大学出版社	地　　址	郑州市大学路 40 号(450052)
出 版 人	孙保营	网　　址	http://www.zzup.cn
经　　销	全国新华书店	发行电话	0371-66966070
印　　刷	廊坊市印艺阁数字科技有限公司		
开　　本	710 mm×1 010 mm　1 / 16		
印　　张	17	字　　数	324 千字
版　　次	2023 年 7 月第 1 版	印　　次	2024 年 6 月第 2 次印刷

书　　号	ISBN 978-7-5645-9700-9	定　　价	58.00 元

本书如有印装质量问题，请与本社联系调换。

作者名单

主　编　张振华　陆淑娟　李景华　朱　慧

副主编　王延磊　褚　鹍　王　冰　范　珂
方凌煜　李　鹏　孟凡平　付延涛

编　委　（按姓氏拼音排序）

晁　斌（山东省枣庄市公安局台儿庄分局）
褚　鹍（山东省枣庄市公安局山亭分局）
杜　霞（贵州医科大学）
范　珂（山东省枣庄市公安局）
付延涛（山东金剑司法鉴定中心）
方凌煜（山东省枣庄市公安局市中分局）
李景华（山东省枣庄市山亭区人民医院）
李　曼（山东省枣庄市妇幼保健院）
李　鹏（山东省枣庄市公安局山亭分局）
李庆刚（山东省枣庄市公安局市中分局）
陆淑娟（山东省枣庄市山亭区人民医院）
孟凡平（山东浩正司法鉴定中心）
王　冰（山东省枣庄市公安局）
王　鹏（山东省枣庄市公安局山亭分局）
王延磊（山东省枣庄市山亭区人民医院）
张振华（山东省枣庄市妇幼保健院）
朱　慧（山东省枣庄市妇幼保健院）

前 言

医学影像学在医学诊断领域是一门新兴学科,在临床上应用非常广泛,为疾病诊断提供大量科学、直观的依据,配合临床的症状、检验等,为最终准确诊断疾病起到不可替代的作用。随着医学科技的发展,临床医学影像技术不断提升,各种新型影像技术层出不穷并逐渐运用于临床诊断与治疗中。法医临床司法鉴定作为法医类司法鉴定的重要部分,特别是在涉及人身损害赔偿案件的处理时,常常需要法医临床司法鉴定作为技术支撑。在了解其基本知识的基础上,掌握法医临床司法鉴定的基本原则,才能较深刻、全面、系统地领会并在实践中准确应用,不断提高运用标准、规范的方法来解决法律上有关问题的能力。本书是笔者在总结实践经验基础上撰写而成,秉承影像学诊断与法医临床司法鉴定的基本理论和基本技能,坚持理论与实践相结合,力求体现科学性、客观性和实用性的统一,努力做到内容新颖、重点突出,同时融入大量的实践案例,突出影像学和法医临床司法鉴定紧贴实战的特色。

本书包括以下内容:脑部化脓性感染/特殊细菌感染的影像学诊断、脑部病毒感染的影像学诊断、骨与关节感染性病变的影像学诊断、脊柱感染的影像学诊断、脑水肿多模态磁共振成像诊断、损伤程度鉴定、伤残程度鉴定、颅脑损伤的伤残评定、胸腹部损伤的伤残评定、上肢损伤的伤残评定、下肢损伤的伤残评定、其他损伤的伤残评定。

影像学诊断和法医临床司法鉴定实践与应用,需要不断探索、实践、总结,本书各章的具体内容虽经多次审阅、修改,但因受限于知识、经验、水平的不足,书中缺点、错误在所难免,期盼广大读者批评指正,以使质量不断得到提高。

编者

2023 年 2 月

目 录

第一章　脑部化脓性感染/特殊细菌感染的影像学诊断

第一节　化脓性脑炎及脑脓肿

病原体侵入脑组织引起局限性化脓性炎症，继而形成脓肿，分别称为化脓性脑炎和脑脓肿。两者是脑部感染发生和发展的连续过程。

一、影像学表现

（一）MRI 表现

MRI 显示脑脓肿比 CT 优越，能对脑炎早期做出诊断而有助于临床治疗。

1. 脑炎期　早期 T_1WI 上表现为白质内不规则边界模糊的等信号或稍低信号，T_2WI 上中心炎症与周围水肿区均呈高信号，有时脑炎的信号可稍低于周围水肿的信号，占位效应明显。应用 Gd-DTPA 增强后扫描，T_1WI 多数无强化，有的可呈斑片状不均匀强化。晚期坏死区相互融合后，最早的脓肿形成中心区，T_1WI 上呈低信号，T_2WI 上呈高信号；其周边可显示一较薄的不规则环状影，T_1WI 呈等信号或中等高信号，T_2WI 上呈等信号或稍低信号。增强扫描可见环形强化，持续 30～60 min，往往能较平扫发现更多症状。周围脑水肿持续存在。

2. 脓肿期　脑脓肿形成的标志即出现脓肿壁，脓肿壁在 T_1WI 上呈相对等信号或略高信号，在 T_2WI 上呈相对低信号；脓腔在 T_1WI 上呈低信号，T_2WI 上呈高信号；周围脑水肿 T_1WI 呈低信号，T_2WI 呈高信号。注射 Gd-DTPA 增强后扫描显示脓肿壁明显强化，同 CT 强化环一样，可分辨出脓腔、脓肿壁、水肿带 3 个部分。

对于中心坏死液化的成熟脓肿，在 T_1WI 上的信号强度由低到高有以下规律，脑脊液≤中心空洞<周围水肿的脑组织<正常脑组织。在 T_2WI 上信号

强度根据回波时间(TE)及脓肿内蛋白质成分和脓肿中心液化程度不同而有不同强度的信号,当 TE<100 ms 时,正常脑组织<脑脊液<空洞≤水肿的脑组织;当 TE 延长时,脑脊液、空洞液体和水肿之间的信号差异缩小,这是因为在长重复时间(TR)图像上 T_2弛豫已最大化,而短和中等 TE 时 T_1对比显著,使得空洞内含蛋白质的液体和脑水肿信号高于脑脊液信号,由于脓肿内大量的蛋白质成分导致局部组织黏稠,水分子扩散受限,扩散加权成像(diffusion-weighted imagine,DWI)表现为高信号,具有特征性,在鉴别诊断时有一定价值。

如果没有蛋白质和其他大分子物质,空洞的信号将和脑脊液的信号相同,DWI 为脑脊液样低信号。脓腔内见到气平面和液平面,为脓肿的典型表现。脓肿壁的信号特点可能是脓肿壁的胶原或出血所致,也可能是分布于脓肿周围巨噬细胞吞噬的顺磁性自由基所致,因为其可使局部 T_1 和 T_2弛豫时间缩短而形成脓肿壁的信号特点,以下事实支持这一假说,肉芽肿在 T_2WI 上也可出现类似的低信号环,而没有出血。另外有些转移灶没有铁沉积和出血,相反却有大量的巨噬细胞。更复杂的解释为自由基促使正铁血红蛋白形成,所以事实上出血和自由基对信号特点的产生可能同时起着作用。

(二)^{18}F-FDG PET 表现

1. 脑炎期　早期^{18}F-FDG PET 可表现为阴性,或者表现为病变部位不规则、边缘模糊的^{18}F-FDG 放射性分布,随着炎症进展,炎症细胞不断地摄取^{18}F-FDG,^{18}F-FDG PET 表现为病变部位的放射性分布进一步增强。由于从中央部位开始出现坏死,^{18}F-FDG PET 表现为不规则小片状放射性分布稀疏降低或缺损。

2. 脓肿期　早期由于新生血管及大量结缔组织增生形成炎性肉芽组织,大量的炎症细胞不断地摄取^{18}F-FDG,从而 PET 表现为局限的境界清晰的团块样放射性分布浓聚灶(图 1-1)。随着脓肿壁及脓腔的形成,则 PET 表现为“炸面圈”样的环形放射性分布浓聚灶,中心部位表现为放射性分布明显降低甚至缺损。

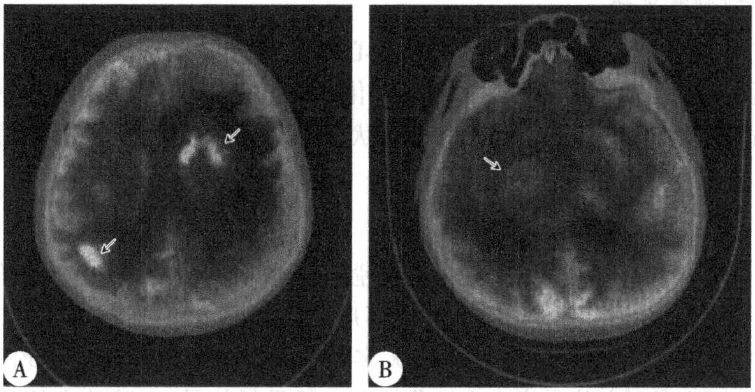

A. 脑^{18}F-FDG PET 显示右侧顶叶及左侧额叶团块状或环形不均匀性放射性分布浓聚灶；B. 脑^{18}F-FDG PET 显示右侧基底节区环形放射性分布浓聚灶。

图 1-1　右侧顶叶、左侧额叶及右侧基底节区脑脓肿

二、诊断要点

1. 病史　多有明确化脓性细菌感染的病史。

2. 发病部位　脓肿好发于皮质或皮髓质交界区，类圆形病变，周围水肿明显。

3. 实验室检查

（1）CT 平扫：脓腔呈低密度，脓肿壁呈等密度或稍高密度。MRI 平扫：脓液 T_1WI 上呈低信号，T_2WI 上呈高信号，脓肿壁 T_2WI 上呈等信号或稍低信号，增强扫描呈内壁光滑完整的环形强化；DWI 序列上脓液常呈明显高信号。

（2）脑脊液检查：白细胞计数明显增高，可以从脑脊液中检测到相关病原体。

三、鉴别诊断

化脓性感染是临床较常见的颅内感染性疾病之一。CT 及 MRI 平扫早期可未见异常表现，感染早期急性脑炎阶段影像学表现缺乏特异性，其定性诊断主要依靠病史、体征、脑脊液的实验室检查，影像学表现可以辅助诊断并起到定位的作用。脑脓肿影像学表现较典型，鉴别不难。脑脓肿需要与脑囊虫病、高级别星形细胞瘤、脑转移瘤、脑内血肿、脑梗死、手术后残腔等相鉴别。

(一)脑囊虫病

常为多发囊性病灶,囊腔内可见偏心性生长的头节,头节常有钙化,病灶周围水肿相对较轻,增强扫描可不强化或轻度环形强化。而脑脓肿多为单发,病灶周围常伴有范围较大的指压状水肿,增强扫描中脓肿壁呈明显较规则完整的环形强化。

(二)高级别星形细胞瘤

本病因常合并囊变、坏死而呈环形强化,与脑脓肿的强化方式相似,因此两者需鉴别。高级别星形细胞瘤的环形强化厚薄不均,形态不规则,中央坏死常不完全,呈"丝瓜瓤"改变,而大多数脑脓肿的环形强化完整均匀,内壁光整,DWI 序列上胶质瘤中央液化坏死一般呈低信号,而脓腔内的脓液呈高信号。

(三)脑转移瘤

本病易发生坏死和囊变,强化方式多为环形强化,与脑脓肿表现相似。但脑转移瘤好发于中老年患者,且多有脑外恶性肿瘤病史,常为多发病灶,部分环形强化的病灶内壁不光整,可见附壁结节。而脑脓肿则好发于青少年,也可见于老年人,单发多见,增强扫描环形强化的病灶内壁光滑完整,多无附壁结节。在 DWI 序列上,脑转移瘤中央液化坏死区多呈低信号,而脑脓肿中央脓液则多呈高信号。

(四)脑内血肿

吸收期,血肿周围包膜可呈环形强化,需与脑脓肿相鉴别。除了典型病史外,血肿吸收时常呈豆形或肾形,CT 上呈 3 层结构,中央呈高密度,周边呈低密度,外围薄而均匀的包膜强化。而脑脓肿的 3 层结构则是中央呈低密度,周边纤维包膜呈稍高密度,外周灶水肿呈低密度,与脑内血肿表现截然不同。

四、研究现状与进展

MRI、CT 均可用于化脓性脑炎及脑脓肿的检查,以 MRI 为主。

MRI 软组织分辨率高,其多序列、多模态检查可为化脓性脑膜炎、脑炎、脑脓肿的定位和定性、定量诊断提供依据。近年来,随着多种 MRI 新技术问世,其临床应用逐渐普及,MRI 新技术在颅内化脓性感染诊断、鉴别诊断、手术方案制订及治疗随访中有广泛应用。

(一)扩散加权成像

DWI 序列显示脑脓肿一般呈高信号,ADC 值较低,能为脑脓肿的诊断和鉴别诊断提供重要信息。脑脓肿各期常规 MRI 表现不尽相同,脑炎期 DWI

呈等信号；当脑实质内出现坏死灶时，脑脓肿内其扩散减慢，ADC 值降低；随着脓肿吸收缩小，中心坏死 DWI 呈等信号及低信号。总之，脑脓肿的 DWI 不是固定不变的，而是随着脓肿各期的演变而变化。脑脓肿的临床表现和实验室检查不典型时，影像学诊断起着重要的作用。有研究报道，脓肿治疗后脓腔 ADC 值会升高，ADC 值持续降低或反复降低，可以提示感染复发。

（二）磁共振灌注成像及磁共振磁敏感成像

磁共振灌注成像（PWI）也可用于脑脓肿和坏死性或囊性强化肿瘤的鉴别。最近的研究表明，脑肿瘤囊壁的平均相对脑血容量明显高于脑脓肿。磁共振磁敏感成像（SWI）诊断脑脓肿的文献报道不多，但有研究表明，化脓性脑脓肿在 SWI 上特征性表现为“环征”，即脓肿病灶边缘的外侧可见完整光滑的低信号环，病灶边缘内侧可见高于脓腔信号的环，因此 SWI 可以用于化脓性脑脓肿和坏死性胶质瘤的鉴别。

（三）氢质子波谱成像

氢质子波谱成像（1H-MRS）可以作为常规 MRI 和 DWI 的重要补充成像方法。未经治疗的化脓性脓肿脓腔的特征性表现：NAA 峰、Cho 峰及 Cr 峰缺如，氨基酸（AA，0.9 ppm）和乳酸（Lac，1.3 ppm）的水平升高，伴或不伴醋酸（1.9 ppm）和琥珀（2.4 ppm）升高。i-MRS 还可以通过显示早期异常改变进而随访观察颅内脓肿治疗后的效果。有研究表明，氨基酸峰会在治疗过程中逐渐消失，醋酸峰和琥珀酸峰也可在 1 周内消失，而乳酸峰由于巨噬细胞受累则可能持续更长时间，做多体素 MRS 检查时，同样应注意将有关体素置于脓腔的中央。

（四）扩散张量成像

扩散张量成像（DTI）可显示脓腔内脓液的各向异性分数（FA）值与脓液的神经炎性黏着分子呈正相关。Nath 等发现脓腔内脓液的 FA 值增高和平均扩散度（MD）值降低，对脑脓肿诊断的敏感度和特异度分别为 100% 和 75%；治疗后脓腔内脓液的 FA 值将降低，而 MD 值不降低，提示 FA 值可用于监控脑脓肿的治疗效果。

（五）PWI 的方法

主要有 2 种，基于 T_2WI 技术的动态磁敏感对比增强（DSC）法和基于 T_1WI 技术的动态对比增强（DCE）法。研究化脓性脑膜炎或脑脓肿，与伴坏死腔的恶性脑瘤腔壁 MRPWI 鉴别诊断的文献中，大多数采用 DSC，少数采用 DCE。研究发现，增强 T_1WI 呈环形强化的伴坏死腔腔壁的局部脑血容量（regionul cerebral blood volume，rCBV）值明显高于强化脓肿壁的 rCBV 值，从而有利于两者鉴别。

简而言之，DWI、MRS 可对化脓性感染的诊断和鉴别诊断及术后评估发挥更大作用，脑脓肿在 DWI 呈高信号，MRS 可探测到特异性代谢产物，DTI 可以显示纤维束与病灶之间的关系，避免手术损伤重要纤维束。

第二节　硬膜外和硬膜下脓肿

颅内积脓是一种化脓性炎症，常由于血行扩散或邻近化脓性感染组织直接蔓延而产生颅内硬膜外或硬膜下积脓。按照脓肿部位，颅内积脓可划分为硬膜外脓肿和硬膜下脓肿。

一、影像学表现

（一）硬膜外脓肿

1. CT　CT 平扫，在脓肿包膜形成或达一定厚度前，硬膜外脓肿显示为颅骨内板下边界模糊或清楚的梭形低密度区，可呈水样密度或略高于水的密度。若为产气菌感染，可出现液平面。在包膜形成并达一定厚度之后，颅骨内板下的梭形低密度区的边界清楚，其内包膜呈等密度或略高密度（图 1–2A）。硬膜外脓肿并发出血时，脓腔内的液体密度可分为两层，脓液居于上层，血液居于下层。CT 增强扫描，可显示硬膜外脓肿的包膜明显强化，呈高密度的弧形带，于颅骨内板下可见轮廓清楚的不增强梭形低密度区（图 1–2B）。硬膜外脓肿可并发硬膜下脓肿或硬膜下积液，CT 增强扫描可分别显示它们。硬膜下积液一般没有包膜形成或有很薄的包膜形成，增强成像时很薄的包膜可能有轻度强化。如果硬膜下脓肿的包膜尚未形成或包膜甚薄，则很难与硬膜下积液相区别。硬膜外脓肿和硬膜下脓肿同时存在时，CT 较难区别，MRI 检查可能有所帮助。当硬膜外脓肿形成在先时，其包膜所构成的脓肿壁常较厚；而后来形成的硬膜下脓肿的包膜可能尚未形成，或包膜甚薄，则可能区别两者（图 1–3）。当脓肿位于中线时，冠状面扫描可以显示大脑镰附着处上矢状窦离开颅内板下移，还有利于显示静脉窦内有无血栓形成。如不并发脑炎，积脓下面的脑组织表现正常，较大的硬膜外脓肿显示脑皮质受挤压和推移，脑的中线结构向对侧移位。

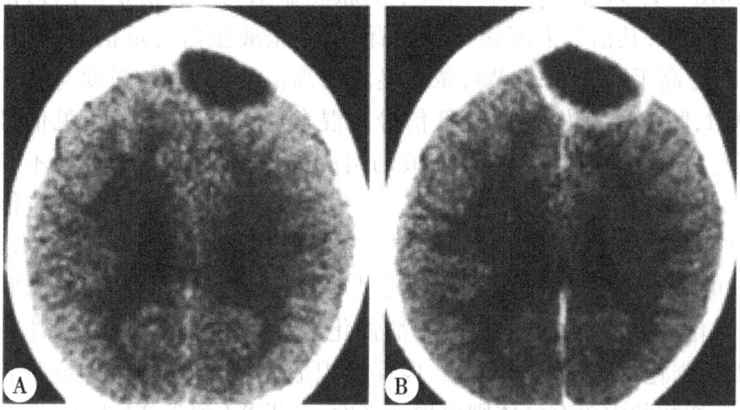

A. CT 平扫显示左额前部颅骨下方与脑表面之间，有一梭形低密度区，其密度略高于脑脊液，其内缘见一脓肿包膜所构成的弧形略高密度带；B. 增强后脓肿包膜明显强化。

图 1-2　硬膜外脓肿

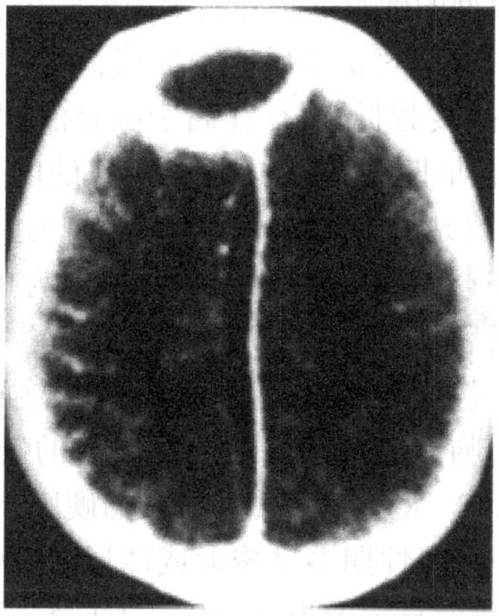

CT 增强扫描显示前额部颅板下局限性梭形低密度区，其内缘见一脓肿包膜所构成的较厚弧形明显强化带，提示为硬膜外脓肿，另见纵裂内有一低密度带，其左缘为强化的大脑镰，其右缘为一轻度强化的细线状影，后者可能为大脑镰硬膜下脓肿的包膜。

图 1-3　硬膜外脓肿继发大脑镰硬膜下脓肿

2. MRI　T_1WI 平扫，颅骨内板下的脓腔显示为边界清楚的凸透镜形或梭形低信号区，其信号强度接近于脑脊液；如脓液蛋白含量很高，则其信号强度可明显高于脑脊液；T_2WI，脓腔显示为高信号，其信号强度与脑脊液相仿；FLAIR，脓腔显示为高信号、低信号或混合信号强度，有时可见信号强度分层的表现，其信号强度取决于脓液的组成成分，如是否含有坏死不完全所残留的沉渣，以及蛋白含量的多少等；脓肿包膜在 T_1WI 上呈现为略低信号带，即略低于或等于脑皮质的信号强度；在 T_2WI 和 FLAIR 上，呈现为略高信号带，即略高于脑皮质的信号强度，或呈现为等信号。增强 T_1WI，脓肿包膜均明显强化；近脑表面的包膜一般都强化，近颅骨表面的包膜为骨膜所构成，一般不强化；如骨膜炎较严重，肉芽组织形成较多时，也可构成脓肿包膜而强化。如脓肿内含有气体则出现液平面，在 T_1WI 和 T_2WI 上，上方的气体均为黑色的无信号区。DWI，脓腔显示为高信号，表示扩散受限；脓肿包膜呈现为低信号，也可呈现为等信号。硬膜外脓肿可以并发脑膜炎、脑脓肿和硬膜下脓肿，如果发生这些颅内疾病，MRI 可以显示。

（二）硬膜下脓肿

1. CT　CT 平扫，典型的硬膜下脓肿显示为颅骨内板与脑表面之间有一跨越颅缝、较薄的、范围广泛的新月形等密度或低密度区；其密度与积脓的黏稠度有关，越稀薄者密度越低，但往往高于脑脊液；增强后 CT 扫描，在对比剂注射速度较快，并行早期扫描时，可见积脓区的内表面由强化的血管和强化的脑皮质所构成，清楚地显示出积脓区的内侧边缘；慢性期硬膜下脓肿，脓腔周围因边缘粘连和包膜形成，病灶可呈现为单发或多发的凸透镜形、圆形或类圆形；增强后扫描，位于颅骨和脑表面之间脓腔的内侧边缘强化，有时外侧边缘可出现边界清楚、厚度均匀的明显强化带，为增强的脓肿包膜所构成。发生于大脑镰和小脑幕硬膜下间隙的硬膜下脓肿，除部位不同之外，其形态也不相同。大脑镰硬膜下间隙的硬膜下脓肿，位于两大脑半球之间，急性期呈条带状，慢性期多呈梭形或球形。小脑幕硬膜下间隙的硬膜下脓肿，以冠状面扫描所显示者为佳，显示为凸透镜形、圆形或类圆形；横断面扫描不一定呈凸透镜形，可呈不规则的类圆形。增强后扫描，也显示包膜强化。慢性硬膜下脓肿邻近的软脑膜和脑皮质可感染而出现炎症，行增强扫描时，可见强化包膜的内侧有脑回样增强。如上所述，硬膜下脓肿可并发脑血栓性静脉炎及静脉窦炎，进一步可形成脑梗死；发生这些并发症时，可见相应的 CT 表现。有时硬膜下脓肿范围较小，而脑水肿区却很大，占位效应明显，中线结构移位显著。

2. MRI　急性和慢性期硬膜下脓肿的 MRI 形态与 CT 所见相同。大脑半球表面硬膜下间隙的积脓或脓腔，在 T_1WI 和 T_2WI 上分别呈信号强度接近于脑脊液的低信号和高信号，覆盖于大脑半球表面；在 T_2WI 上，其信号强度常略高于脑脊液慢性期结缔组织所构成的包膜，在 T_1WI 和 T_2WI 上均呈现为低信号；增强后 T_1WI，包膜明显强化；近脑表面的包膜一般都强化，近颅骨表面的包膜可强化或不强化。位于大脑镰和小脑幕的硬膜下间隙的硬膜下脓肿，因其部位特殊，最好能进行三维观察以了解其全貌。此外，于冠状面和矢状面观察还有利于显示小脑幕和脑底部的硬膜下脓肿。大脑镰硬膜下间隙的硬膜下脓肿，位于两大脑半球之间，急性期呈条带状，慢性期多呈梭形或球形。小脑幕硬膜下间隙的硬膜下脓肿，以冠状面扫描所显示者为佳，显示为凸透镜形、圆形或类圆形；横断面扫描不一定呈凸透镜形，可呈不规则的类圆形。继发于脑膜炎的硬膜下脓肿，常可同时显示脑膜炎的 MRI 表现，如显示广泛的硬膜、蛛网膜强化和软脑膜强化等。如显示硬膜下脓肿邻近有局限性硬膜、蛛网膜强化或软脑膜强化，则可能为硬膜下脓肿的炎症向邻近脑膜蔓延所致。与上述的脑脓肿相仿，硬膜下脓肿的脓腔在 DWI 和 ADC 图上分别显示为高信号和低信号，表示扩散受限。硬膜下脓肿并发血栓性静脉炎、静脉窦炎、脑梗死等并发症时，可见相应的 MRI 表现。

二、诊断要点

（1）多有明确化脓性细菌感染的病史。

（2）脓肿好发于颅内硬膜外和硬膜下。

（3）CT 平扫：脓腔呈低密度，脓肿壁呈等密度或稍高密度。

（4）MR 平扫：脓液 T_1WI 上呈低信号，T_2WI 上呈高信号，脓肿壁 T_2WI 上呈等信号或稍低信号，增强扫描呈内壁光滑完整的环形强化，DWI 序列上脓液呈明显高信号。

（5）脑脊液检查：白细胞计数明显增高，可以从脑脊液中检测到相关病原体。

三、鉴别诊断

（一）硬膜下脓肿

1. 颅内硬膜下血肿　硬膜下血肿在不同的时期 MRI 信号表现不同，与脓肿信号特征存在差异，而且硬膜下脓肿时，硬脑膜可有明显的强化，结合 DWI 呈高信号的典型特征可鉴别。

2. 颅内硬膜下积液　两者均表现为硬膜下间隙增宽；硬膜下积液近似脑脊液信号，与脓肿信号特征存在差异，而且硬膜下脓肿时，硬脑膜可有明显的强化，DWI 呈明显高信号，不难鉴别。

(二)硬膜外脓肿

1. 颅内硬膜外血肿　硬膜外血肿患者多数有明显外伤史,可合并脑挫伤、颅内血肿、颅骨或脊柱骨折等表现,通常无感染病史。硬膜外血肿在不同时期的 MRI 信号不同,慢性期可见血肿壁强化,而硬膜外脓肿始终呈 T_1WI 低信号,T_2WI 高信号,DWI 呈典型高信号,不难鉴别。

2. 颅内硬膜外积液　常见于颅脑外伤后慢性硬膜外血肿液化,密度或信号近似脑脊液,局部颅骨无受压变薄,增强扫描邻近脑膜无强化;另外,硬膜外积液罕见。

四、研究现状与进展

MRI、CT 均可用于硬膜外或硬膜脓肿的检查,以 MRI 为首选检查。

MRI 具有高软组织分辨率,其多序列、多模态检查可为化脓脑膜炎、脑炎、脑脓肿的定位、定性,乃至定量诊断提供大量信息。DWI、MRS 可对化脓性感染的诊断和鉴别诊断及术后评估发挥更大作用,脑脓肿在 DWI 呈高信号,MRS 可探测到特异性代谢产物。CT 因其扫描速度快、费用低,在颅内病变筛查方面可有广泛应用,CT 在显示微小钙化和骨皮质破坏方面优于 MRI。但 CT 的软组织分辨率较低,诊断准确率不如 MRI。

第三节　脑室炎

化脓性脑室炎是脑室炎的一种。脑室炎曾称为脑室膜炎、脑室内脓肿和脑室积脓。其特征为脑室内脓性液体积聚,为化脓性细菌感染所致。化脓性脑室炎的感染源可以通过以下途径进入脑室。①血行感染,远处的化脓性细菌感染,通过血行播散至室管膜下或脉络膜而进入脑室。②直接种植,继发于外伤或外科手术的化脓性细菌感染,如脑室内导管植入时带来的感染。③脑室邻近感染直接扩散,脑室邻近脓肿破入脑室。④脑室外感染的脑脊液回流入脑室,继发于化脓性脑膜炎的化脓性脑室炎很可能是通过此途径而来。

一、影像学表现

1. CT 表现　化脓性脑室炎常能引起脑积水和脉络膜丛扩大,增强前 CT 扫描,分别显示为脑室扩大和脉络膜丛增大;如有脑室内脓液碎屑沉积,则显示为脑室低下部位,如侧脑室三角区或枕角内,有密度较高的脓液碎屑沉积;增强后 CT 扫描,除显示脑室扩大和有密度较高的脓液碎屑沉积外,还可显示室管膜强化和扩大的脉络膜丛强化(图 1-4)。

CT 对于显示室管膜强化和脓液碎屑沉积等不及 MRI 敏感,当 CT 难以确定诊断时,应立即行 MRI 检查。

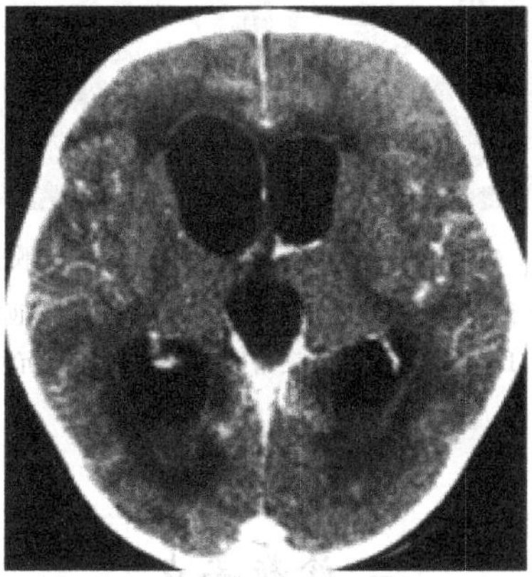

增强后 CT 扫描显示侧脑室和第三脑室扩大、室管膜强化,双侧侧脑室枕角内有密度较高的脓液碎屑沉积。

图 1-4 化脓性脑室炎

2. MRI 表现 MRI 表现对化脓性脑室炎的显示和诊断颇有价值。MRI 对显示化脓性脑室炎的脑室扩大和脉络膜丛扩大十分敏感,对显示脑室炎所造成的脑室内信号异常也十分敏感。T_1WI 上有时可显示脑室低下部位,如侧脑室三角区或枕角内,有信号强度高于脑脊液和低于脑实质的脓液碎屑沉积;增强 T_1WI,还可显示室管膜强化和扩大的脉络膜丛强化;T_2WI,可显示脑室低下部位,有信号强度低于脑脊液和高于脑实质的脓液碎屑沉积;FLAIR 上可显示脑室低下部位的脓液碎屑,呈现为信号强度高于脑脊液和脑白质的信号强度;脓液碎屑沉积在 DWI 上显示为高信号,在 ADC 图上显示为低信号(图 1-5)。脑室内积脓周围有包膜形成时,则形成脑室内脓肿,表现为局部脑室内信号强度异常;T_1WI 上其信号强度高于脑脊液和低于脑实质,T_2WI 上脓肿包膜呈现为低信号,脓腔内脓液呈现为与脑脊液信号强度相仿的高信号;增强 T_1WI 上显示脓肿包膜强化。

MRI 可发现许多脑室炎的并发症,如脑膜炎、脑炎、血管源性或细胞毒性脑水肿、局灶性缺血性损伤(如脑梗死等)、感染性静脉窦血栓形成、硬膜下积液、硬膜下脓肿、硬膜外脓肿和脑脓肿等。如发生这些并发症,MRI 可显示相应的表现。并发脑炎时,增强 T_1WI 常能显示病灶强化;而并发脑水肿时，增强 T_1WI 不能显示病灶强化。

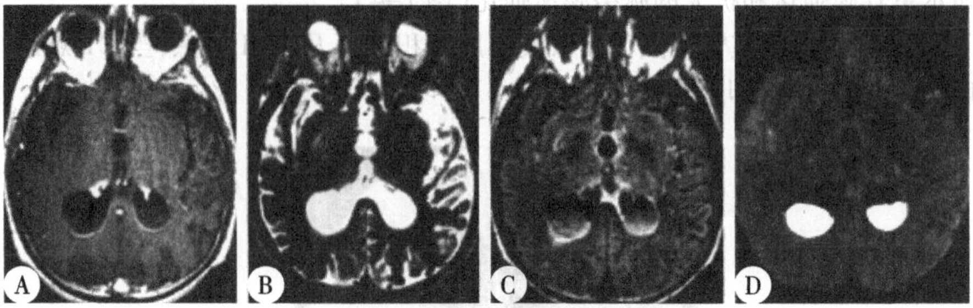

侧脑室和第三脑室扩大。A. T_1WI 增强显示侧脑室三角区室管膜强化；B. T_2WI 显示侧脑室三角区内的脓液碎屑沉积的信号低于脑脊液；C. FLAIR 序列显示侧脑室三角区内的脓液碎屑沉积的信号强度高于脑脊液；D. DWI 显示侧脑室三角区内的脓液碎屑沉积呈高信号。

图 1-5 化脓性室管膜炎

二、诊断要点

（1）多有明确化脓性细菌感染的病史。

（2）病变发生于脑室内。

（3）CT 平扫：脑室系统扩大，脑脊液密度增高。MRI 平扫：脓液 T_1WI 上呈低信号，FLAIR、T_2WI 上呈高信号，DWI 上脑室呈高信号或高低混杂信号，增强扫描呈脑室壁可见线性强化。

（4）脑脊液检查：白细胞计数明显增高，可以从脑脊液中检测到相关病原体。

三、鉴别诊断

（一）脑积水

脑室系统扩大，严重时可见间质性脑积水，但脑室为脑脊液密度或信号，增强后脑室壁常无异常强化。

（二）脑室积血

患者常有蛛网膜下腔出血或脑内出血破入脑室病史和影像学表现；MRI 上常常可见液平面，SWI 可见脑室内含铁血黄素沉积，增强后脑室壁无明显强化。

四、研究现状与进展

化脓性脑室炎的影像学检查方法包括超声、CT 和 MRI,其中以 MRI 的诊断价值最高,为化脓性脑室炎诊断的第一线工具。超声主要用于囟门未闭的婴儿。MRI 检查中,DWI、FLAIR 和增强扫描是诊断化脓性室管膜炎的重要序列。Hong 等研究认为,脑脓肿破入脑室后,脑室内脓肿与脑脓肿在 DWI 上均表现为高信号,但在相应的 ADC 图上,脑室内脓肿信号强度是可变的(中到低信号),推测其可能归因于高浓度的大分子、细胞和细胞碎片被脑脊液稀释,相较于 DWI,ADC 图(ADC 值的区域变化)对显示脓液的含量或浓度的细微变化更敏感。

第四节　脉络丛炎

脉络丛是许多中枢神经系统感染的重要入口。结核分枝杆菌、隐球菌和诺卡氏杆菌是引起原发性脉络丛炎的主要感染源。其中结核分枝杆菌和隐球菌引起的中枢神经系统感染多表现为脉络丛炎,而诺卡氏杆菌的颅内感染通常表现为脓肿。大多数感染性病原体侵入中枢神经系统是通过血流传播的。而隐球菌感染的发病机制与结核分枝杆菌感染有许多相似之处,感染都是通过吸入获得的,病原体一旦被吸入,就被控制在肺或淋巴结的水平,可以保持休眠状态。导致疾病的微生物只在包囊菌株中增殖,当感染剂量大到使宿主防御系统不堪重负,或者存在使宿主免疫受损的潜在疾病的情况下,病灶可破裂将杆菌排入脑脊液,引起脑膜炎。类似隐球菌病中,真菌可通过血行播散到达脉络丛,定植于脉络丛,然后进入脑脊液,引起脑膜炎、脑炎或室管膜炎。

隐球菌也通过血管周围间隙进入脑实质,在这些空腔内扩张形成本病特有的假性囊性病变。与结核性和隐球菌性颅内感染(通常表现为脑膜炎)不同,诺卡氏杆菌感染最常表现为脑室内脓肿形成。因此,诺卡氏杆菌脉络丛炎更加危险,需要更积极的治疗。原发性脉络丛炎是一种罕见但严重的疾病,早期发现可以在感染进一步扩展到中枢神经系统之前进行干预。神经影像学可观察到不同程度的异常,但是单纯的放射学检查结果并不针对特定的病原体,微生物诊断仍然依赖于临床,包括患者病史、细菌培养或活检;从脑脊液中检测到相关病原体可作为此病的确诊依据。

一、影像学表现

1. CT 表现　平扫可显示脉络丛呈单侧或双侧突起。脑积水较为常见，病灶周围可见低密度水肿。增强后，脉络丛明显强化，双边室管膜可有强化，病灶邻近的脑实质可呈环形强化。

2. MRI 表现　除了可显示上述特征外，还可以发现脑室内囊性肿块及血管周围间隙扩大。双侧侧脑室脉络膜不对称或双侧突出及脉络丛显著强化是主要特征性影像学表现，但扩大的程度从细微到严重异常不等。虽然 T_1WI 和 T_2WI 上的信号强度是可变的，但增强图像可以通过强化提示脉络丛炎的严重程度。由于炎性室管膜和脉络丛之间的粘连，脑室内形成小的囊腔，炎症反应也容易延伸到脑室壁，邻近的脑实质常出现广泛水肿(图 1-6)。

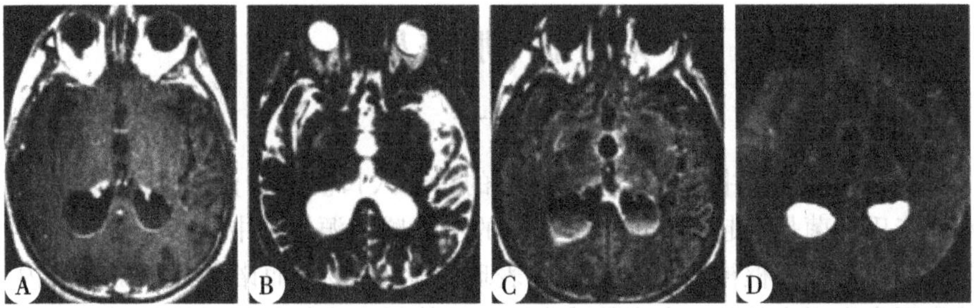

A. CT 平扫显示左侧脉络膜丛钙化；B. T_2WI 显示左侧脉络膜丛轻度突起，双侧侧脑室后角内脉络丛不对称；C. FLAIR 序列显示明显的室周水肿；D. T_1WI 增强显示左侧脉络膜丛明显强化。

图 1-6　脉络丛炎

二、诊断要点

(1)多有明确病原体感染的病史。

(2)CT 及 MRI 平扫表现为单侧或双侧侧脑室脉络丛突起，脑积水，侧脑室后角脑室旁水肿，增强可见局部脉络丛异常强化和室管膜异常强化；DWI 病变处可有高信号。

(3)脑脊液检查：白细胞计数明显增高，可以从脑脊液中检测到相关病原体。

三、鉴别诊断

脉络丛肿瘤尤其是脉络膜丛乳头状瘤和脉络丛癌，其影像学表现与脉络丛炎相似，表现为以脉络丛为中心的肿大、强化肿块伴脑积水。脉络丛癌常表现为肿瘤向实质扩展及周围水肿，在鉴别感染与肿瘤时，DWI 可能有所帮助,病变处的高信号提示有感染。虽然实质脓肿表现出扩散受限的特征,但很多病例中受累的脉络丛没有扩散受限。MRI 波谱在诊断特异性局灶性实质病变中也有很高的价值。此外,病史也具有鉴别意义,脉络丛炎进展更迅速。

四、研究现状与进展

CT 对于未形成脓肿的病灶检出率较低。MRI 可以早期发现病变,增强 MRI、DWI 序列及 MRS 可以对该病的诊断和鉴别诊断发挥重要作用。MRI 显示的某些特异性征象对于鉴别不同的病原体有一定提示作用,但明确的诊断仍依赖于临床表现及实验室检查。

第五节　李斯特菌病

脑李斯特菌病是脑组织内感染单核细胞性李斯特菌所导致的中枢神经系统病变,其感染途径如下:致病菌首先进入消化道,通过胃肠道血行播散进入中枢神经系统。患者常为免疫力低下的老年人、接受肿瘤治疗患者、移植患者、患糖尿病或肝硬化等慢性消耗性疾病患者、孕妇和新生儿。但一些脑干脑炎的患者常为无易感因素的年轻人。

一、影像学表现

出现头颅 CT 异常者只占 1/4。头颅 MRI 较头颅 CT 更容易发现颅内病变。影像学表现无特征性。CT 可显示侧脑室周围或脑实质白质区的弥漫性低密度灶,MRI 为 T_1 和 T_2 信号,不易与脱髓鞘、胶质瘤或缺血性血管疾病区分。增强 CT 扫描显示病灶多呈环形强化。增强 MRI 可进一步显示病灶内的坏死区,周围水肿明显。

二、诊断要点

(1)多有明确病原体感染的病史。

(2)常规 CT、MRI 检查无特征性。

(3)脑脊液检查:白细胞计数明显增多,可以从脑脊液中检测到相关病原体。

三、鉴别诊断

(一)高级别星形细胞瘤

本病因常合并囊变、坏死而呈花环形强化,中央坏死常不完全而呈“丝瓜瓤”改变,且环形强化区 DWI 呈高信号。

(二)脑转移瘤

脑转移瘤常为多发病灶,多位于皮质或皮质下,易发生坏死和囊变,部分环形强化的病灶内壁不光整,可见附壁结节,周围水肿明显。脑转移瘤好发于中老年人,且多有原发恶性肿瘤病史。

四、研究现状与进展

MRI、CT 均可用于李斯特菌颅内感染的诊断,MRI 为推荐的检查方法。CT 可显示李斯特菌感染引起的颅内脓肿,但对于具体病变诊断价值有限。MRI 软组织分辨率高,能很好地显示侵及神经束的病变,对涉及脑干、脊髓的病变也具有很高的诊断价值。MRI 的常规序列平扫+增强及 DWI 等为颅内李斯特菌的诊断、鉴别诊断及治疗后随访提供了重要的信息。CT 因其扫描速度快、费用低,可广泛应用于筛查是否存在颅内病变,但 CT 的软组织分辨率较低,诊断准确率有所欠缺。

第二章 脑部病毒感染的影像学诊断

第一节 疱疹病毒感染

一、单纯疱疹病毒感染

单纯疱疹病毒(HSV)侵入中枢神经系统(CNS)引发一系列炎性改变,以脑实质受累为主时,称为单纯疱疹病毒性脑炎(HSVE),是CNS最常见的病毒感染性疾病。国外单纯疱疹病毒性脑炎发病率为(0.4~1.0)/10万,占所有病毒性脑炎的20%~68%。病毒最常侵犯颞叶、额叶及边缘系统,因其常导致脑实质出血性坏死和(或)变态反应性损害,故也称急性坏死性脑炎或出血性脑炎。

单纯疱疹病毒性脑炎分为新生儿型和成人型。在成人和年龄较大的儿童中,单纯疱疹病毒性脑炎通常累及颞叶和额叶,由1型单纯疱疹病毒引起。在新生儿中,单纯疱疹病毒性脑炎通常由2型单纯疱疹病毒引起,在分娩过程中获得,并有弥漫性脑受累。病毒感染潜伏期为2~21 d,平均6 d。前驱期症状包括头痛、头晕、恶心、呕吐、咽喉痛、肌痛、全身不适等。单纯疱疹病毒性脑炎多为急性起病,发病后出现超高热,体温可达40~41 ℃,持续约1周,之后出现一系列神经系统症状,如头痛、恶心、脑膜刺激征;累及脑神经时引发脑神经功能障碍,如眼球协同功能障碍、展神经麻痹等;可引发局灶性神经损害症状,如偏瘫、失语、偏身感觉障碍和共济失调等;可出现部分性或全身性痫性发作;也可出现精神症状,如呆滞、缄默、幻觉、言语错乱、偏执、烦躁、行为异常等;多数患者可出现意识障碍,如意识模糊、嗜睡、谵妄及精神错乱甚至昏迷。重症患者可因大范围的脑组织坏死、水肿导致颅内高压,形成脑疝甚至导致死亡。

血清学检查显示35%~50%的患者出现中性粒细胞增多,40%出现低钠血症。脑脊液检查显示约90%的患者淋巴细胞增多,25%出现低血糖,70%出现蛋白水平升高。脑脊液单纯疱疹病毒DNA聚合酶链反应(PCR)是诊断单纯疱疹病毒性脑炎的金标准,发病7～10 d后出现抗单纯疱疹病毒IgG抗体具有较高的诊断价值。

(一)影像学表现

发病1周内头颅CT多表现正常,其后可见一侧或双侧不对称性颞叶、额叶、岛叶低密度影,可有轻中度占位效应,发生出血时可见高密度影;增强CT扫描可见颞叶、额叶、岛叶脑表面线状强化(图2-1)。

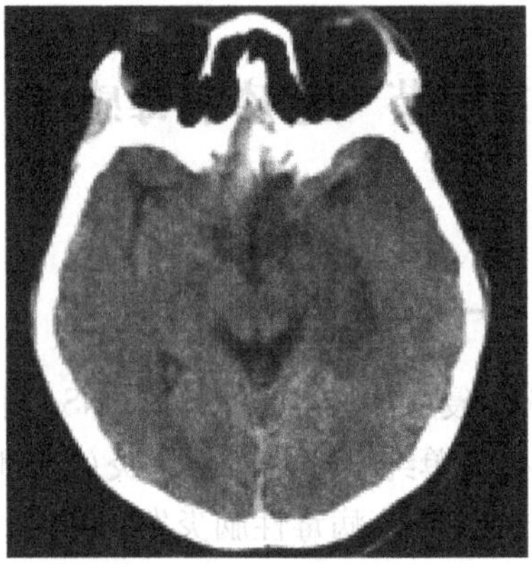

头颅CT显示左侧颞叶内侧面、左侧海马旁回片状低密度影。

图2-1 单纯疱疹病毒性脑炎

MRI表现为一侧或双侧不对称性颞叶、额叶、岛叶片状T_1WI低信号、T_2WI高信号,在FLAR上呈高信号,边缘模糊,多累及皮质及皮质下白质,多伴出血,可有轻中度占位效应,在DWI序列上显示扩散受限,表现为高信号,ADC值下降(图2-2)。增强扫描可表现为病变区脑表面线状或脑回样强化,偶尔也可表现为类环形强化。PWI上病灶表现为高灌注,抗病毒治疗后,患者可出现脑萎缩。

病变侵犯颞叶、额叶、岛叶皮质区时,可表现为"刀切征":由于病变不累及基底节区,豆状核常不受侵犯,病变区与豆状核分界清楚,凸面向外,而呈刀切样改变,是本病最具特征性的表现。病变侵犯基底核、丘脑、脑干时则表现为"基底核突显征"。

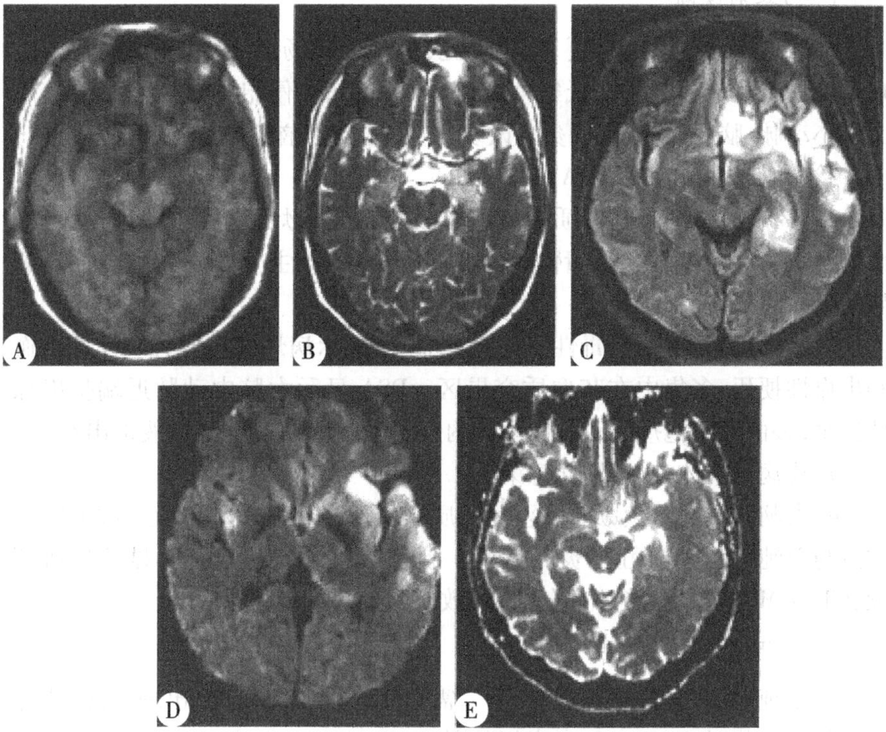

A. T_1WI 上双侧海马区呈片状低信号；B. T_2WI 上双侧海马区呈片状高信号；C. FLAIR 序列上病变呈非对称分布，左侧颞叶、左侧海马，左侧岛叶，左侧额叶眶回可见大片状高信号，右侧仅海马区见小片状高信号；D. DWI 显示病变呈非对称性分布，左侧颞叶、左侧岛叶可见片状高信号，右侧仅海马区见小片状高信号；A、C、D、E 图示上述病变（DWI 序列上高信号区）呈不同程度信号降低。

图 2-2　单纯疱疹病毒性脑炎

（二）诊断要点

（1）患者有偏盲、偏瘫、失语、眼肌麻痹、共济失调、多动、脑膜刺激征等弥漫性及局灶性脑损害症状，明确的疱疹病毒接触及感染史。

（2）病变多呈不对称分布，多累及一侧颞叶内侧面、额叶眶面，可延续累及扣带回及岛叶，通常不累及基底节区，表现为典型的“刀切征”。

（3）T_2WI、FLAIR 序列上表现为皮质及皮质下高信号，T_1WI 上皮髓质分界不清晰，可有轻至中度占位效应。

（4）病原学检查脑脊液单纯疱疹病毒 DNA 聚合酶链反应（PCR）是诊断单纯疱疹病毒性脑炎的金标准；发病 7 ~ 10 d 后出现抗单纯疱疹病毒 IgG 抗体具有较高的诊断价值。

（三）鉴别诊断

1. 肠道病毒性脑炎　夏、秋季多见，病初为胃肠道症状，影像学主要表现为脑皮质及脑室旁片状低密度影，这与肠道病毒侵犯中枢神经系统造成大脑小动脉、脑膜、室管膜的炎症改变有关，尤其是脑室旁小动脉炎症反应；PCR 检出脑脊液中病毒 DNA。

2. EB 病毒感染　脑实质单发或多发性低密度灶，基底节区钙化，交通性脑积水，伴颅内出血、脱髓鞘样改变；脑电图检查主要表现为弥漫性双侧导联连续高幅慢波或 δ 波。

3. 水痘-带状疱疹病毒性感染　头部 CT 显示病灶区白质有多灶性缺血和出血性梗死，多集中在灰白质交界区。DSA 显示大脑中动脉近端呈串珠状狭窄，多由带状疱疹所致颅内动脉内膜炎引起脑梗死。脑脊液检出水痘-带状疱疹病毒抗体，以鉴别此感染。

4. 大脑胶质瘤　额颞叶的恶性胶质瘤出现局部坏死和出血性改变时应注意与单纯疱疹病毒性脑炎相鉴别。脑恶性胶质瘤常伴有明显的出血坏死，CT 及 MRI 显示病变不均匀，占位效应明显。

（四）研究现状与进展

1. 单纯疱疹病毒性脑炎的诊断　需密切结合临床情况，出现发热、头痛伴有精神症状时，要注意与本病相鉴别。

2. 实验室检查　发病 7 ~ 10 d 后脑脊液检查出抗单纯疱疹病毒 IgG 抗体对单纯疱疹病毒性脑炎具有较高的诊断价值。

3. 影像学检查　MRI 是单纯疱疹病毒性脑炎最敏感、最特异的成像方法，尤其是在病程早期，典型表现为中颞叶、眶额叶和岛叶的 T_2WI 上不对称高信号病变。DWI 在检测早期病变上展现出诊断优势，表现为扩散受限，但在检测累及丘脑病变上劣于 FLAIR。

4. 神经电生理检查　可以检测到弥漫性放电异常，或者额颞叶癫痫样放电，可以评估病情的严重程度和预后情况。

二、水痘-带状疱疹病毒感染

（一）概述

水痘脑炎多发生于 15 岁以下儿童，带状疱疹性脑炎常发生于中老年人，发病均无季节性。中枢神经系统症状与疱疹出现的先后时间不尽相同，多发生在疱疹后数天至数周，也可在发疹之前或发疹期出现，也可发生于无水痘-疱疹患者。

中枢神经系统症状包括头痛、呕吐、癫痫发作、意识改变、神经异常及局灶性神经功能缺失症,少数可出现烦躁不安、谵妄甚至昏迷、死亡。累及脑干可出现脑神经麻痹,常伴发热。健康儿童或成人感染多症状轻微,预后良好,而存在免疫功能缺陷或使用免疫抑制剂治疗者感染常出现严重症状,预后不良,甚至死亡。

脑脊液检查可出现单核细胞增多;脑脊液/血清白蛋白比值增高,常提示血脑屏障破坏。病原学检查在病变急性期可以通过脑脊液水痘-带状疱疹病毒 DNA PCR 检查和(或)鞘内水痘-带状疱疹病毒 DNA 抗体检测;中枢神经症状出现 1 ~3 周时,脑脊液中 DNA 含量减少,而病毒 DNA 抗体成为诊断的主要指标。可采用酶联免疫吸附法(ELISA)测定水痘-带状疱疹病毒 IgG 血清/脑脊液比值帮助诊断。

(二)影像学表现

头部 CT 显示多灶缺血性和出血性梗死低密度影,多见于皮质及皮质下白质、深部核团及脑干,增强扫描病变呈脑回样强化。

MRI 表现为 T_1WI 上多灶性低信号,T_2WI 上高信号,急性期在 DWI 上表现为扩散受限,呈高信号,ADC 值降低。增强类似 CT 增强,呈脑回样强化。

DSA 可显示受累大脑中动脉近端串珠状狭窄,多由带状疱疹所致颅内动脉内膜炎造成。

(三)诊断要点

(1)中枢神经系统症状主要为头痛、呕吐、癫痫发作、神经异常、意识改变,少数还有烦躁不安、谵妄甚至昏迷、死亡,常伴发热。

(2)多灶缺血性和出血性梗死灶,多见于皮质和皮质下白质、深部核团及脑干,增强扫描病变呈脑回样强化,增强扫描呈脑回样强化。

(3)DSA 可显示大脑中动脉近端呈串珠状狭窄。

(4)血清学检查水痘-带状疱疹病毒 IgG 血清/脑脊液比值升高是诊断本病较常用的检查方法。

(四)鉴别诊断

1. EB 病毒感染 脑实质单发或多发性低密度灶,基底节区钙化,交通性脑积水,伴颅内出血、脱髓鞘样改变;脑电图检查主要表现为弥漫性双侧导联连续高幅慢波或 δ 波。

2. 单纯疱疹病毒性感染 典型征象为一侧或双侧不对称性颞叶、额叶、岛叶片状异常密度或信号,多累及皮质及皮质下白质,多伴出血,可有轻中度占位效应,在 DWI 序列上显示扩散受限,ADC 值下降。增强扫描可表现为病变区脑表面线状或脑回样强化,偶尔也可表现为类环形强化。病变侵犯颞叶、额叶、岛叶皮质区时,可表现为“刀切征”病变,侵犯基底核、丘脑、脑干时则表现为“基底核突显征”。

3. 肠道病毒性脑炎　夏、秋季多见，病初多有胃肠道症状，影像学主要表现为脑皮质及脑室旁的片状低密度影，这与肠道病毒侵犯中枢神经系统造成大脑小动脉、脑膜、室管膜的炎症改变有关，尤其是脑室旁小动脉炎症反应。

（五）研究现状及进展

1. 影像学检查　CT 和 MRI 均可显示异常，后者更敏感。病变为皮质性和深部病变，均发生于灰质和白质及灰白质交界区。大多数病变是缺血性的，但也可能是出血性的。对于缺血性病变的检测，MRI DWI 序列更敏感，发生于血脑屏障时，病变区域显示 MRI 强化。

2. 血管成像技术　DSA 检查可发现受累大脑中动脉、前动脉存在多处狭窄段。若怀疑血管炎，可以使用 CTA 或 MRA，但比传统的血管造影更不敏感，尤其是远端血管，新的检查方法如高分辨率 MRI（HRMR）越来越多地被采用。

3. 血清学检查　水痘-带状疱疹糖蛋白 IgE 可诊断水痘-带状疱疹性脑炎。

三、EB 病毒感染

EB 病毒（EBV）是引发儿童中枢神经系统病毒感染的常见病原之一。EBV 在自然界中广泛存在，经唾液进行传播，进入人体后破坏 B 淋巴细胞表面的相关受体，激发相应的变态反应累及脑实质和（或）脑膜，导致 EB 病毒性脑炎（EBE）。

大多数患者出现淋巴结肿大、咽炎、脾大，约 10% 的患者有肝大、黄疸、腭黏膜疹及皮疹。EBE 可累及脑实质的任何区域，以小脑最易受累，患者大多以步态异常起病，严重者可因急性小脑肿胀导致小脑扁桃体疝而死亡。EBE 可致儿童和青年急性偏瘫。脑电图检查主要表现为弥漫性双侧导联连续高幅慢波或 δ 波。EBV 血清学或脑脊液 PCR 检查阳性是诊断本病的金标准，脑脊液检查显示细胞增多，蛋白、葡萄糖含量接近正常。

（一）影像学表现

CT 显示脑实质单发或多发性低密度灶，伴颅内出血时出现高密度影。MRI 常表现为 T_2WI 上尾状核和壳核对称性高信号，可累及丘脑、皮髓质、脑干、胼胝体压部，DWI 及 ADC 上信号增高或降低。MRI 显示 NAA 减少，氨基酸和肌醇水平增加。

（二）诊断要点

（1）患者有明确病毒感染病史，多有咽炎、全身淋巴结肿大、肝脾大、皮疹等症状。

(2)影像学检查:CT 表现为非特异性的低密度病灶;MRI 常表现为 T_2WI 上尾状核和壳核对称性高信号,可累及丘脑、皮髓质、脑干、胼胝体压部。

(3)实验室检查:嗜异凝集抗体试验阳性、EBV 载量检测阳性及 EBV 特异性抗体阳性。

(三)鉴别诊断

EBV 常累及基底节区,因此 EBE 需与其他可引起基底节区异常的疾病相鉴别,临床病史和首发症状对于鉴别有一定帮助。

1. 线粒体脑病　线粒体脑病及其他有机酸尿症,影像学表现可见类似 EBE,但是这类疾病常伴进行性精神运动发育迟缓症状,而无其他神经系统缺损症状。

2. 缺血和缺氧损伤　缺血和缺氧损伤、一氧化碳中毒或低血糖,需与 EBE 鉴别,病史有益于鉴别,并且这类疾病通常伴有白质弥漫性受累,表现出明显的扩散受限。

3. 静脉窦血栓形成　同样会造成脑组织肿胀及 DWI 和 ADC 信号变化,MRV 有助于排除诊断。

(四)研究现状与进展

影像学诊断 EBE 比较困难,MRI 常表现为 T_2WI 上尾状核和壳核对称性高信号,但不具特异性。嗜异凝集抗体试验阳性、EBV 载量检测阳性及 EBV 特异性抗体阳性可明确诊断。因此在研究儿童脑炎时应综合使用分子、血清学和影像学技术。

四、人类疱疹病毒 6 型感染

人类疱疹病毒 6 型(HHV-6)是一种嗜人 T 淋巴细胞的双链 DNA 病毒,属于疱疹病毒 P 亚科。HHV-6 具有显著的嗜淋巴细胞性和嗜神经性,其感染与儿科诸多疾病有关,如器官移植后感染、幼儿急疹等。HHV-6 可侵入中枢神经系统,严重时可造成潜在的永久性损伤甚至危及生命。

血清抗 HHV-6 IgG 和(或)IgM 间接免疫荧光检测是一种广泛应用于 HHV-6 感染诊断的方法。采用 PCR 和逆转录(RT)-PCR 检测病毒核酸已成为血浆、血清和脑脊液标本中 HHV-6 鉴定的首选方法。

(一)影像学表现

影像学上病灶常位于颞叶内侧及内嗅皮质,尤其易累及海马体与丘脑;与单纯疱疹病毒性脑炎相比,病灶更局限,并且较少累及岛叶皮质。FLAIR 显示病变清晰,增强检查病变可轻度强化或无强化。

（二）诊断要点

（1）多见于婴幼儿，有明确的病毒接触史及感染史、单核细胞增多症，表现为发热、双侧颈淋巴结肿大，无触痛。

（2）影像学检查：病灶常位于颞叶内侧及内嗅皮质，尤其易累及海马体与丘脑，并且较少累及岛叶皮质。FLAIR 显示病变清晰，增强检查病变可轻度强化或无强化。

（3）实验室检查：婴幼儿检测抗 HHV-6 IgM 是诊断初期感染的可靠指标。幼儿急疹初期抗体阴性，7 d后抗体滴度开始升高，2 周时方可测得。病毒培养是确诊活动性 HHV-6 感染的方法，血标本中检测到 HHV-6 DNA，支持 HHV-6 的活动性复制。

（三）鉴别诊断

1. EBV 感染　脑实质单发或多发性低密度灶，基底节区钙化，交通性脑积水，伴颅内出血、脱髓鞘样改变；脑电图检查主要表现为弥漫性双侧导联连续高幅慢波或 δ 波。

2. 单纯疱疹病毒性感染　典型征象为一侧或双侧不对称性颞叶、额叶、岛叶片状异常密度或信号，多累及皮质及皮质下白质，多伴出血，可有轻中度占位效应，在 DWI 序列上显示扩散受限，ADC 值下降。增强扫描可表现为病变区脑表面线状或脑回样强化，偶尔也可表现为类环形强化。病变侵犯颞叶、额叶、岛叶皮质区时，可表现为“刀切征”，其是本病最具特征性的表现。病变侵犯基底核、丘脑、脑干时则表现为“基底核突显征”。

3. 肠道病毒性脑炎　夏、秋季多见，病初多有胃肠道症状，影像学主要表现为脑皮质及脑室旁的片状低密度影，这与肠道病毒侵犯中枢神经系统造成大脑小动脉、脑膜、室管膜的炎症改变有关，尤其是脑室旁小动脉炎症反应。

（四）研究现状与进展

HHV-6 感染多发生于免疫功能低下患者，也可发生于免疫功能正常的患者，且与中枢神经系统疾病（如脑膜炎、多发性硬化症、颞叶内侧硬化、移植后边缘脑炎等）有关。

HHV-6 中枢神经感染影像学具有特异性分布特点：病灶常位于颞叶内侧及内嗅皮质，尤其易累及海马体与丘脑，并且较少累及岛叶皮质。FLAIR 显示病变清晰，增强检查病变可轻度强化或无强化。但是需要结合临床症状、血清及脑脊液抗 HHV-6 IgG 和（或）IgM 抗体及病毒 DNA PCR 检查进行诊断。

五、猴B病毒感染

猴B病毒又称猴疱疹病毒1型，属于疱疹病毒科，α疱疹病毒亚科，和人类单纯疱疹病毒1型（HSV-1）及人类单纯疱疹病毒2型（HSV-2）同为单纯疱疹病毒属的成员。猴B病毒在猿猴间自然感染，亚洲地区的猕猴是这种病毒的天然宿主，该病毒是非人灵长类动物携带的最具潜在危险的人兽共患病毒，可以引起人和猴共患的烈性传染病。猴B病毒主要是经由被感染的猕猴咬伤及抓伤传染给人类，而空气飞沫传染不是重要的传染途径。

诊断方法包括酶联免疫分析、PCR、蛋白印迹等，PCR对血清学样本的特异度和敏感度现已接近100%。对于有症状的患者，应对其皮肤伤口进行病毒培养。实验室检查中脑脊液可分离出猴B病毒，脑脊液可检测到猴B病毒特异性抗体与抗原，猴B病毒核酸检测阳性。

（一）影像学表现

CT对于早期猴B病毒脑炎检出率很低。MRI病变表现为T_1WI上低信号、T_2WI上高信号，病变累及范围广，常累及大脑半球、小脑、脑干及脊髓。

（二）诊断要点

（1）有猴B病毒的接触史及感染史。

（2）影像学检查：病变表现为T_1WI低信号、T_2WI高信号，病变累及范围广，常累及大脑半球、小脑、脑干及脊髓。

（3）实验室检查：脑脊液可分离出猴B病毒，脑脊液可检测到猴B病毒特异性抗体与抗原。

（三）鉴别诊断

1. 急性播散性脑脊髓炎　急性播散性脑脊髓炎在病毒感染或疫苗接种后数天或数周发病，病理基础为累及脑白质的脱髓鞘改变，表现为脑白质不对称的多发点片状病灶，病灶中心可出现坏死灶及偶见的小出血灶，也可同时累及皮质、脑干或基底节区，急性期可有灶周水肿及病灶的明显增强。

2. 单纯疱疹病毒性脑炎　典型征象为一侧或双侧不对称性颞叶、额叶、岛叶片状异常密度或信号，多累及皮质及皮质下白质，多伴出血，可有轻、中度占位效应，在DWI序列上显示扩散受限，ADC值下降。增强扫描可表现为病变区脑表面线状或脑回样强化，偶尔也可表现为类环形强化。病变侵犯颞叶、额叶、岛叶皮质区时，可表现为“刀切征”，其是本病最具特征性的表现。病变侵犯基底核、丘脑、脑干时则表现为“基底核突显征”。

(四)研究现状及进展

目前国内外报道显示本病发病率较低,多见于病例报道,现有的影像学检查方法对本病的诊断尚处初步研究阶段,诊断需综合临床病史、症状及实验室检查等。

第二节　乳多空病毒感染

乳多空病毒科由乳头瘤病毒、多形瘤病毒、空泡病毒3个病毒名称的第一个字组成。人乳头瘤病毒(HPV)是在人和动物中分布广泛的一种嗜上皮性病毒,常诱发人类良性肿瘤和疣,如人类寻常疣、尖锐湿疣及乳头状瘤。多形瘤病毒又称鼠耳下肿瘤病毒。空泡形病毒是在人类和猴子中都发现的致瘤病毒。

HPV在引起中枢神经系统症状前常有皮肤症状,如皮疹、疣等,起病时症状常较轻微,以头痛、发热为主,部分患者可有其他神经损害症状。确诊需脑脊液内检出HPV。

(一)影像学表现

颅脑CT、MRI(包括增强MRI)对于病变检出率低,常无阳性发现。脑脊液病毒载量很高时,血脑屏障可被破坏,出现局灶性强化。病变呈斑片状,常累及额顶叶皮质,FLAIR敏感显示病变,呈高信号,病变无强化或轻度强化(图2-3、图2-4)。

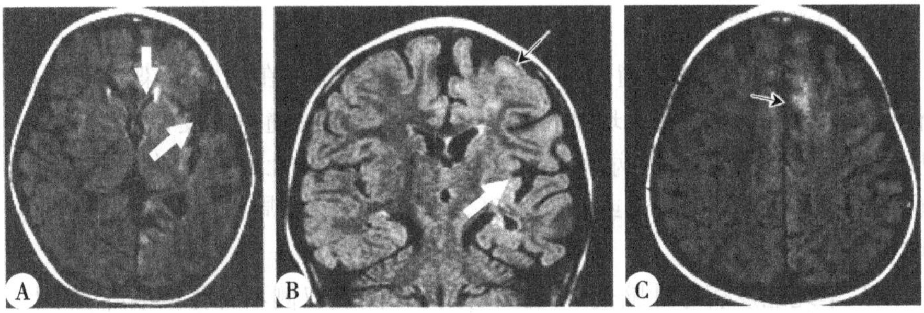

A. FLAIR序列显示胼胝体膝部,左侧外侧裂周围萎缩,邻近脑沟增宽;B. FLAIR序列显示左侧额叶(细箭头)、左侧岛叶(粗箭头)信号增高;C. FLAIR序列显示左侧额叶多发斑片状稍高信号(细箭头)。

图2-3　人乳头瘤病毒脑炎(一)

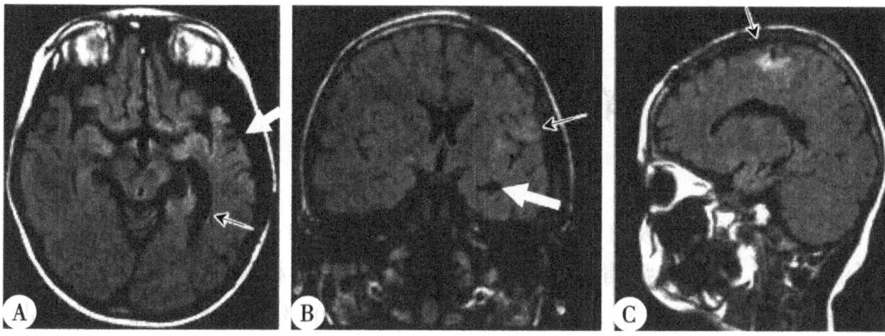

A. FLAIR 序列可见左侧大脑半球皮质萎缩（粗箭头），左侧侧脑室颞角扩大（细箭头）；B. FLAIR 序列可见左侧侧脑室颞角扩大（粗箭头），左侧外侧裂周围额叶皮质下可见斑片状稍高信号（细箭头）；C. FLAIR 序列显示左侧额叶皮质下斑片状稍高信号（细箭头）。

图 2-4 人乳头瘤病毒脑炎（二）

（二）诊断要点

（1）有病毒相关接触史及感染史，发生黏膜表面感染和皮肤感染。

（2）影像学检查常无异常表现，也可以表现为斑片状，常累及额顶叶皮质，FLAIR 敏感显示病变，呈高信号，病变无强化或轻度强化。

（3）病原学检查：根据不同标本采用点杂交或原位杂交检测 HPV DNA；应用重组技术表达抗原检测患者血清中 IgG 抗体，或抗原免疫动物制备免疫血清或单克隆抗体检测组织或局部黏液中 HPV 抗原。

（4）病理镜检：取疣状物制作组织切片或采集生殖道局部黏液涂片，光镜下观察到特征性空泡细胞或角化不良细胞和角化过度细胞，可初步判断 HPV 感染。

（三）鉴别诊断

单纯疱疹病毒性脑炎：典型征象为一侧或双侧不对称性颞叶、额叶、岛叶片状异常密度或信号，病变多累及皮质及皮质下白质，多伴出血，可有轻、中度占位效应，在 DWI 序列上显示扩散受限，ADC 值下降。增强扫描可表现为病变区脑表面线状或脑回样强化，偶尔也可表现为类环形强化。病变侵犯颞叶、额叶、岛叶皮质区时，可表现为“刀切征”，其为本病最具特征性的表现。病变侵犯基底核、丘脑、脑干时则表现为“基底核突显征”。

四、研究现状与进展

现有影像学检查对本病无特异性诊断价值，需与病史、临床症状及实验室检查结合综合分析进行诊断。

第三节　黄病毒感染

黄病毒是指通过吸血节肢动物(蚊、蜱、白蛉等)传播疾病的病毒,主要包括流行性乙型脑炎病毒、登革病毒、黄热病毒、森林脑炎病毒、西尼罗病毒、墨累山谷脑炎病毒等。黄病毒进入脑部引起的炎症性疾病即为黄病毒脑炎,在我国主要的黄病毒有登革病毒和森林脑炎病毒等。

一、常见黄病毒感染

登革病毒(DENV)以伊蚊为主要传播媒介,在我国多见于南方地区,可引起登革热、登革出血热、登革休克综合征。登革病毒感染者中枢神经系统受累相对少见,中枢神经系统病变可为继发于肝肾功能不全、低血压的脑病,也可为病毒直接侵犯所致的脑炎,还可能为免疫复合物介导的血管炎和脱髓鞘病变。通过检测脑脊液中抗 DENV IgM 抗体、病毒 RNA 或非结构蛋白 1(NS1)确诊。

森林脑炎病毒以蜱为传播媒介,故又称蜱传脑炎病毒(TBFEV),可引起森林脑炎,春、夏季发病为主,多见于俄罗斯和我国东北、西北林区。多数患者表现为隐性感染,少数患者经过 1 ~ 2 周的潜伏期后突然出现高热、头痛、恶心、颈项强直、意识障碍、肢体瘫痪等症状,重症者可因延髓麻痹而出现呼吸循环衰竭甚至死亡。感染后可获得持久免疫力。通过血清学或脑脊液分离出 TBFEV 或检测出特异性 IgM 或 IgG 抗体进行确诊。

黄热病毒以伊蚊为主要传播媒介,可引起黄热病,多见于非洲、南美洲。患者可出现高热、头痛、黄疸、蛋白尿、脉缓和出血等症状,中枢神经系统症状多为病情严重而出现的癫痫或肝性脑病,影像学检查无明显异常。

(二)影像学表现

1. 登革脑炎　脑实质内呈单发或多发斑片状影,CT 上多为低密度,MRI 平扫显示 T_1WI 上低信号或等信号、T_2WI 上高信号,FLAIR 呈高信号,DWI 和 ADC 呈扩散受限改变,轻度强化,SWI 有时可见病灶内出血。病变多累及小脑、基底节区、内囊、脑干等部位。

2. 森林脑炎　CT 多表现为低密度斑片状病灶,一般无强化或轻度强化。MRI 平扫显示 T_1WI 上低信号或等信号、T_2WI 上高信号,FLAIR 呈高信号,DWI 和 ADC 呈扩散受限改变,无强化或轻度强化。病灶多见于基底节区、丘脑。

（三）诊断要点

（1）患者有相应的蚊虫叮咬史，潜伏期可出现流感样症状，随后出现高热、意识障碍、惊厥甚至肢体瘫痪症状。

（2）影像学检查：MRI 平扫显示脑实质内呈单发或多发斑片状 T_1WI 低信号、T_2WI 高信号，FLAIR 呈高信号，病灶于 DWI 及 ADC 均呈高信号，多为基底节区、丘脑、小脑等处受累。

（3）实验室检查：检测到读毒特异性 IgM、IgG 抗体，RT-PCR 扩增发现病毒核酸序列均可确诊。

（四）鉴别诊断

MRI 鉴别诊断包括丘脑梗死、肿瘤、肝豆状核变灶和韦尼克脑病。虽然 MRI 检查在双侧大脑脚、丘脑和基底节区也可发现异常信号改变，但它们都有各自的影像学特征，如肿瘤一般包括原发肿瘤和转移瘤，大多数肿瘤会出现周围脑组织水肿，占位效应明显，转移瘤一般有原发灶。增强扫描常发现异常强化征象。韦尼克脑病患者双侧丘脑和脑干对称性病变以第三脑室和中脑导水管周围对称性 T_2WI 高信号为特征，乳头萎缩是韦尼克脑病急性期的典型表现。肝豆状核变灶以双侧对称基底节区、小脑齿状核、内囊和丘脑受累为主要特征，T_2WI 上苍白球的特征性低信号是其特征性表现，同时可见角膜 K-F 环。结合临床表现、实验室检查，可以鉴别肝豆状核变性与黄病毒脑炎。但几种黄病毒脑炎的影像学表现缺乏特异性，鉴别还需结合临床表现和实验室检查。

（五）研究现状与进展

MRI、DWI 可呈现出丘脑从点状到均匀、从左向右的特征性改变，并伴有低表观扩散系数，提示黄病毒可能首先影响一侧丘脑，再向另一侧扩散，其特征模式由点状到均匀，与细胞毒性水肿的表现相一致。

黄病毒感染中枢神经系统后可出现神经元功能障碍，代谢降低，^{18}F-FDG PET/CT 检查可见 ^{18}F-FDG 摄取降低。PWI 可显示病灶区域局部脑血流量减少。

二、西尼罗病毒感染

西尼罗病毒进入脑部引起的，通过蚊虫传播的炎症性疾病称为西尼罗病毒脑炎。西尼罗病毒于 1937 年在非洲乌干西尼罗河地区被首次发现并因此得名。在中国到目前为止还没有在动物体内发现西尼罗病毒，也没有西尼罗病毒感染病例。

西尼罗病毒为 RNA 病毒，病毒大小约为 40 nm。鸟类是主要的宿主，病毒在鸟类-蚊子-鸟类的循环中维持和扩大传播。人类和其他脊椎动物，如马，是偶然的宿主，被认为在传播周期中起着次要的作用。此外，病毒也可以通过输血或器官移植在人与人之间传播，但人与人之间的接触不会导致疾病的传播。它属于黄病毒科，主要通过血清学及脑脊液中 IgM 抗体或脑脊液核酸扩增试验阳性确诊。

（一）影像学表现

1. CT 表现　通常无明显异常。

2. MRI 表现　MRI、FLAIR 及 T_2WI 通常表现为灰质、白质、小脑、基底节区、丘脑及内囊、脑桥、中脑区边界欠规则的斑片状高信号影，或仅白质、放射冠、内囊的 DWI 扩散受限。病变也可累及脑膜、脊髓、马尾、神经根，有的病例也可无异常表现。

（二）诊断要点

（1）患者出现高热、剧烈头痛（以额部和眶后为剧）、颈项强直、肌阵挛、抽搐、平衡障碍和步态失常、静止性和动作性震颤或抽搐、性格或行为改变和昏迷等临床症状。

（2）病变在 T_2WI/FLAIR 上表现为边界欠规则的斑片状高信号影，病变无强化，在 DWI 上扩散受限。病灶也可累及中脑、胼胝体、颞叶、小脑、脊髓等部位。

（3）实验室检查：可检测到病毒特异性 IgM、IgG 抗体或 RT-PCR 扩增发现病毒 RNA。

（三）鉴别诊断

单纯疱疹病毒性脑炎典型征象为一侧或双侧不对称性颞叶、额叶、岛叶片状异常密度或信号，多累及皮质及皮质下白质，多伴出血，可有轻、中度占位效应，在 DWI 序列上显示扩散受限，ADC 值下降。增强扫描可表现为病变区脑表面线状或脑回样强化，偶尔也可表现为类环形强化。病变侵犯颞叶、额叶、岛叶皮质区时，可表现为“刀切征”（其是本病最具特征性的表现）。当病变侵犯基底核、丘脑、脑干时，则表现为“基底核突显征”。

（四）研究现状与进展

西尼罗病毒脑炎影像学检查无特异性，可表现正常或仅 DWI 出现异常，也可表现为受累部分在 T_2WI 和 FLAIR 上呈现高信号。病灶分布无倾向性。因此诊断时需结合病史、临床症状、实验室检查进行综合考虑。

三、墨累山谷脑炎病毒感染

墨累山谷脑炎病毒进入脑部引起的炎症性疾病即为脑部墨累山谷脑炎病毒感染。墨累山谷脑炎可通过检测血清中特异性 IgM 和 IgG 抗体或通过 PCR 检测墨累山谷脑炎病毒确诊。墨累山谷脑炎主要发生于澳大利亚新南威尔士地区的墨累山谷地区和维多利亚地区，本病的主要传播媒介是库蚊。此外，从伊蚊、三带喙库蚊和尖音库蚊中也分离出病毒。大水鸟（如苍鹭、白鹭等）是病毒的主要扩散宿主，哺乳动物（如兔和大袋鼠）对维持病毒的循环也起了很重要的作用。病毒越冬机制及继续流行的起源尚不清楚。即使在澳大利亚的热带地区，本病的全年流行也不多见，实验研究表明，本病毒在埃及伊蚊可经卵传播。

（一）影像学表现

MRI 在 T_2 加权像上表现为丘脑高信号，可累及红核、黑质和颈髓。这些发现先于血清学诊断，与流行性乙型脑炎相似。在合适的背景下，丘脑 T_2WI 高信号提示黄病毒感染。

（二）诊断要点

（1）患者来自疫区，发病前 2 周曾与墨累山谷脑炎病毒感染者密切接触。

（2）影像学检查：MRI 在 T_2 加权像上表现为丘脑高信号，可累及红核、黑质和颈髓。

（3）实验室检查：可通过检测病毒特异性 IgM、IgG 抗体或通过 RT-PCR 扩增发现病毒 RNA 确诊。

（三）鉴别诊断

流行性乙型脑炎又称日本脑炎，是乙型脑炎病毒引起的中枢神经系统的急性传染病。该病以儿童为主，呈地方性及季节性。T_1WI 在中脑、丘脑、基底节区可见低信号或混杂信号病变，T_2WI 及 FLAIR 上病灶呈高信号。

（四）研究现状与进展

墨累山谷脑炎的影像学表现的报道较少，研究表明 MRI 可以用于观察病变的范围和严重程度，但确诊仍需结合疫区生活史、临床症状及实验室相关检测。

第四节　圣路易斯病毒性脑炎

由圣路易斯脑炎病毒(SLEV)引起的、经蚊媒介传播的人畜共患中枢神经系统感染性疾病称为圣路易斯病毒性脑炎(SLVE)。该病毒的基本传播周期为鸟-蚊-鸟循环;在自然界中,人类只是一个偶然的宿主。据研究发现,唯一在自然感染后患病的动物是人类。SLEV 由库蚊属中的许多蚊子传播,并由雀形自鸟类扩增。基于全长 E 基因序列的系统发育分析将 SLEV 分为 8 个基因型。基因型Ⅰ和Ⅱ在美国是普遍的,而基因型Ⅴ在南美洲广泛分布。其他基因型分布有限:基因型Ⅲ位于南美洲南部,Ⅳ仅限于哥伦比亚和巴拿马,Ⅵ位于巴拿马,Ⅶ位于阿根廷,而Ⅷ仅在巴西亚马孙地区检测到。本病通过对血清或脑脊液中 SLEV RNA 的检测确诊。

(一)影像学表现

SLVE 在 CT 表现为脑萎缩或慢性缺血性改变,有的无异常表现,T_2WI 上通常表现为黑质的高信号,在 T_1WI 平扫或增强上无异常信号。

(二)诊断要点

(1)患者来自疫区,发病前 2 周曾与 SLEV 感染者密切接触。

(2)CT 表现为脑萎缩或慢性缺血性改变;MRI 表现为 T_2WI 黑质高信号。

(3)实验室检查:可检测到 SLEV 特异性 IgM、IgG 抗体;或 RT-PCR 扩增发现病毒 RNA。

(三)鉴别诊断

墨累山谷脑炎:MRI 在 T_2加权图像上表现为丘脑高信号,可累及红核、黑质和颈髓。这些发现先于血清学诊断,与流行性乙型脑炎相似。

(四)研究现状与进展

SLVE 的 MRI 表现具有一些特征,如 T_2WI 上通常表现为黑质的高信号,但是对于诊断,还是需要结合疫区生活病史及实验室的相关检查。

第三章　骨与关节感染性病变的影像学诊断

第一节　真菌感染

骨关节真菌感染是全身侵袭性真菌感染的罕见并发症，临床表现隐匿，易导致误诊及延迟诊断，造成严重后果。最常见的原因是由原发感染灶（通常是肺部）经血行播散至骨关节所致，多见于免疫抑制状态的患者（恶性肿瘤、药物治疗）。另外，过度或不当使用抗生素、糖尿病、肺结核、静脉药物滥用，以及创伤、人工关节置换术后、关节穿刺等均可增加骨关节真菌感染的风险。

真菌种类繁多，目前已发现超过 10 万种，据 WHO 统计，现在已知可以在人类中致病的真菌有 270 余种，均可引起骨关节的感染。真菌感染在人与人或动物与人之间不传播，感染的常见途径是孢子吸入，创口直接定植或抗生素应用后引起的双重感染。骨关节真菌感染主要致病菌包括球孢子菌、皮炎芽生菌、念珠菌属、曲霉属、新型隐球菌、申克孢子丝菌、巴西芽生菌、荚膜组织胞质菌，以及其他较稀有的真菌，如鲍氏假丝球虫、弯孢菌、镰刀菌、甄氏外瓶霉、马尔尼菲蓝状菌等。侵袭性真菌可分为真性致病菌和机会致病菌两大类。球孢子菌、芽生菌等为真性致病菌，大多存在于自然界中，能够引起外源性感染，由真性致病菌引起的真菌性关节炎或骨髓炎常发生在无明显免疫缺陷的患者，也可侵犯免疫缺陷者。机会致病菌如念珠菌、隐球菌等通常不致病，多为内源性感染，机体免疫力下降时发病，故恶性血液病患者、接受免疫抑制治疗的器官移植受者、长期接受皮质类固醇治疗的患者尤其容易被机会致病菌感染，有报道接受肿瘤坏死因子-α 抑制剂和人类白细胞介素-1 受体拮抗剂治疗的人群可以出现严重的急性播散性真菌感染，致病菌一般包括念珠菌、曲霉菌及新型隐球菌；艾滋病患者则尤其容易被新型隐球菌和荚膜组织胞质菌感染，隐球菌病是艾滋病患者中第二常见的致命性感染原因。患有慢性肉芽肿性病变的儿童、新生儿最易感染念珠菌和曲霉菌,而念珠菌却很少感染成人骨关节系统,少数感染者为具有明显易感因素的个体,如长期留置中心静脉导管的患者(通常与长期抗生素治疗和肠外营养相关)、血液透析患者及注射药物滥用者真菌性腱鞘炎可能是血液传播或直接感染的结果,可能出现关节间隙感染或与关节旁骨髓炎有关。腱鞘炎最常见的致病菌是念珠菌和非念珠菌酵母菌,如新型隐球菌、申克孢子丝菌。

真菌性骨髓炎一般为血行播散的结果,骨骼病变可能只代表多系统疾病的一部分,也可以单独存在。真菌性骨髓炎和关节炎大多数是一个隐匿的慢性过程,疾病早期多无明显临床症状。真菌性关节炎通常发生在单关节,最常见的是膝关节,常表现为患肢局部疼痛、活动受限,部分严重病例可出现红斑、关节肿胀,关节积液可伴波动感,局部压痛明显。慢性感染如球孢子菌病或芽生菌病可出现软组织冷脓肿及窦道,亦可伴有不同程度的全身性症状,如发热、乏力、食欲减退、体重减轻等。

骨关节真菌感染诊断的金标准是组织培养出病原体,诊断可能需要滑膜活检,滑膜组织培养的阳性率高于滑膜液,但一般时间较长。有研究报道,光滑念珠菌性关节炎滑膜培养阳性率可高达92%,但该菌需6周左右才能在体外生长。改进的活检技术可能有助于诊断,滑膜液、白细胞计数和培养结果在真菌感染和个别病例中各不相同,可能有误导性。除了滑膜组织培养,血液培养、骨髓检查和培养、抗体试验(如血清球孢子菌抗体或组织胞质抗体)、检测体液中的真菌抗原(如血清隐球菌抗原、尿液组织胞质抗原)均具有一定的辅助诊断价值。半乳甘露聚糖(GM)已被证实为侵袭性曲霉菌病的替代标志物,酶免疫分析法(E1A)检测 GM 可作为曲霉菌感染的特异性诊断方法。1,3-P-D-葡聚糖(BG)检测同样可为侵袭性真菌感染的诊断提供依据,其广泛存在于真菌细胞壁,并且具有较高的特异性,但检测 BG 只能提示有无真菌侵袭性感染,不能确定为何种真菌。

(一)影像学表现

1. X 射线和 CT

(1)骨关节真菌感染影像学缺乏特异性,全身骨骼均可受累,不同病原体累及部位具有一定的差异性。真菌性关节炎一般常侵犯单侧大关节,最常见膝关节,其次为肘关节、踝关节、腕关节等,少数病原体可引起多关节发病,包括手、足小关节。真菌感染累及全身多处骨质,软组织穿刺活检培养出球孢子菌。真菌性骨髓炎好发于管状骨骨端,特别是骨突出部位,如胫骨结节、踝部、肩峰、肋骨等部位(图 3-1)。

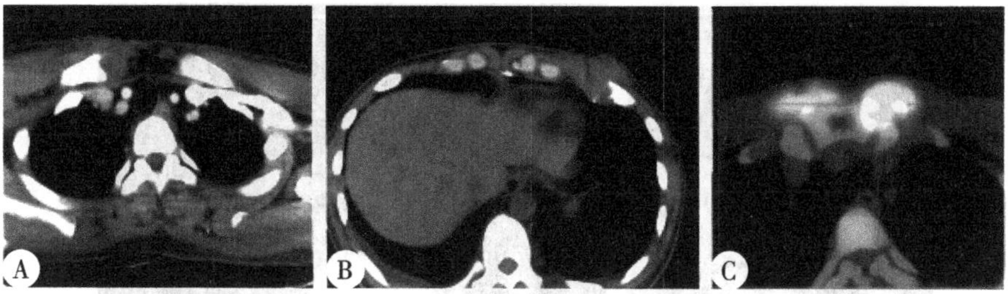

A. CT 示右侧锁骨胸骨端局限性类圆形骨质破坏区，边界清晰、锐利，周围软组织肿胀，邻近皮肤增厚；B. 左侧肋骨局限骨质破坏区，周围软组织肿胀，累及皮下，邻近皮肤增厚；C. ^{18}F-FDG PET/CT 示双侧胸肋关节处骨质破坏区及邻近软组织表现为高代谢。

图 3-1 肋骨、锁骨多发真菌感染

(2)X 射线平片主要表现为局限性的溶骨性骨质破坏或吸收，边缘清楚，早期无新生骨形成，晚期有时可见规整的硬化缘，很少或没有骨膜反应，没有形成死骨。在长骨中，可以看到“飞碟”状的骨皮质侵蚀，偶尔病原体毒力强、破坏速度快时，骨质破坏可呈虫蚀状，单纯从影像学上与结核、骨恶性肿瘤等鉴别困难。

(3)早期关节间隙可正常，随着病变发展，1/3 可出现关节间隙狭窄，伴周围软组织肿胀，肿胀原因一般为关节积液或滑膜增厚。累及膝关节者可出现腘窝囊肿。

(4)椎体病变与结核相似，病变进展缓慢，常破坏椎体前部和椎间盘，椎体前方有韧带下脓肿(图 3-2)。曲霉菌性骨髓炎多由肺部病变直接侵及邻近椎体、椎间盘及邻近肋骨。

(5)孢子丝菌病常等比例感染单个关节或多个关节，最常累及膝关节、腕关节、手、肘关节和肩关节；手和腕关节好发，可以区别于其他真菌性骨感染。

(6)球孢子菌病或者芽生菌病可侵及骨骼周围软组织，出现软组织冷脓肿及皮下窦道形成。

(7)骨放线菌病通常继发于周围软组织感染，下颌骨最常受累，X 射线表现为局限性骨质破坏，而很少有新生骨形成。而胸壁放线菌感染累及肋骨时，表现为骨破坏及骨膜新生骨形成，肋骨增粗。

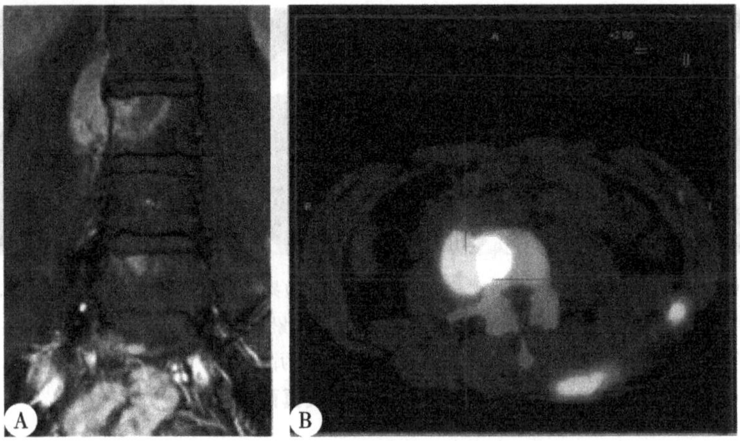

A. MRI T_2WI 脂肪抑制序列示 L_3、L_5 椎体前上缘见高信号影，邻近右侧腰大肌肿胀，见斑片状高信号影；B. ^{18}F-FDG PET/CT 示腰椎破坏灶为高代谢，同时左侧腰背部皮下软组织可见两处高代谢区。

图 3-2 腰椎真菌感染

2. MRI 与传统的 X 射线摄影技术相比，MRI 具有更高的敏感性和分辨率，可以提供更全面的关节完整图像，早期发现骨髓水肿等炎性改变。MRI 可以清晰显示关节积液及增厚的滑膜组织，T_1WI 上呈低信号，T_2WI 上呈高信号，在 T_1WI 和 STIR 表现为中、低信号，与肌肉信号相近。

（二）诊断要点

（1）好发于免疫缺陷患者。

（2）真菌性骨髓炎好发于四肢管状骨骨端；真菌性关节炎一般侵犯单一大关节，膝关节最常见。

（3）局限性的溶骨性骨质破坏或吸收，边缘清楚，早期无新生骨形成，很少或没有骨膜反应，一般无死骨，关节间隙可变窄，关节积液、滑膜增厚。

（4）组织学培养出真菌病原体为金标准；真菌抗体、抗原试验可以辅助诊断。

（三）研究现状与进展

^{18}F-FDG PET/CT 是目前公认的一种能够反映病变的功能与代谢的影像学方法，尤其在肿瘤学领域应用广泛，近年来开始越来越多的应用在炎症性疾病诊断中。^{18}F-FDG PET/CT 可以早期发现先于形态学的功能性改变，并且骨关节真菌感染常为全身性感染的一部分，PET/CT 可以显示全身各个系统的累及情况，如是否合并肺、肝、脾及其他器官的隐匿性受累。Leroy-

Freschini 等研究^{18}F-FDG PET/CT 在免疫低下患者中侵袭性真菌感染的诊断及治疗中的应用价值，结果显示：^{18}F-FDG PET/CT 对机会性侵袭性真菌感染的诊断和治疗具有较高的敏感性（93%）和准确率（90%）。然而，对于无明显实质器官受累的真菌血症，^{18}F-FDG PET/CT 诊断价值有限。Leroy-Freschini 等的研究结果还表明，^{18}F-FDG 摄取强度的变化与感染的临床过程之间存在相关性，可用于真菌感染的治疗监测与疗效评价，帮助临床医生在治疗过程中进行相应的治疗优化。Davies 等进行的一项使用 PET/MRI 在体内检测烟曲霉肺部感染的研究，展示了抗体引导的 PET/MRI 在准确诊断侵袭性肺曲霉菌病方面的巨大潜力。

第二节　骨关节棘球蚴病

棘球蚴病又称包虫病，是棘球绦虫的幼虫寄生于人体组织器官引起相应组织器官损害的一种人畜共患性疾病。棘球蚴病在世界上很多地方都很流行，存在于除南极洲以外的所有大陆，并可在北极、温带和热带地区传播。分布于中国北部和西北部、南美洲部分地区、东非、澳大利亚、中亚、地中海沿岸、俄罗斯和西欧等地区。棘球蚴病几乎可以在身体的任何部位发病，发病率以肝（50%~77%）和肺（8.5%~43.0%）最高，骨棘球蚴病的发病率较低，占报道病例总数的0.5%~4.0%，最常见的部位是脊柱（35%~50%）、骨盆（21%）和长骨，包括股骨（16%）和胫骨（10%），肋骨、颅骨、肩胛骨、肱骨和腓骨的远端不常见（2%~6%）。骨棘球蚴病发展缓慢，潜伏期较长，临床上通常有很长一段时间没有症状，很多患者为儿童期受感染，10~20 年后才发病，平均诊断年龄为 50~60 岁，女性受感染的概率略低于男性；骨棘球蚴病漏诊和误诊率高，尤其在非疫区，早期诊断困难，通常只有在出现病理性骨折、继发感染后才能被发现。

棘球蚴属有不同的种，寄生于人体的主要有细粒棘球蚴和泡状（多房）棘球蚴。细粒棘球蚴是人类棘球蚴病最常见的病原体。人是细粒棘球蚴生命周期中的偶然宿主，犬科等食肉动物为细粒棘球蚴的终宿主。寄生虫的成虫生活在终宿主的近端小肠中，由钩子附着在肠黏膜上，虫体细小，长 2~7 mm，由头节、颈节及幼节、成节、孕节组成，孕节约占虫体的 1/2，孕节的子宫内充满虫卵，虫卵略呈圆形，内含六钩蚴。虫卵被释放到宿主的肠道并随粪便排出，污染土地，羊是最常见的中间宿主，它们在被污染的土地上吃草时食入虫卵，虫卵在胃或十二指肠内经过消化液的作用孵化出六钩蚴，六钩蚴穿过肠壁进入门静脉循环，进入肝发展成囊状的棘球蚴。当终宿主（通常是家养的犬）吃掉中间宿主的内脏时，囊中头节在犬小肠内经3～10周发育成成虫，循环完成。人类可能通过接触终宿主或摄入受污染的水或蔬菜而成为中间宿主。

棘球蚴生长缓慢，感染人体5周后直径可达1 cm左右，之后每年以1～5 cm的速度生长，可在体内存活数年至数十年。棘球蚴囊壁分内、外两层，内层为生发层，亦称胚层，具有增殖能力；外层为角皮层，具有保护生发层和吸收营养的作用。生发层细胞可以向内芽生，在囊内壁形成无数个小突起，并逐渐发育成生发囊，脱落后即为子囊，子囊内可产生几个头节，称为原头蚴。原头蚴从囊壁破入囊液中，称为囊砂。子囊的结构与棘球蚴（母囊）相同，可再次发育生成生发囊，然后脱落产生孙囊。在较老的棘球蚴囊肿中，子囊数目可达数百个。囊液为宿主血液的派生物，具有抗原性，故棘球蚴囊肿破裂后可引起周围组织的过敏反应。

棘球蚴病特异性抗体检测的方法包括棘球蚴皮内试验（Casoni 试验）、间接血凝试验（IHA）、对流免疫电泳法（CIEP）、ELISA及金标抗体等。其中皮内试验、IHA和CIEP俗称棘球蚴三项。目前应用较多的更精确的方法为棘球蚴八项，是指用金标法和ELISA 2种方法检测患者体内EgCF、EgP、囊液半纯化抗原B（EgB），以及可反映泡状棘球蚴感染的泡状棘球蚴抗原（Em2）4个抗原，同时检测棘球蚴特异性抗原及抗体，具有较好的敏感性和特异性。

骨棘球蚴病发展缓慢，早期临床症状隐匿，患者常因患肢局部肿胀、疼痛，甚至出现病理性骨折而就诊，累及脊柱的棘球蚴病可出现神经系统受损表现，如严重的背痛、感觉减退、双下肢无力、截瘫、大小便失禁等症状，劳累或外伤后加重。四肢管状骨棘球蚴病可出现肿块及窦道，晚期出现跛行、患肢畸形、肢体短缩等。

（一）影像学表现

1. X射线和CT　X射线早期诊断困难，缺乏特异性（图3-3）。早期病变轻微，范围较局限，由骨松质开始向周围发展至骨皮质，表现为骨质疏松、不规则骨质吸收，进而破坏骨小梁，出现小圆形囊状低密度区，破坏区边缘锐利，少数患者囊壁可见弧形钙化，多个囊肿相连，呈葡萄状。中晚期病变范围逐渐广泛，病灶由小到大，由少到多，表现为多发大小不等的囊状骨质破坏区，部分病灶内可见骨嵴，病变可膨胀，骨皮质受压变薄，周围无反应性骨质增生，无死骨，无骨膜反应。如发生在扁骨，则膨胀更为明显。严重时可穿破骨皮质，侵犯软组织，可有病理性骨折，不侵犯关节，发生在脊柱者亦不易侵犯椎间盘。CT细节显示优于X射线，不但可显示囊状病变，还可显示子囊及囊壁弧形钙化，有学者认为双层弓形钙化是棘球蚴囊肿的典型 CT 表现。

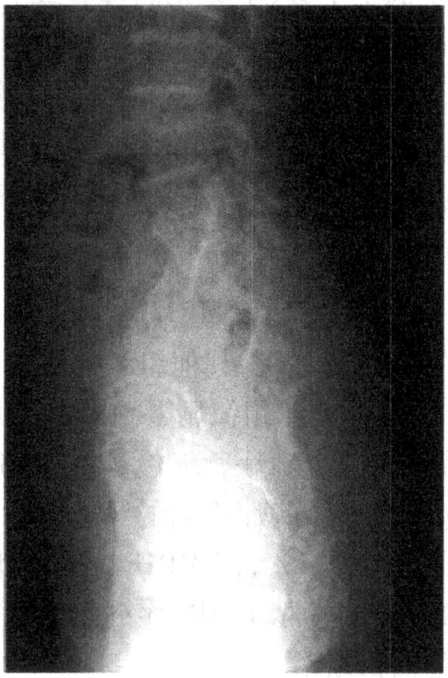

X 射线示骶椎骨质密度不均，可见多发小囊状低密度影，轻度膨胀性改变。

图 3-3　骶椎棘球蚴病

2. MRI　在所有影像检查中，MRI 最具诊断意义，具有一定的特征性。长 T_1 长 T_2 信号的多房性囊肿是骨棘球蚴病的特征之一，破坏区边缘光整锐利。母囊信号 T_1WI 高于子囊，T_2WI 低于子囊是其又一特征，以肌肉信号强度作为参照，母囊信号 T_1WI 接近于肌肉，子囊信号类似于水的信号强度。子囊分布于母囊周边或充满于母囊内，二者之间形成假间隔，使整个病灶呈车轮状囊壁表现为均匀连续的低信号环，边缘光滑，在 T_2WI 及增强扫描尤为清晰。棘球蚴囊肿破裂萎陷可变形，边缘不规则，内外囊分离，合并感染后，信号普遍增高，囊肿边缘模糊。

（二）诊断要点

（1）多发生在牧区，有明确的犬、牛、羊等密切接触史或食生肉史。

（2）本病病程长，以年计算，多儿童期感染而成年后发病。

（3）X 射线和 CT 平扫显示骨松质内的多囊状、膨胀性骨质破坏区，可呈葡萄串状，骨皮质受压变薄，无反应性骨质增生，无骨膜反应，无死骨，可伴病理性骨折，可侵犯周围软组织，在周围软组织内亦形成棘球蚴囊肿，囊壁可钙化，一般不侵犯关节。

(4)MRI 表现具有一定的特征性，长 T_1 长 T_2 信号的多房性囊肿，母囊信号 T_1WI 高于子囊，T_2WI 低于子囊，子囊充满母囊或分布于母囊周边，呈车轮状，周围见连续的线状低信号外囊环绕。

(5)血清学检测棘球蚴三项、棘球蚴八项阳性可以辅助诊断。

(6)棘球蚴病在人体最易累及肝，其次是肺，骨棘球蚴病少见，故肝、肺棘球蚴病患者发现骨内多囊状病灶要高度怀疑伴发骨棘球蚴病的可能。

(三)研究现状与进展

1. 磁共振水成像　磁共振水成像(MRH)是利用水的横向弛豫值长的特性，应用 TE 时间很长的重 T_2WI 序列，其他组织的横向磁化矢量几乎全部衰减表现为低信号或无信号，只有含水组织显影。MRH 层厚为 0.75 ~ 1.50 mm，较常规 MR 序列更容易发现微小病灶。王俭等应用 MRH 对泡状棘球蚴病的研究发现，MRH 对泡状棘球蚴病灶检测的灵敏性为 84.38% ±0.03%，高于常规 MR 序列的 53.13% ±0.04%，但 MRH 的特异性低于常规 MR 序列，故在泡状棘球蚴病的诊断中推荐常规 MRI 序列与 MRH 序列联合使用，可以兼顾特异性和敏感性，提高诊断率。

2. 聚合酶链反应(PCR)　DNA 技术，特别是 PCR 技术的出现，为细粒棘球蚴病的明确诊断提供了另一种方法。细粒棘球蚴体内含有多种具有抗原性的物质，导致其抗原复杂，易产生交叉反应，且生命循环周期中的不同时期具有不同的特异性抗原，对免疫学试验结果的敏感性和特异性有一定的影响。PCR 技术可以从基因水平快速、有效地鉴定细粒棘球蚴的基因型，对棘球蚴病的诊治、防控及疫苗研究有重要作用。

第三节　化脓性关节炎

化脓性关节炎系指由化脓性细菌感染滑膜导致的关节化脓性炎症，常表现为急性破坏性关节炎，致病菌也可以是真菌或分枝杆菌。本病可发生于任何年龄，以儿童和婴幼儿居多，极易引起脓毒败血症。病变可累及任何关节，以承重大关节为主，容易合并关节脱位，膝关节和髋关节最常见，单关节发病较多，偶可见多关节同时患病，多关节化脓性关节炎最常见于类风湿关节炎或其他全身性结缔组织病患者，以及极重度脓毒症患者。早期诊断、早期治疗对于患者痊愈、保留关节功能至关重要。

感染途径有 3 种：血行感染、外伤或穿刺后直接感染、邻近软组织感染或骨髓炎的直接蔓延。后者在临床中并不少见，原发于干骺端的化脓性骨髓炎病灶穿过骺板，可累及关节软骨下骨和关节腔，或炎症由解剖颈直接侵犯关节（如肩关节、髋关节），表现为同时患有急性化脓性骨髓炎及化脓性关节炎，脓液的破坏力超强，早期即可破坏受累的骨、软骨及其他附属组织。因此，一旦发现化脓性病灶及脓液应早期彻底清除，防止扩散及复发。化脓性关节炎通常为单一致病菌感染，多重致病菌混合感染少见，通常见于关节开放伤或穿入伤、肠源性细菌直接侵犯，或者多重细菌菌血症的血行播散。致病菌主要有金黄色葡萄球菌、链球菌、铜绿假单胞菌、脑膜炎球菌等。

临床症状主要取决于病变的部位、范围，特别是病原体的类型。常急性起病，患病关节肿胀，周围软组织出现红、肿、热、痛等急性炎症表现，也可出现寒战、发热及白细胞增多等全身中毒症状，关节活动受限。对于自身免疫缺陷的患者，致病菌常通过血液播散到特殊部位，如小关节、骶髂关节、肩锁关节及耻骨联合等处。易感因素包括高龄、糖尿病、类风湿关节炎、人工关节、近期关节手术史、皮肤感染、静脉注射毒品、酗酒、既往关节腔内注射皮质类固醇史，据报道约40%的病例患有基础关节病。出现无明显诱因的金黄色葡萄球菌、肠球菌或链球菌化脓性关节炎时，还需排除并发心内膜炎的可能。

（一）影像学表现

1. X 射线

（1）早期：通常无明显异常改变。一般在感染后 2～3 d 关节腔即可充满脓液，并迅速破坏关节囊，脓液外溢，还可侵犯邻近骨质。病变关节周围软组织肿胀与急性化脓性骨髓炎表现相似，呈弥漫性，表现为边界不清，密度增高，皮下脂肪层出现粗大的条状、网状间隔影，肌肉脂肪移位、模糊不清；关节积液表现为关节囊增大，关节囊外脂肪向两侧膨隆，并推挤周围脂肪垫移位；关节间隙因积液而增宽，部分严重者可出现关节半脱位（图 3-4）。

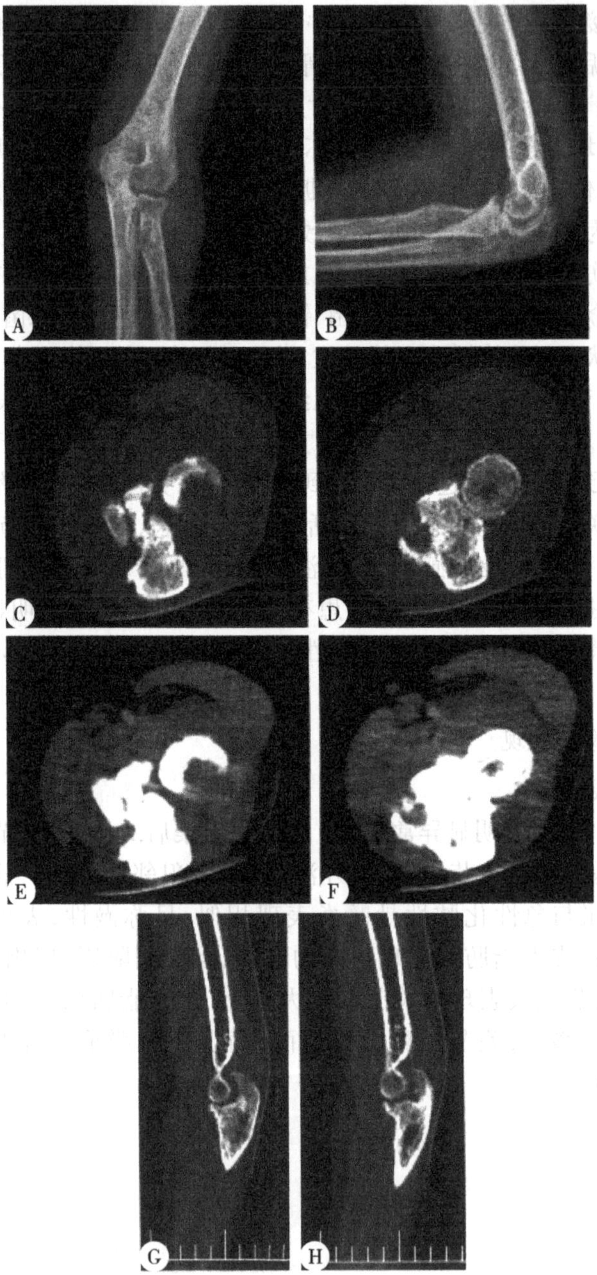

A～H 中 X 射线和 CT 示肘关节周围软组织肿胀，密度不均，皮下脂肪密度增高，见条形影；尺骨上端及邻近桡骨头见不规则骨质破坏区；尺骨上端及肱骨下端多发溶骨性骨质破坏区，周围骨质增生硬化，软组织肿胀，关节间隙变窄。

图 3-4　左侧肘关节化脓性关节炎

上图病例为女性,46 岁,2 年前左肘关节意外受伤后出现疼痛、肿胀、活动受限、不能伸直,术后病理显示滑膜、间质纤维及血管增生,较多淋巴细胞、浆细胞浸润,符合滑膜重度炎症改变。

(2)进展期:关节软骨破坏后,早期即可出现关节间隙狭窄,继而出现骨性关节面模糊、中断、糜烂破坏,关节承重区最先受累,改变最为明显。感染严重时可出现骨骺炎、骨膜炎及干骺端骨髓炎。1 ~2 周后,关节间隙变窄,一般在关节承重面软骨下可见小囊状透亮区,为骨质破坏灶,随着病情进展病灶逐渐扩大,可出现大块骨质破坏和死骨,并继发病理性脱位,儿童还可引起骨骺分离。在破坏的同时开始出现骨质增生,表现为破坏区周边骨质出现不同程度增生硬化。少数患者关节内脓液可穿破滑膜、关节囊、皮肤,形成窦道,长期不愈合。

(3)恢复期:局部骨质疏松,骨质破坏区边缘不规则,骨质增生硬化更为明显。如未能治愈则晚期可产生各种不同的骨、关节后遗畸形,表现为不同程度的外形异常,骨化不均,结构紊乱,骨端缺损或膨大,失去骨端的正常结构,周围软组织也可发生钙化。病变严重时可出现骨性强直,即关节间隙和骨性关节面消失,骨小梁连接两骨端。

2. CT　优于普通 X 射线检查,适合检查一些复杂关节,如髋、肩和骶髂关节等,在急性期可显示关节内外脓肿;在亚急性期显示骨质破坏、死骨、软组织肿胀和脓肿侵犯的范围常较 X 射线平片敏感;软组织肿胀表现为病灶周围肌肉肥厚,病变区肌肉密度减低,肌间脂肪间隙密度增高、模糊或消失,皮下脂肪内条索状或网格状高密度影;关节间隙狭窄及关节半脱位、脱位在冠状面三维重建上显示清晰,需与健侧对比;关节积液表现为关节腔及周围软组织内局限性液性低密度灶,因关节积脓和关节半脱位亦可表现为关节间隙增宽;骨质破坏表现为关节面不光整,骨皮质变薄、边缘模糊、糜烂性缺损,关节面下骨质见囊状、片状低密度灶,骨小梁中断、消失,边缘骨质增生硬化,关节周围骨质疏松;小的死骨表现为位于脓腔内的游离高密度影,大块死骨内无骨小梁结构;滑膜及肉芽组织增生表现为低密度关节积液中可见软组织密度影,尤其是增强 CT 显示增厚的滑膜更清晰,呈明显强化,偶可见关节囊或软组织内积气。

3. MRI　软组织分辨率明显优于 X 射线和 CT,尤其是 MRI 增强检查对化脓性关节炎的病理细节显示更加清晰,能够及早发现病变,具有较高的诊断价值,为该病的首选检查方式,但观察愈合期骨质增生硬化不如 CT 清楚。病变关节周围软组织增厚,正常肌肉脂肪间隙消失,肌肉正常层次不清、范围广泛,表现为 T_1WI 低信号、T_2WI 高信号,脂肪抑制序列显示更清晰;关节腔积液检出率可达 100%,表现为关节腔内长 T_2 信号影;滑膜及增生的肉芽组织则表现为关节腔内混杂信号影，增强后明显强化；骨质破坏区为极低信号的骨皮质内出现斑点状、斑片状或横穿骨皮质的异常信号；周围软组织脓肿为包裹性长 T_2 信号区，Gd-DTPA 增强后囊壁强化而脓液无强化。由于脑、脊髓和周围神经疾病导致的沙尔科关节炎也可继发关节的化脓性感染，临床常见于脊髓空洞症患者。

MRI 还可显示骨髓的炎症反应，由于致病菌毒力较强，侵袭能力较强，常累及邻近骨髓，表现为长 T_1 长 T_2 信号影，但此时无法区分是骨髓水肿还是骨髓炎，需要定期随诊观察。病变处关节软骨开始表现 ST_2WI 弥漫高信号，而后随着疾病进展，关节软骨变薄，信号逐渐变得不均匀，表现为局灶性的 T_2WI 高信号，以承重部位为著。

（二）诊断要点

（1）起病急，有全身中毒症状及局部急性炎症症状，大关节为好发部位，患处明显肿胀及压痛。

（2）白细胞计数、中性粒细胞计数及 C 反应蛋白水平增高，红细胞沉降速度加快。

（3）X 射线平片早期仅见关节周围软组织肿胀，随着病变进展，关节间隙增宽，关节面模糊、中断，关节面下透光区形成，周围不同程度增生硬化，后期可见关节形态改变、骨性强直等。

（4）CT 平扫对小的破坏区和关节腔内死骨显示好，优于 MRI 及核素扫描。对关节积液、滑膜增生及软组织肿胀显示也较清楚。

（5）MRI 具有早期诊断价值，是该病的首选检查方式。对于滑膜和渗出液的显示比 X 射线平片和 CT 敏感，能明确积脓的范围，也可显示关节囊、韧带、肌腱、软骨等关节结构的破坏情况，尤其是 T_2WI 脂肪抑制序列显示更清晰。

（6）关节内抽出脓液，经镜检、革兰氏染色及细菌培养可确立诊断。

（三）研究现状与进展

MRI 在骨关节炎性疾病中的诊断价值及临床意义巨大，并常作为首选检查方式，能够清晰显示 X 射线平片及 CT 不能显示或显示不清晰的软骨、骨髓、韧带及软组织的改变。Gd-DTPA 是一种带负电荷的离子型造影剂，可以改变目标区域的局部磁环境，缩短目标区域组织的 T_1 弛豫时间，增强后增生的肉芽组织及滑膜明显强化。因此 MRI 尤其是 MRI 增强检查能够及早诊断及评价化脓性关节炎，以便于临床早期采取预防和治疗措施。

（1）X 射线平片在早期化脓性关节炎常无特异性征象，有时仅可见关节周围软组织肿胀，关节间隙增宽。后期对关节畸形及纤维性、骨性强直显示清晰。

（2）CT 平扫和增强扫描主要用于观察关节骨性结构、软组织及滑膜，或者用于有 MRI 扫描禁忌证的患者。

(3)MRI 平扫及增强检查作为化脓性关节炎的首选检查方式,无论是关节积液,软骨、骨质破坏,还是滑膜、肉芽组织都能够清晰显示。但常规 MRI 序列显示软骨效果欠佳,软骨在组织学上分为 4 层结构,由浅到深依次为表层、移行层、放射层和钙化层。部分研究结果证实,T_1-se-cor-water-fil、T_1-flash-3d-water-cor、T_2-me3d-cor 和 T_2-me2d-cor 在关节软骨显示、缺损程度及内部信号等方面均优于常规 MRI 序列。正常关节软骨在 3D-FS-SPGR(连续薄层图像扫描并进行多层面重建的扫描技术,无信息丢失,脂肪抑制的应用使软骨和邻近的骨髓、关节腔积液、脂肪和肌肉信号对比增大)表现为相对周围组织的带状高信号,与周围结构的明显对比使软骨的异常更容易观察。

第四节　慢性无菌性骨髓炎

慢性无菌性骨髓炎(CNO)是一种非感染性自身免疫性炎症性骨病,表现为反复发作的无菌性骨髓炎引起的骨痛,广义上指不能从血液及骨关节中培养出病原体的骨关节炎症性疾病。有 3 种临床分型。①6 个月之内缓解的单一病程。②持续性病程。③当病变反复发作且多发时即为慢性复发性多灶性骨髓炎(CRMO)。

CNO/CRMO 可能与多重自身免疫病有关,由 Giedon 于 1972 年首次提出。各个年龄段均可发病,最常见于儿童及青少年,但可持续到成年才发病,症状及发病部位单一的患者经常被误诊为细菌性骨髓炎或骨肿瘤,较轻的病例类似生长痛。常伴发银屑病和(或)克罗恩病。皮肤改变并不是 CRMO 的必备条件,原因如下。①无论有无皮肤改变,典型的骨关节炎改变是相同的。②皮肤改变可以发生在骨破坏之前的若干年,也可在发生骨关节炎之后数年仍不断进展。

SAPHO 综合征是一组与皮肤有关的骨关节的无菌性炎症,由 Chamot 于 1987 年首次提出,包括滑膜炎、痤疮、脓疱病、骨肥厚、骨炎。其好发于青少年和成人,男女均可发病。

CNO/CRMO 及 SAPHO 综合征的发病机制至今仍不明确,体征和症状也是非特异性的,骨关节病变广泛,缺乏统一的分类及诊断标准,争议性也比较大。目前关于 CRMO 是否隶属于儿科 SAPHO 综合征的一个亚型,还是一个独立的病种仍有争论。

CNO/CRMO 儿童多见,好发于长管状骨的干骺端,而 SAPHO 综合征最常累及中轴骨，尤其是前胸壁，如胸骨、锁骨区，通常表现为锁骨内侧端的骨质增生硬化。与成人不同的是，儿童患者锁骨病变一般不累及胸锁关节，皮肤受累也不如成人常见。因此本节对 CRMO 及 SAPHO 综合征分别予以介绍。

由于无菌性骨髓炎发病率低，目前还没有统一的临床治疗方案，非甾体抗炎药(NSAID)是迄今为止应用最广泛的药物，作为一线药物主要用来缓解症状及维持治疗，单发患者常较多灶性患者疗效更好。有研究表明，NSAID 在前 1 ~ 2 年对大部分患者有效，但超过 50% 的患者在 2 年后可能复发。

对于 NSAID 和镇痛药难以治愈的患者，临床经常使用二线药物辅助治疗，包括皮质类固醇激素、改变病情抗风湿药(DMARD)、双膦酸盐及肿瘤坏死因子-α 拮抗剂等。皮质类固醇激素能够快速、有效地控制炎症活动，缓解病情，尤其关节内给药效果更好，但很少能起到长期缓解的作用，有激素撤退后病变复发的风险；双膦酸盐类药物能够抑制骨的吸收，具有一定的抗炎作用，可显著、持续地缓解疼痛；改变病情抗风湿药，包括甲氨蝶呤、磺胺嘧啶、硫唑嘌呤等。

也有部分患者行外科手术治疗，如碟形手术、去皮质术，以及病变骨组织的部分或全部切除术，但应用并不广泛。

（一）影像学表现

1. 慢性无菌性骨髓炎　儿童好发于长骨干骺端，骨干区域很少受影响。而成人好发于锁骨、锥体及下颌骨，这些部位骨小梁丰富，骨转换率较高。随着时间推移，绝大多数患者都会发展成多灶性病变，并在整个疾病过程中保持不变，无症状的骨病灶也很常见。

CNO 最常见的并发症是受影响的骨骼(尤其是椎体)骨折、生长缓慢或停滞引起的畸形。脊柱后突可发生在多发性椎体压缩性骨折患者中，当骨的吸收加速时，长骨可能发生病理性骨折，甚至骺板受损，导致两侧肢体生长发育不对称，关节可见成角畸形，此时多需手术治疗。从最初症状出现到确诊 CNO 平均需要 2 年时间。有间歇性或持续性下肢、锁骨、脊柱和(或)下颌骨局灶性骨或关节疼痛的患者，夜间加重，影响睡眠，患处软组织有发热、肿胀时，均应考虑 CNO 的可能。由于疼痛症状不典型、无特异性化验检查，以及缺少全面正确的认识，该病诊断通常较为延迟，多采用排除性诊断。并存的疾病，包括寻常型银屑病、掌跖脓疱病和炎症性肠病等，可发生在 CNO 患病之前或之后，而且高达 50% 的患者有银屑病、掌跖脓疱病、克罗恩病或溃疡性结肠炎等家族史，为 CNO 的诊断提供了依据。表 3-1 和表 3-2 分别是 CNO 的诊断评分系统及诊断标准，可为疑似 CNO 病例的诊断提供参考。

表 3-1　Jansson 慢性无菌性骨髓炎诊断评分系统

临床、实验室和成像结果	评分
正常血细胞计数	13
对称性损伤	10
边缘硬化病变	10
正常体温	9
骨破坏区位于脊椎,锁骨或胸骨	8
经放射学证实的病灶≥2 处	7
C 反应蛋白≥1 mg/dL	6

注:总分为 63 分,主要用于区分无菌性骨髓炎和感染性骨髓炎,以及成人和儿童的良性和恶性肿瘤,总分为 28 分或 28 分以下的患者对 CNO 的阴性预测值为 97%,而总分为 39 分或 39 分以上的患者 CNO 的阳性预测值可达 97%甚至更高。

表 3-2　NBO/CNO 的主要和次要诊断标准

主要诊断标准	次要诊断标准
(1)放射学证实的溶骨性或硬化性病变	(1)健康的身体状态和正常的血象
(2)多发骨破坏	(2)C 反应蛋白和红细胞沉降率分别轻度升高和加快
(3)掌跖脓疱病或银屑病	(3)监测时间超过 6 个月
(4)无菌骨活检证实的炎症和(或)纤维化、硬化	(4)骨质增生
	(5)有除了掌跖脓疱病或银屑病有关的其他自身免疫病
	(6)具有自身免疫性或自身炎症性疾病或 NBO 的 1 级或 2 级亲属

注:诊断 NBO/CNO 必须满足 2 个主要或 1 个主要和 3 个次要标准。提示:CRMO 是 NBO 的一个亚型,需要多灶性骨损伤或与掌跖脓疱病或银屑病相关病灶,以及慢性(>6 个月)复发-缓解病程;而 SAPHO 综合征的纳入标准不要求多灶性和慢性。此外,NBO 的建议诊断标准仅包括单纯掌跖脓疱病或银屑病,尽管重度痤疮、坏疽性脓皮病及其他的皮肤表现也在患有 CRMO 的儿童患者中出现过。SAPHO 综合征的建议纳入标准包括重度痤疮、化脓性汗腺炎及掌跖脓疱病,SAPHO 综合征中的寻常型银屑病情况仍具有争议。患有其他自身免疫病的患者本身或其 1 级、2 级亲属仅在 NBO 的建议诊断标准内,而不在 SAPHO 综合征的诊断标准内。

大多数 CNO 患者的全血细胞计数正常;红细胞沉降率和 C 反应蛋白可分别轻度加快和升高;乳酸、尿酸,血清钙、磷及碱性磷酸酶等均在正常范围内,实验室检查有助于排除其他疾病。

(1)X 射线:早期绝大多数患者无影像学异常发现。在管状骨,表现为邻近骺板的干骺端溶骨性骨质破坏区,由一薄的硬化缘与正常骨组织分隔,不同于化脓性骨髓炎,多不伴有骨膜增生或死骨形成,但锁骨病灶边缘可见骨膜增生。疾病后期以增生硬化及骨膨胀为主,周围软组织肿胀不明显;急性溶解期可发生病理性骨折(罕见)及椎体压缩性骨折(可导致脊柱后突或椎体扁平)。X 射线具有成像快速、花费低等优点,但假阴性率高、灵敏性低、有辐射。

(2)CT:显示较 X 射线清晰,尤其适合不规则骨的显示(如下颌骨),以及在 X 射线平片上与脊柱重叠的胸锁关节区,可见溶骨性破坏区或混杂密度灶、边缘增生硬化、骨外形梭形增粗。对患骨进行三维重建后处理便于指导活检。但不如 MRI 的敏感性高,难以发现早期炎症,区分炎症部位和生理部位,而且辐射量大。

(3)全身核素骨扫描:根据示踪剂的异常浓聚,发现活动病灶及处于静止状态的病灶,以及炎症部位的详细定位;代谢增加与疾病活跃程度相关,但仍然有一定辐射量,不适合日常随诊。

(4)MRI:具有较高的敏感性,定位精确,显示骨髓病灶范围较 X 射线及 CT 更大,并且无辐射。病灶也可累及骨干,一般不出现骨脓肿和软组织炎症。破坏区呈 T_1WI 低信号,T_2WI 高信号,硬化区 T_1WI、T_2WI 均呈低信号;短时反转恢复序列(STIR)中髓内高信号,特别是在疾病早期,能够在骨破坏之前发现骨髓水肿及周围软组织炎症改变;后期可见骨干增粗、骨质疏松、骨骺部分或完全骨化、压缩性椎体骨折;在疾病的修复阶段,骨破坏区逐渐硬化愈合,随着时间推移,骨骼逐渐重塑,一般 2 年内可达到影像正常。但 MRI 对骨质增生性改变和骨膜反应的显现欠清,难以与成骨性转移瘤或硬化性骨髓瘤区分。

(5)全身 MRI:目前全身 MRI 多被视为诊断 CNO 的金标准,全身扫描有助于识别临床上无症状的病变,尤其是脊柱的病变,对炎症病灶敏感性高,能够准确评估病灶活动性和骨骼的损伤程度。检查方案:全身冠状位 STIR 4~5 段、全脊柱矢状位 STIR 成像、足矢状位 STIR 成像,盆腔及膝关节周围 STIR 成像。

(6)影像监测:目前还没有对间隔多长时间进行影像检查以便于监测病情达成共识,有可能需要更频繁的无辐射成像来提供疾病活动情况的准确估计,以指导治疗。在北美,大约 50% 的儿童风湿病学专家定期使用影像手段,其中 54% 的患者每 6 个月重复成像 1 次,25% 的患者每 12 个月重复成像 1 次;在疾病早期,建议在开始治疗后 3~6 个月重复 MRI 检查;对于仍在服用药物或停用药物的患者，建议每 6 ~ 12 个月重复 1 次 MRI 检查。

2. 慢性复发性多灶性骨髓炎　在西方国家更常见，尤其是中欧和北欧。上文已经提到 CRMO 是隶属于 NBO 的一个亚型，需具备多灶性骨损伤或与掌跖脓疱病或银屑病相关病灶，以及慢性（>6 个月）复发-缓解病程等特征。CRMO 好发于儿童，男女发病比例约为 1 : 4，好发年龄段为 7 ~ 25 岁，平均发病年龄为 10 岁。最常见的受累部位为长骨干骺端，其次是锁骨和脊柱。在长管状骨中好发部位依次为股骨远端、胫骨近端、胫骨远端及腓骨远端，当病灶位于胸骨、锁骨和下颌骨时，对于诊断 CRMO 有较高的特异性。由于 CRMO 可伴发外周关节炎、炎症性肠病、银屑病和（或）骶髂关节炎，此类患者的 HLA-B27 多为阴性，因此有学者认为其可能隶属于青少年型血清阴性脊椎关节病。

临床表现和严重程度及病程在个体患者之间差异显著，主要临床表现为局部骨痛和肿胀，可伴有全身症状，如低热、虚弱，为良性病变，具有自限性，病程常持续数年，病变范围广泛，从单一骨无症状或轻度炎症改变到慢性、复发性、多灶性骨质破坏，病变可在原患处复发，也可能于其他部位发病，有时还会导致骨髓炎、骨坏死。少数患者出现骨骺过早闭合、骨畸形和脊柱后突畸形等后遗症。一些 CRMO 患者可发展为骶髂关节炎或脊柱炎，高达 30% 的患者可出现非感染性关节炎。长骨受累可导致跛行。外伤可能为诱因之一，相当多的 CRMO 病例是由创伤引起的。

患骨的影像学表现与 CNO 大致相同，请参考上文。疾病活动期和修复期的影像学表现对本病仍有一定的提示作用。然而，由于对该病认识的增加和临床观察期的延长，CRMO 很可能比以前人们认为的更加常见。该病的诊断建立在排除其他疾病的基础上，包括缺乏病原体、没有脓肿、窦道及死骨形成，不是感染性骨髓炎的好发部位、锁骨频繁受累、多部位发病、亚急性或慢性骨髓炎的影像学表现，以及组织病理学、非实验室检查结果、病程延长、波动、多年来反复发作的疼痛等特点。

3. SAPHO 综合征　SAPHO 综合征是一组与皮肤有关的骨破坏区增生硬化的病变，主要以掌跖脓疱病、化脓性汗腺炎或重度痤疮伴发胸肋锁骨肥厚、CRMO、骶髂关节炎等损害为特征性改变。其与脊椎关节病和其他自身免疫性疾病有一些共同特征，但更可能是自身免疫病谱中自发性炎症的一部分，认识到 SAPHO 综合征对于避免不必要的侵入性手术和长期使用抗生素治疗骨关节炎非常重要。病程多为良性，如果及时诊断治疗，长期功能性愈后是良好的。

成人受累部位多为前胸壁，其次是脊柱，其中胸椎最易受累，多达 13% ~ 52% 的 SAPHO 综合征患者患有骶髂关节炎。成人 SAPHO 综合征患者中，四肢骨发病并不常见，仅有5%～10%的患者出现长骨受累，1%～10%的患者出现下颌骨骨质破坏。邻近患骨的关节可发生关节炎，即成人的前胸壁胸锁肋和骶髂关节、儿童的踝关节和膝关节。皮肤改变可能在骨关节症状的初期比较明显，但也可能在其之前数年或之后数年出现。与成人相比，儿童的皮肤受累并不常见，至少15%的成人和超过70%的儿童可能从未有皮肤改变。皮肤病变属于神经营养性皮肤病，最常见的是掌跖脓疱病，占所有皮肤病的50%～70%。化脓性汗腺炎（又称反常性痤疮）被认为是一种严重的痤疮形式，其中男性患者占主导地位。其他罕见的皮肤表现包括坏疽性脓皮病和Sweet综合征。

Nguyen等在Semin Arthritis Rheum中提出SAPHO综合征诊断标准。①骨关节表现+聚合性痤疮和爆发性痤疮或化脓性汗腺炎。②骨关节表现+掌跖脓疱病。③伴或不伴皮肤改变的骨增生肥厚（前胸壁、四肢、脊柱）。④伴或不伴皮肤改变的涉及中轴骨和附肢骨的CRMO。满足以上4项中的1项即可诊断。合并以下情况也可考虑SAPHO综合征：可能与寻常型银屑病或炎症性肠病有关；具有强直性脊柱炎的特征性改变；存在低毒性细菌感染。排除标准：化脓性骨髓炎，感染性胸壁关节炎，感染性掌趾脓疱病，掌跖角化病，排除偶发的弥漫性特发性骨肥厚症、维生素A治疗后的骨关节改变。

SAPHO综合征的两种骨关节表现是骨的炎症和骨质增生肥厚，二者均是骨皮质和骨髓质的慢性炎性反应、慢性骨膜反应和皮质增生。在疾病的初始阶段，病变区域的X射线及CT多无异常，病灶仅为溶骨性骨质破坏区，伴或不伴有硬化缘，典型改变是伴有骨内膜和骨外膜的增生反应、骨膨胀及韧带骨化。随着病情进展，这些病灶变为破坏增生混合或完全的增生硬化。慢性病灶主要是增生硬化，伴有骨皮质的增厚、髓腔变窄和骨小梁增粗。CT尤其是多层螺旋CT和后期三维重建，最适合骨关节病变的细节显示，也是胸骨锁骨区病变可选择的检查方式。由于肋骨、脊椎和纵隔的叠加效应，很难通过X射线清晰显示。

（1）前上胸壁最易受累，是SAPHO综合征的典型改变，骨质破坏可发生于胸骨、锁骨及邻近肋骨的任何部位，病程一般分为3个阶段：第1阶段，局限于肋锁关节韧带区，并可能表现为原发性韧带附着处骨密度增高，邻近软组织肿胀；第2阶段，胸锁关节病变伴内侧锁骨、胸骨、第1肋骨及肋软骨等结构的溶骨破坏和骨硬化改变；第3阶段，以上结构及其周围结构的骨质增生肥厚，外形增粗，邻近关节融合，可发展为关节炎或关节强直（图3-5）。

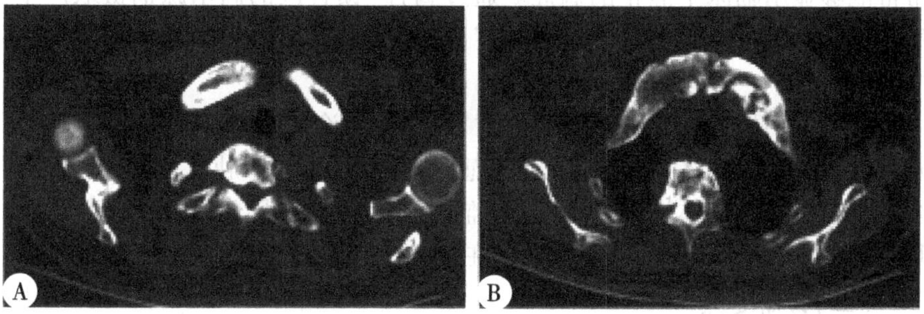

胸骨柄、双侧邻近锁骨、部分胸椎及邻近肋骨显著增生硬化，右侧锁骨增粗，骨膜增生、骨皮质增厚，左侧胸锁关节见不规则骨质破坏区，周围软组织未见明显肿胀。

图 3-5　SAPHO 综合征

（2）中轴骨：发病率仅次于前胸壁骨组织，通常局限于一个锥体层面，通常情况下病灶不跨越椎间隙，也不伴椎旁脓肿，这是 CRMO 区别于感染的另一个特征。胸椎多见，腰椎、颈椎次之。偶尔可见 4 个相邻椎体受累，个别患者可出现 5 处毗邻的病灶。早期表现为进行性加重的非特异性椎间盘炎，X 射线及 CT 表现为终板糜烂性破坏伴软骨下骨质增生硬化，椎间隙变窄，椎旁韧带骨化。MRI 表现为急性期受累椎间盘在 T_1WI 增强及 T_2WI 上均呈高信号，病变后期椎间盘退变，在 T_2WI 上呈低信号。疾病后期出现椎体局部塌陷，发生应力性骨折，椎旁韧带骨化，跨越 1 个或多个椎间隙的骨桥形成，甚至出现脊柱后突畸形。Minhchau 等的文章中提到，SAPHO 综合征中的骶髂关节炎更常见于单侧，增生硬化主要位于髂骨关节面侧，而强直性脊柱炎中的骶髂关节炎双侧更常见。徐文睿等的研究结果则与之相反，多数表现为双侧骶髂关节受累，骶骨侧更明显，且关节邻近骨质出现骨髓水肿、脂肪沉积、骨质破坏及骨质硬化的比例较高，表明新旧病灶共存，但关节面虫蚀状改变及间隙改变并不明显，女性多见。

下颌骨慢性弥漫性硬化性骨髓炎可能是由咀嚼肌过度使用所致，分为局限型和弥漫型，通常影响下颌骨体和支，而颞下颌关节通常不受影响，并且经常伴有上覆软组织的疼痛和肿胀。现在普遍认为其是 SAPHO 综合征症状的一种形式，是否是独立发病，还是在其他部位关联发病仍有争议。影像表现主要是单侧或弥漫性骨质增生硬化，部分硬化区内可见低密度灶，骨膜反应程度取决于患骨病灶范围，通常在小直径骨内更加明显，以进行性骨质增生硬化的方式愈合。

（3）附肢骨：是儿童患者的最常见部位，成人患者中长骨受累较少见。在早期，典型表现是在靠近骺板的干骺端出现溶骨性骨破坏区。

（4）全身骨显像：敏感性非常高，因为不仅显示骨内代谢异常的病灶，还常常能够显示临床中静止的病灶。通过胸骨-锁骨区的高示踪剂摄取产生所谓的“牛头征”，胸骨柄构成“牛头”，感染的胸锁关节和毗邻的锁骨构成“牛角”。

(5)全身磁共振成像:MRI 无辐射，因此在随诊期间能够反复应用，尤其对于儿童。MRI 比 X 射线及 CT 更敏感，还可显示骨髓水肿及邻近的软组织炎症。尤其适合椎体检查，并可用于监测疾病的进展，因为慢性硬化性骨破坏灶在上都呈低信号；而活动性病灶在 T_1WI 呈低信号，在 T_2WI 呈高信号。

(二)诊断要点

(1)4 个纳入标准中只要有 1 个符合就能诊断为 SAPHO 综合征。

(2)全身核素骨扫描或 MRI 可显示骨关节受累病灶及临床静止性病灶。

(3)通过活检得出相应的组织学结果和阴性的细菌培养结果，进而排除感染性骨髓炎或骨肿瘤。

(4)对于同时具有典型的疼痛部位(如前胸壁)、相应的影像学检查结果和特征性皮肤病变的患者，诊断相对简单。当病变部位单一、不典型或无皮肤改变时，诊断相对困难。详细的病史，特别是询问以前皮肤和骨骼是否受累，可能提供诊断依据。

(三)研究现状与进展

(1)X 射线平片是最基础的筛查方法，当临床高度怀疑上述 3 种疾病时，首选全身 MRI 及核素扫描，在疾病确诊后监测阶段，MRI 由于无辐射而为最佳检查方式。

(2)CRMO 的发病可能与基因突变有关，可能与人体 18 号染色体上 *166pb* 等位基因有关，Majeed 综合征的发病也与此基因有关，属于常染色体隐性遗传病，是以早期多灶性骨髓炎、红细胞生成障碍性贫血和关节挛缩为特征的一组综合征，主要由编码脂蛋白 2 的 *LPIN 2* 基因突变导致其功能缺陷引起的。

(3)李忱等的研究结果证实，对于难治性 SAPHO 综合征患者(即经 NSAID 和糖皮质激素、抗风湿药治疗后，病情仍未得到控制者)，应用 TNF-α 拮抗剂治疗后缓解率达 100%。目前此类药物的短期疗效已被普遍认可，因此当临床高度怀疑本病时可采取实验性治疗，但长期疗效、疗程时长及潜在风险有待商榷。

(4)重 T_2加权序列和 Gd-DTPA 增强有助于显示炎症性骨损伤和(或)骨周反应，急性期患骨内可见不同程度强化。STIR 中周围软组织高信号；新的溶骨性骨质破坏区预示着 CRMO 进展、恶化，最终以硬化方式痊愈。这种炎症反复过程导致骨质进行性增生硬化，可能持续数年，并逐渐向周围扩展。对于长期的 CRMO 病灶，患骨很少能够恢复到正常形态。在 CRMO 的修复阶段，骨髓水肿的消退是最具有代表性的影像特征，在 T_2WI 和 STIR 序列上显示骨髓信号不如急性期高或者无高信号改变。

第四章　脊柱感染的影像学诊断

第一节　脊柱细菌感染

脊柱细菌感染是最常见的脊柱感染类型，最常见的疾病包括椎体骨髓炎、椎间盘炎、硬膜外脓肿。感染的途径包括来自其他感染部位的血源性传播、直接蔓延和来自其他相邻部位感染的扩散。椎间盘炎感染途径中最常见的是腰椎穿刺，或椎间盘造影和椎间盘摘除术后感染，术后 2 ~ 3 d 发病，局部剧痛，体温升高，腰椎活动受限。脊柱感染比四肢关节感染少见，脊柱细菌感染的好发人群可分为 3 个年龄段。①6 个月内的婴儿，特别是患有脓毒血症的患儿。②2 ~ 8 岁的儿童，该年龄段人群发病率相对较低，好发椎间盘炎。③50 岁以上老年人，约占全部脊柱细菌感染患者的 60%。

病原菌多为金黄色葡萄球菌或大肠埃希菌，颈椎或胸腰椎均可感染。金黄色葡萄球菌感染约占全部脊柱细菌感染患者的 50% 以上。大肠埃希菌和变形杆菌感染常伴发尿路感染；铜绿假单胞菌感染常有静脉药物滥用史或免疫系统缺陷；沙门菌感染一般发生于镰状细胞贫血患者；厌氧菌感染可继发于开放性脊柱损伤患者，在糖尿病患者中也较为常见；慢性低毒性感染通常由低毒性细菌引起，如甲型溶血性链球菌和表皮葡萄球菌。

MRI 是诊断脊柱感染的首选检查方法，其敏感度、特异度和准确率分别可达 96%、92% 和 94%。MRI 增强检查可对脊柱感染进行早期诊断。CT 对脊柱感染有较高的敏感度，但特异度较低，且容易漏诊硬膜外脓肿。

（一）影像学表现

1. X 射线　典型表现包括骨溶解、终板破坏和椎体塌陷。X 射线平片诊断早期脊柱细菌感染的作用有限，发病 2 周以内可见椎旁软组织内脓肿。颈椎感染形成咽后壁脓肿。胸椎感染时椎旁可见梭形软组织肿胀增厚。腰椎感染可见腰大肌肿胀。发病 2 ~ 4 周可见椎体骨质破坏，受累椎体可出现终板骨质模糊、椎间隙变窄征象，该征象不易观察。严重者发生椎体压缩性骨折，或椎体的附件及小关节被破坏，椎体皮质旁可伴有骨膜新生骨。发病晚期，椎体破坏区周围骨质增生硬化，椎旁韧带骨化，椎间骨桥形成，或椎体发生骨性融合（图 4-1A、图 4-1B）。化脓性椎间盘炎，在发病 10 d 内，即可显示受感染椎间盘的椎体上下终板破坏。2 周后即可发生溶骨性破坏，椎间隙变窄，椎旁软组织肿胀。晚期发生椎体骨性融合。X 射线的诊断敏感度和特异度均低于 CT。但 X 射线仍能对脊柱整体顺列和稳定性的评价提供十分有益的信息，在患者的后期随访中也能起到十分重要的作用。

2. CT　与 X 射线平片对比，CT 能够早期发现脊柱细菌感染患者椎体的骨质破坏，并且能够显示受累椎体周围脓肿及钙化的情况，并能够更好地评估椎体破坏情况及局部脊柱的稳定性（图 4-1C ~ 图 4-1E）。椎旁脓肿常见于化脓性细菌感染，椎旁钙化和椎弓根受累更常见于肉芽肿性炎。椎体骨质破坏是本病的特征性表现，但并不具有特异性，可见于任何椎体肿瘤或感染性病变。CTM 可用来观察脊柱细菌感染硬膜外受累情况，但在颈胸段区域，由于伪影，容易造成漏诊。CT 引导下穿刺常用于病灶活检。

3. MRI　是诊断脊柱细菌感染的首选检查方法。显示化脓性脊柱炎各期病理变化的效果最佳。除患者有明确禁忌证存在，怀疑脊柱细菌感染的患者都应进行 MRI 增强检查。

骨髓水肿是本病最早出现的影像学表现，但特异性较低，椎间隙变窄也是本病的较早期表现。随着椎体内骨髓炎性浸润、水肿、充血至脓液生成，椎体骨髓在 T_1WI 表现为低信号，在 T_2WI 或质子加权像表现为高信号。椎间隙变窄、椎间盘形态不规则、髓核破裂是本病常见的 MRI 表现（图 4-1F、图 4-1G），受累椎间盘在 T_2WI 表现为高信号（图 4-1G），是本病很重要的特点。T_1WI 表现为低信号，且在 T_1WI 与椎体终板分界模糊。当出现终板骨质破坏后，椎体终板下可出现 T_1WI 低信号带，增强后明显强化（图 4-1H），椎旁脓肿和坏死组织、死骨不强化，受累骨髓和脓肿周围组织明显强化（图 4-1I）。硬膜外脓肿在本病常见，但也不是本病的特异性表现，当脓肿累及多个节段时，在 T_2WI 矢状面图像容易漏诊。亚急性期和慢性期，因椎体破坏与周围骨质增生、残留病灶内脓液形成所致，T_1WI 上呈低信号，T_2WI 上呈低信号或混杂高低信号。若发生脊髓受压，MRI 可全面评估受压的程度及脊髓损伤情况。

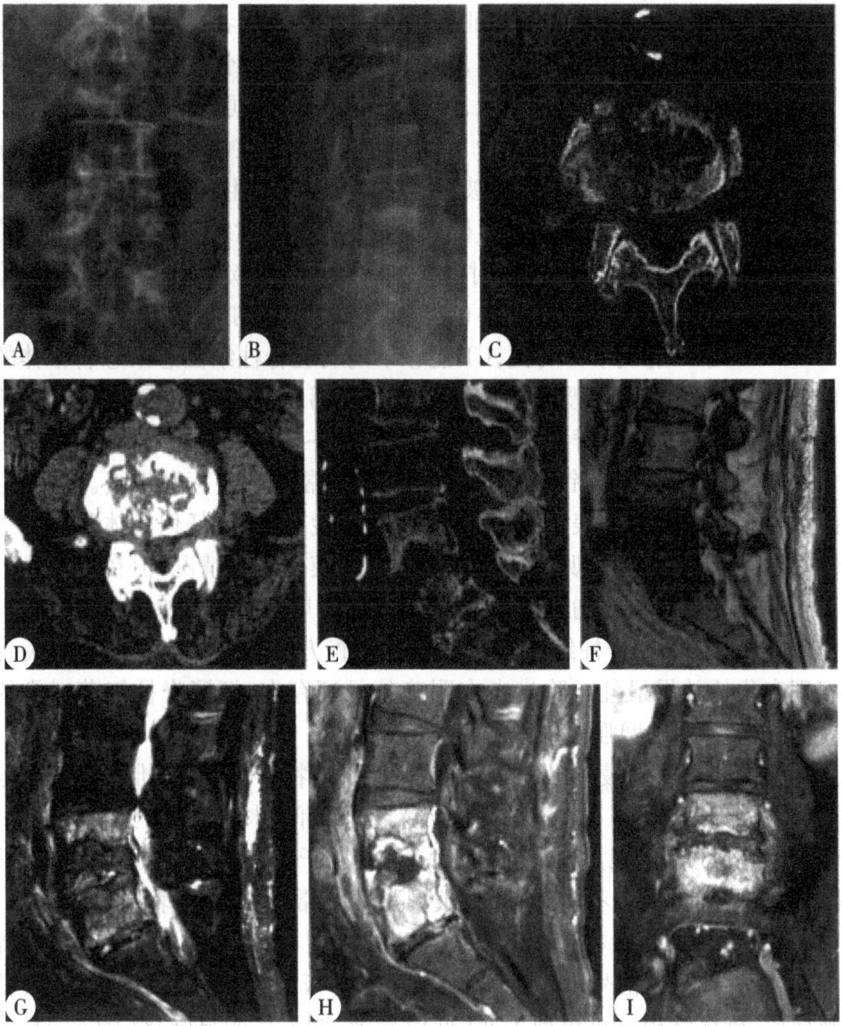

A. 腰椎 X 射线正位片示 $L_4 \sim L_5$ 间隙模糊不清，$L_4 \sim L_5$ 椎体邻近皮质边缘显示不清；B. 腰椎 X 射线侧位片示 $L_4 \sim L_5$ 间隙模糊，L_4 椎体下缘凹陷，可见骨缺损、关节面毛糙，局部骨质硬化，L_5 椎体上缘骨质模糊；C. CT 横断位骨窗示 L_4 椎体骨侵蚀破坏、多发碎裂，伴骨质硬化；D. CT 横断位软组织窗示椎体破坏区呈软组织密度，界线尚清；E. CT 矢状面骨窗重建示 $L_4 \sim L_5$ 椎体骨侵蚀破坏，密度不均，以低密度为主，伴骨质硬化及多发碎裂，椎体尚未滑脱；F. MRI 腰椎 T_1WI 矢状面示 L_4 椎体下缘、L_5 椎体上缘骨质破坏，呈长 T_1 信号，累及椎间盘；G. MRI 腰椎 T_2WI 脂肪抑制序列矢状面见 $L_4 \sim L_5$ 椎体骨质破坏区信号不均，呈略高信号，非破坏区椎体呈高信号，腰椎间盘失去正常形态，局部呈高信号，腰背部皮下区可见渗出影；H. 腰椎 T_1WI 脂肪抑制增强序列，显示 $L_4 \sim L_5$ 椎体破坏区明显不均匀强化，L_4 椎体终板下区明显强化带，椎间盘局部结节样强化，椎间隙见类圆形无强化区；I. 冠状面见椎旁软组织局限性强化。

图 4-1　腰椎细菌感染

（三）诊断要点

（1）多有明确化脓性细菌感染的病史。

（2）细菌性心内膜炎是本病最常见的危险因素。

（3）典型影像学表现包括骨溶解、终板破坏和椎体塌陷。

（4）CT 可早期发现脊柱细菌感染患者椎体骨质破坏。

（5）MRI 是本病的首选检查方法，准确率可达 94%。

（6）骨髓水肿表现为低 T_1WI、高 T_2WI 信号；受累椎间盘为高 T_2WI 信号，在 T_1WI 与椎体终板分界模糊；增强扫描椎旁脓肿和坏死组织不强化，受累骨髓和脓肿周围组织明显强化。

（7）实验室检查可见红细胞沉降率增加、C 反应蛋白升高。

（四）研究现状与进展

成人细菌性脊柱感染可产生显著的不良后果，包括疼痛、神经功能损伤、脊柱不稳定、畸形或死亡。许多因素使人易患脊柱感染，其中许多因素可影响患者的免疫状态。脊柱细菌感染的途径包括来自其他感染部位的血行传播、直接蔓延和来自相邻部位感染的扩散。感染通常根据解剖位置分大致分为椎体骨髓炎、椎间盘炎和硬膜外脓肿。

第二节　脊柱真菌感染

脊柱真菌感染并不常见，多见于免疫低下患者，罕见于免疫正常及慢性阻塞性肺疾病患者。引起真菌性脊柱感染的病原体可分为机会致病菌和致病性真菌两类，机会致病菌（包括曲霉菌属、念珠菌属、毛霉菌属）在健康人群极少引发疾病，但在免疫缺陷人群中多见；致病性真菌（包括芽生菌属、球孢子菌、荚膜组织胞质菌）可在健康人群中引发疾病，占全部脊柱真菌感染的 5%～10%。由于近年来免疫抑制药物、广谱抗生素的广泛使用，静脉留置针使用增加，以及艾滋病患者增多，本病发病率有上升趋势。本病多由其他部位（肺部为主）的血行播散或进行侵入性操作时直接种植引起。

由于脊柱真菌感染的临床表现缺乏特异性，也缺乏特异性的实验室检查方法，因此脊柱真菌感染难以早期确诊。

（一）影像学表现

1. X 射线　脊柱真菌感染的 X 射线平片表现与结核相似，表现为椎体前缘受累、椎间盘破坏相对较轻、椎旁脓肿形成。侵犯邻近肋骨、椎体后部，窦道形成较为少见。某些特定类型的真菌感染可表现出特异性的征象，如在球孢子菌病患者中，可出现椎体周围软组织肿胀，特别是脊柱后方软组织。在芽生母菌感染患者中，椎体塌陷和脊柱后突畸形更常见。隐球菌感染者椎体内的溶骨性病变与球孢子菌病或脊柱结核的囊性病变相似，边缘不连续，周围形成脓肿。脊柱真菌感染也可表现为单独椎体塌陷伴浸润性骨质破坏。患者骨病变的情况往往比临床症状更严重。

2. CT　在脊柱真菌感染中，CT 和 MRI 是确定疾病范围的有效手段。脊柱真菌感染受累椎体在 CT 上表现为溶骨性破坏内夹杂小片、不规则的残留骨。与脊柱化脓性骨髓炎不同，真菌感染常不累及椎间盘。这些并不是脊柱真菌感染特异性的影像学表现，在其他脊柱非化脓性感染中也可出现，如脊柱结核。

3. MRI　在免疫缺陷患者中，由于炎症反应的缺乏，不同原因引起的脊柱感染，椎体病灶内 T_2WI 信号可无变化或出现轻度增高，椎间盘在 T_2WI 可见明显信号增高，髓核结构完整，但其病理机制仍不清楚。举例如下。

(1)曲霉菌性脊柱感染可引起坏死性动脉炎，并进一步导致血栓形成、血管破裂或梗死。曲霉菌感染可导致多个椎体受累，其椎体破坏类似于脊柱结核；椎间盘向前/后膨出伴纤维环破坏、增强后椎间盘不强化或轻度强化、前/后纵韧带及韧带下间隙明显强化，偶可见椎体塌陷、向后突入椎管及脊柱失稳。感染可表现为硬膜外脓肿或脊髓炎。

(2)念珠菌性脊柱感染可伴发或继发于血行播散性念珠菌病。白念珠菌感染可引起椎体、椎管内脓肿及椎旁巨大脓肿、肉芽肿，无椎间盘受累。

(3)芽生菌性脊柱感染在临床和放射学上表现均与结核类似，表现为溶骨性病变伴轻度反应性硬化、跳跃病灶、椎体塌陷、脊髓脓肿或肉芽肿、脊膜炎伴脊髓受压、椎旁脓肿，偶可见相邻肋骨受累，可借此与结核相鉴别。

(4)隐球菌性脊柱感染通常表现为椎管内肉芽肿性肿块，并压迫脊髓。隐球菌性脑膜炎常见于艾滋病患者，其炎症反应轻微，脑膜强化少见。椎体及附件病变好发于腰椎，可见边界清楚的溶骨性病变，骨膜反应轻微或无骨膜反应。

(5)球孢子菌性脊柱感染表现为溶骨性骨质破坏伴硬化边，病变不累及椎间隙、椎板，常见附件受累及广泛的椎旁软组织肿胀、增厚。

(二)诊断要点

(1)脊柱真菌感染的病原体多为机会致病菌，一般见于免疫缺陷人群。

(2)隐球菌属、念珠菌属和曲霉菌属是本病最多见的致病菌。

(3)脊柱真菌感染的 X 射线平片表现与结核相似，表现为椎体前缘受累、椎间盘破坏相对较轻、椎旁脓肿形成。

(4)在脊柱真菌感染中,CT和MRI是确定疾病范围的有效手段。

(5)脊柱真菌感染的MRI表现不具有特异性,在免疫缺陷患者中,由于炎性反应的缺乏,T_2WI信号可无变化,或出现轻度增高。

(三)研究现状与进展

脊柱真菌感染是一种罕见的疾病,有时很难诊断。对该病的早期诊断需要了解患者的病史和详细的体格检查。及时、恰当的药物治疗是本病的首选治疗方法,并需要对临床病程进行密切监测。药物治疗无效、脊柱不稳定和神经功能障碍是脊柱融合清创治疗的适应证。预后取决于患者的发病前状态、真菌的种类和治疗的时机。

第三节　脊柱棘球蚴病

脊柱寄生虫感染包括脊柱棘球蚴病、盘尾丝虫病和弓形虫病等。棘球蚴病又称包虫病,是由棘球绦虫幼虫寄生而引起的一种慢性寄生虫病。根据致病幼虫分为2型,即脊柱细粒棘球蚴病与脊柱泡状棘球蚴病。牧区及林区的一些食肉动物和犬科动物是这些寄生虫的最终宿主,人类通过摄入被寄生虫卵污染的食物或水而受到二次感染。棘球绦虫卵在肠道内孵化后形成的六钩蚴进入体循环到达骨骼,并寄生于骨骼形成骨棘球蚴病。棘球蚴病以肝、肺居多,骨棘球蚴病仅占人体棘球蚴病的0.5%~4.0%,其中脊柱棘球蚴病占骨棘球蚴病的50%。脊柱棘球蚴病最好发于胸椎(约50%)的椎体及椎弓根,其次为腰椎、骶骨和颈椎。根据棘球蚴寄生部位分为髓内、髓外硬膜下、椎管内硬膜外、椎体和椎旁棘球蚴。

棘球蚴病特异性抗体检测的方法包括棘球蚴皮内试验、间接血凝试验、对流免疫电泳、ELISA及金标抗体等,其中前3种俗称棘球蚴三项。目前应用较多的更精确的方法为棘球蚴八项,是指用金标法和ELISA 2种方法检测患者体内EgCF、EgP、囊液半纯化抗原B(EgB),以及可反映泡状棘球蚴感染的泡状棘球蚴抗原(Em2)4个抗原,同时检测棘球蚴特异性抗原及抗体。

骨棘球蚴病发展缓慢,早期临床症状隐匿,患者常因患肢局部肿胀、疼痛,甚至出现病理性骨折而就诊,累及脊柱的棘球蚴病可为神经系统受损表现,表现为严重的背痛、感觉减退、双下肢无力、截瘫、大小便失禁等,劳累或外伤后加重。

（一）影像学表现

1. X射线　早期，仅表现为病骨多发小囊状、虫蚀状、蜂窝状溶骨性骨质缺损区，病灶多发，边缘锐利并伴有硬化，椎体可呈楔形变，病灶内可见囊壁钙化。进展期，椎体内发生明显的膨胀性骨破坏，呈溶骨性，可伴发病理性骨折或椎体滑脱。晚期，骨破坏区可伴发感染，骨质增生硬化，或发生钙沉积、骨骼变形。病变可侵入椎弓根和椎板等附件结构，导致椎弓根模糊，一般不累及椎间盘。病变可侵及椎旁软组织形成假性椎旁脓肿（图4-2A）。

2. CT　可显示椎体呈多发大小不等的囊状骨质缺损，骨外形膨胀，骨皮质膨隆、变薄、断裂或缺损，囊内呈液体密度，有单囊型、多囊型、母子囊型。囊壁清楚，有硬化边环绕，边缘锐利、清晰，也可见皂泡状、多间隔。囊壁钙化时，病灶内可见点状钙化灶。多数病灶先累及椎体，后侵及椎弓根、椎板、棘突、横突、肋骨头，可见椎间孔扩大。如侵入椎旁软组织和椎管内，可形成椎旁软组织内圆形肿块；如囊肿破溃且伴发感染，病变内可见气液平面形成，囊壁增厚、硬化。晚期可见实变及钙化成分（图4-2B、图4-2C）。

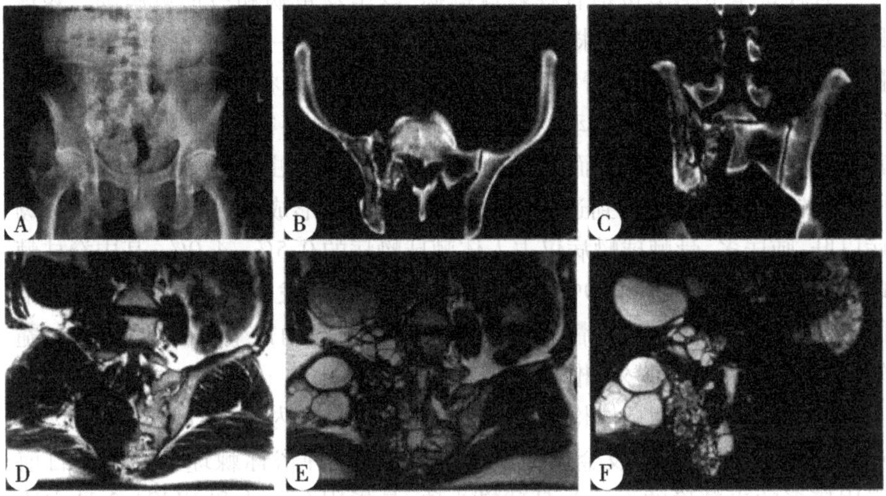

A. X射线骨盆正位片，右侧骶髂关节多发囊状、蜂窝状骨质破坏，边缘硬化；B. 骨盆CT横断位；C. 骨盆CT冠状面，显示L_4右侧横突、骶骨、髂骨内多发膨胀性溶骨性骨质破坏，骶骨、髂骨病灶内多发钙化，右侧臀大肌内多发囊性低密度灶；D. MRI骨盆T_1WI冠状面；E. MRI骨盆T_2WI冠状面；F. MRI骨盆T_2WI脂肪抑制序列冠状面，L_4右侧横突、骶骨、髂骨及右侧臀大肌内多发囊状长T_1长T_2信号，部分病灶内可见子囊。

图4-2　脊柱棘球蚴感染

3. MRI　MRI是对棘球蚴病诊断价值最大的影像检查技术，可准确判定棘球蚴的部位、范围及特点。MRI表现为单个或多个相邻椎体内多发大小不等的囊状或分叶状骨破坏，囊壁光滑清晰，椎体可楔形变，破坏区呈长 T_1、不均匀长 T_2 信号，一个大囊内可见多个小子囊，母囊信号 T_1WI 高于子囊，T_2WI 低于子囊是一重要影像特征。部分病例几乎在每个大囊或小囊内均可见一低信号灶，为棘球蚴。多椎体发病时多为相邻椎体，一般不累及椎间盘结构。棘球蚴的囊壁在 MRI 上呈低信号，尤其是在 T_2WI 上显示更为显著。脊柱棘球蚴易侵及椎管、椎体附件及周围软组织，在相应组织内形成多囊或单囊病灶，部分可见变形的囊。尤其在腰大肌受累的病例中，于椎体旁可见局限的母囊，囊内为多发大小不等的子囊。T_2WI 脂肪抑制序列可以更清晰地显示多子囊型棘球蚴囊肿。若椎体棘球蚴无破裂感染，一般强化不明显，但当发生囊壁破裂时，MRI 可见囊壁轻度强化。

（二）诊断要点

（1）本病多见于西北、西南地区的牧区及林区。

（2）棘球蚴三项和棘球蚴八项是常用的血清学诊断方法。

（3）脊柱棘球蚴病一般不累及椎间盘。

（4）MRI 检查见椎体囊性破坏区内多发大小不等的子囊，囊壁为明显低信号，椎间盘一般正常，周围软组织内可见多发子囊。

（三）研究现状与进展

多排螺旋 CT 及其三维重建和能谱成像技术的运用可准确定位病灶，显示病灶范围与形态，目前已成为筛查诊断棘球蚴病的主要影像学手段。脊髓水成像技术的应用也使棘球蚴囊肿的显示更清晰，特别是在棘球蚴囊肿的大小、范围的显示上更具优势。PET 作为目前影像学较为前沿的技术，其覆盖范围广，在发现全身转移的棘球蚴病方面具有绝对优势。

第五章　脑水肿多模态磁共振成像诊断

第一节　多模态磁共振成像在脑水肿诊断中的应用

多模态磁共振成像（MM-MRI）是采用多种磁共振加权模式特别是功能磁共振序列检查，以达到对检查部位的形态和功能精准诊断的一种磁共振检查模式。由于影像学的快速发展，多模态影像学（MMI）逐渐兴起，它不仅仅局限于一种检查设备，现已涉及多种影像设备，以功能互相弥补，如MR、计算机断层扫描（CT）、超声、正电子发射型计算机断层显像（PET）等多种影像检查方法相互印证，为临床提供了有效、精准的诊疗手段。

一、脑水肿的病理变化

通常把脑水肿分为4种类型。以细胞膜为界总体上可分为两种基本类型：一种是细胞内水肿，包括细胞毒性水肿和渗透压性水肿；另一种是细胞外水肿，包括血管源性水肿和间质性水肿。细胞内水肿的病理改变是水分子跨过细胞膜从组织间进入细胞内，使细胞器肿胀，胞质增多，整个细胞体积增大、形态变圆，使细胞间隙变小，同时细胞外水分子减少。就局部组织而言，只是水分子在细胞内外的分布发生了变化，总水含量没有变化，但水分子在细胞间的弥散能力受限了。细胞外水肿主要是由于血脑屏障被破坏，血管内的水分子通过血脑屏障渗出到细胞外的组织间隙，组织间液增多，使组织间隙扩大，细胞及血管受压。局部组织的总水含量增加，水分子在细胞间的弥散能力增加。

二、脑水肿的多模态磁共振成像

（一）细胞内水肿的多模态磁共振成像表现

因细胞内水肿组织的总水量不变，T_2值未变化，所以 T_2WI 和 T_2 FLAIR

未见异常；细胞体积增大、细胞间隙变小，水分子弥散能力受限，在DWI上呈高信号，同时在ADC上呈低信号（ADC值下降）。常发生于脑梗死早期、低渗性脑水肿、中毒性脑水肿。

（二）细胞外水肿的多模态磁共振成像表现

由于水肿组织的总水含量增加，这种增加的水又以结合水（黏附蛋白质分子）为主，组织T_2值增加，在T_2WI和T_2 FLAIR上均呈高信号。水分子在组织间的弥散能力增加，ADC值升高，ADC图信号升高；DWI同样呈高信号，这主要是由于T_2穿透效应的贡献较大。常见于创伤性脑水肿、脑梗死中晚期和间质性脑水肿。

在疾病的病理过程中，往往各种类型的水肿是同时存在的，只是在某一阶段以某类水肿占主导地位，随着病程的进展，水肿类型也发生相应的变化。如脑梗死早期是细胞内水肿，中、晚期则以血管源性水肿为主；脑创伤早期以血管性水肿为主，随后出现细胞内水肿。水肿类型与病灶部位也有密切关系。因此，通过MM-MRI鉴别的水肿类型可以精准诊断疾病的发生、发展过程，并为其疗效评估提供影像依据（表5-1）。

表5-1　不同类型脑水肿多模态磁共振成像表现及常见疾病

类型	T_2WI和T_2 FLAIR	DWI	ADC	常见疾病
细胞内水肿	未见异常	高信号	低信号	脑梗死早期、低渗性脑水肿、中毒性脑水肿
细胞外水肿	高信号	高信号	高信号	创伤性脑水肿、脑梗死中晚期和间质性脑水肿

第二节　缺血半暗带的分子影像

一、缺血半暗带的病理机制

随着全球人口老龄化，脑血管疾病发病率逐年攀升，已经成为老年患者高死亡率的主要原因，虽经治疗少数可挽救生命，但致残率也极高，严重威胁着人类的生命健康和生存质量。临床上脑缺血是一个渐进的病理发展过程，缺血中晚期的大部分脑组织已出现坏死，是不可逆损伤，失去了临床治疗价值。而唯一的希望是在缺血早期存在一个短暂的脑损伤“时间窗”,此阶段脑组织是可逆性脑损伤,即缺血半暗带(IP),它是目前治疗脑缺血的靶区,也是临床研究的热点。

早在1981年,Abtrup提出“缺血半暗带”概念,对脑缺血的研究进入新时代。缺血半暗带被定义为缺血中心灶周围的正常突触传递被抑制或者被完全阻断、电活动异常,但组织结构完整,处于低灌注,但能量代谢尚存的可逆性脑组织,即这部分脑组织的处于血流低灌注但脑组织结构尚完整,经过及时有效治疗是完全可以恢复成正常的脑组织。有研究认为缺血半暗带可能与细胞凋亡相关,还有学者观察到缺血半暗带中存在神经元肿胀、胶质细胞反应、细胞骨架正常或轻微改变,缺血2 d后该区范围明显缩小。Symon于1977年提出缺血半暗带的血流量阈值为15 mL/(100 g·min),若增加相对脑血流量(rCBF),部分脑组织功能可恢复;当脑血流量降至6 mL/(100 g·min),脑组织功能就不能再恢复。因此有人认为若脑损伤周围组织的血流量介于6 ~15 mL/(100 g·min)时应称为“缺血半暗带”。之后研究者们对此阈值持不同观点,界定缺血半暗带脑血流量的最佳阈值的波动范围很大,为14.1 ~35.0 mL/(100 g·min)。

二、多模态影像在脑卒中精准诊断与治疗评估中的作用

随着全球人口的老龄化,脑卒中的发病率逐年升高。临床上脑卒中分为出血性脑卒中和缺血性脑卒中,临床症状无明显差别,加之此类患者均为急诊入院,时间紧急,采集病史的全面性、准确性都非常低,对脑卒中的鉴别作用有限。临床上对不同类型脑卒中的处理方法截然不同,如出血性脑卒中(脑出血)需要止血或外科手术治疗;缺血性脑卒中(脑梗死)以内科或介入治疗为主。再者,同一类型脑卒中的不同阶段治疗措施也不相同,譬如脑梗死的早期阶段可以大胆采用动脉拉栓和静脉溶栓治疗,由于此阶段大部分存在缺血半暗带;但中晚期因半暗带的明显缩小,甚至有组织坏死、血管损伤、出血转化等,如拉栓或溶栓治疗可能会导致再灌注损伤,使病情加重。因此,脑卒中的精准诊断是有效治疗的前提,而多模态影像检查在其精准诊断中起非常重要的作用。

(一)脑卒中的急诊影像检查流程

临床疑似脑卒中患者首先进行头部常规CT平扫排除脑出血,如无脑出血立即进行MM-MRI扫描,包括T_2WI、T_2 FLAIR、DWI、ADC、ASL,判定有无“治疗影像窗”、脑梗死的进程及血供情况(表5-2)。

表 5-2　脑梗死的多模态磁共振成像信号特征

序列	早期脑梗死(细胞内水肿-半暗带)	中期脑梗死(混合性水肿)	晚期脑梗死(血管源性水肿)
T_2WI	无	高	高
DWI	高	等或高	高
ADC	低	低	高

(二)脑卒中中心设备分布要求

脑卒中中心要求影像学检查时间必须在 30 min 内完成,为了能确保按时完成上述多模态影像学检查,影像科的设备分布必须科学合理,首先将 CT、MR、DSA 及血管超声仪四台设备依次安装在同一层楼,并紧邻急救部,构成脑卒中中心的强大硬件支撑,再配备训练有素的诊断技术团队,才能真正提供脑卒中的救治率。

(三)多模态影像在脑出血诊断中的应用

脑出血可为自发性(血管源性、高血压等)、外伤性及其他原因,颅内血肿的 CT 表现具有特征性,依据 CT 值变化可以进行血肿分期,李琦指出"混合征""岛征""黑洞征"等 CT 平扫征象和 CT 增强时的"点征"预示血肿有扩大(再发出血)趋势。笔者应用 MM-MRI 技术通过动物实验并结合临床观察,脑创伤及脑血肿周边也存在半暗带(将在第七章详述),观测其变化走势可以评估疗效和预后。

(四)多模态影像在脑梗死诊断中的应用

在脑梗死的诊断中 CT 的优势不大,主要依赖 MM-MRI,脑梗死早期的 MM-MRI 表现前已详细讨论,对"缺血半暗带"的诊断非常重要。MM-MRI 对中、晚期脑梗死的诊断也很关键,譬如中期脑梗死是否存在半暗带,晚期脑梗死是否有出血转化的风险等,这些因素对指导临床治疗起着非常关键的作用(表 5-3)。

表 5-3 多模态磁共振信号与脑梗死分期

序列	信号	信号	信号
T_2WI、T_2 FLAIR	正常	高	高
DWI	高	高（T_2透过效应）	等或高（T_2透过效应）
ADC	低	低	高
临床意义	·细胞内水肿（半暗带） ·治疗影像窗 ·早期脑梗死	·混合性水肿（部分半暗带），严格控制再灌注 ·中期脑梗死	·血管源性水肿（坏死、出血性梗死），不宜再灌注 ·晚期脑梗死

第三节 创伤半暗带的分子影像

一、创伤半暗带的病理改变

缺血半暗带的病理改变是细胞内水肿，而创伤半暗带的病理改变远比缺血半暗带复杂。G. Harish 等认为损伤核心区旁为创伤半暗带，创伤半暗带通常表现为低灌注伴随炎症改变和细胞凋亡，但并无坏死。该观点认为由于脑灌注减低导致脑血流量异常，引起渗透压失衡，最终导致了细胞凋亡。G. Harish 认为损伤创伤半暗带随着时间进展发展为水肿、颅内压增高，创伤半暗带表现与损伤核心区相似，往往会出现线粒体损害、氧化应激反应、蛋白质聚合和泛素化以及细胞支架蛋白的丢失等相似的病理表现，但程度较轻。创伤半暗带中线粒体 ADP 与 ATP 比值往往升高，提示线粒体功能明显改变。Zheng 等认为创伤半暗带中会出现神经增生过度表达，有助于组织修复和增生，创伤半暗带的存在代表着一个过渡区域，为损伤及神经元修复提供了一个“窗口”。Wu 等通过用^{18}F-脱氧葡萄糖（^{18}F-FDG）PET 扫描发现创伤半暗带氧摄取分数、脑血流、大脑氧代谢率、大脑葡萄糖代谢率减低，并且这些指标随其与创伤中心的距离越近而逐渐降低。在创伤半暗带中血管源性水肿与细胞内水肿共同存在，这与 Barzo、Marmarou 及 Hudak 得出的结论一致。

任欢欢等首次采用大鼠脑挫伤试验，对损伤周围区（创伤半暗带）的病理进行了多时间点的仔细观察，结果显示，创伤后在低倍镜下染色（HE，40×）时创伤周围呈宽窄不一的浅染色带,其病理改变是水肿。创伤后水肿带的宽度随时间延长出现先增宽后变窄的"∧"形变化过程,1 h 开始增宽,6 h 增加最明显,12 h 最宽,24 h 开始缩小,7 d 水肿带明显缩小变窄。1 h 出血明显的细胞间质呈网状,血管周围间隙较大,内皮细胞肿胀等血管源性水肿征象;电镜下显示血脑屏障基底膜不连续、边缘毛糙、破坏。6 h 可见胶质细胞肿胀,体积增大,细胞内明显空泡样结构,细胞间隙稍窄等细胞内水肿改变。电镜下显示细胞器肿胀,线粒体嵴断裂、消失。12 h 时两种类型水肿均加重。24 h 两种水肿均减轻。48 h 时血管源性水肿程度再次加重,但是水肿带的宽度没有明显改变。72 h 时镜下见较多的肿胀胶质细胞,细胞内水肿再次占主导地位,7 d 时两种水肿均明显减轻。

任欢欢等还采用 IgG 免疫组织化学染色间接观察血脑屏障的完整性,因为从血管中漏出的炎症细胞分泌 IgG,IgG 染色结果能反映血脑屏障的通透性的强弱,从而代表着血管源性水肿的程度。本实验结果显示在 1 h、12 h、48 h 时表达为 3 度强阳性,说明此时血管源性水肿比较明显。血脑屏障是脑细胞与血液之间沟通的主要保护屏障,在各种神经性疾病中最容易受损。血脑屏障是由星形胶质细胞的足突膜、基底膜和血管内皮细胞组成的结构,可以阻碍有害的物质对神经细胞的损害,其中最重要的结构是内皮细胞。这种内皮细胞因其具有紧密连接,没有囊泡的胞饮作用,只有很低的跨细胞的转运速率,这就极大地限制了细胞旁和跨细胞的转运。能够调控血脑屏障完整性的当然不只是这些细胞与非细胞成分,还有很多分子对血脑屏障有影响,比如,基质金属蛋白酶可以溶解细胞外基质,如胶原、糖蛋白、脂蛋白等成分,使血脑屏障受损产生血管源性水肿,还有血管内皮生长因子和血管生成素家族等也可以通过影响血管内皮细胞的功能,改变血脑屏障的完整性。

资料报道,在脑组织受损后,血脑屏障的开放不是单一的开放状态,而是呈"双期"改变,即损伤早期的开放和继发性开放。Beaumont 报道创伤性脑损伤后损伤区的血脑屏障快速打开,但是 36 h 后又很快关闭。另有报道在闭合性皮质损伤的损伤区于 4 h 血脑屏障的通透性升高。B. Yang 发现 EB(Evans-blue)在损伤后 4 ~6 h 和 3 d 后的外渗较明显,有两个高峰,研究表明损伤区的血脑屏障存在"双期"开放。本实验进一步证实了创伤半暗带区的血脑屏障也存在"双期"开放,并在开放时间上与损伤区有差异。

创伤半暗带区的血管源性水肿与细胞内水肿的产生并没有截然的界限,而是在创伤后不同的时期相继出现,并以某一种水肿类型为主的混合性水肿,血管源性水肿导致细胞外间隙的水含量增加,细胞外渗透压降低引起水分子进入细胞内形成细胞内水肿,创伤早期水肿逐渐加重还与外伤导致的炎症级联反应、兴奋性氨基酸的爆发性增多或细胞内代谢紊乱等因素相关,外伤晚期创伤半暗带的水肿范围较窄,可能是未能及时干预挽救这些受损的组织,出现的细胞水平和分子水平的持续性损伤所致,例如细胞组成的负性调控、神经元分化的调控、免疫反应、氧化应激反应蛋白、细胞死亡的调控等诸多因素的增加,以及细胞骨架蛋白、线粒体蛋白、肽酶和蛋白酶的抑制剂、DNA 修复蛋白调控等因素的综合影响导致了半暗带的变窄,因而创伤半暗带的宽度整体呈现的是逐渐下降趋势。

总之,创伤半暗带的病理机制十分复杂,其分子病理机制仍需深入探索,尤其是水肿产生的机制是否与水通道蛋-4(AQP4)相关,将在本章第三节讨论。

二、水通道蛋白-4 在创伤半暗带组织中的表达

在病理上创伤半暗带存在血管源性水肿和细胞内水肿,水肿的程度、类型演变与 AQP4 的表达调控存在一定内在联系。Finnie 等研究羊脑撞击模型发现,创伤区内存活的星形细胞血管周终足以及足突 AQP4 表达上调;AQP4 在创伤核心区表达较弱,而在创伤半暗带区表达上调,越靠近创伤核心区其表达越低。Blixt 等通过免疫荧光测定发现在动物脑创伤模型中,创伤半暗带区 AQP4 的分布情况与对侧非创伤区相比存在明显差异,在创伤 1 d 后创伤半暗带区 AQP4 表达较对侧半球明显下降(18%),但创伤半暗带区组织与星形细胞活化标志物(GFAP)表达保持完整。

另有资料显示,大鼠自由落体冲击伤脑创伤模型中大鼠脑损伤 1 d 后,损伤中心区域脑水肿程度最为明显,且该区域星形胶质细胞明显肿胀,并检测细胞上 AQP4 表达明显上调,在周边邻近损伤中心区 AQP4 表达下调,但在远离损伤中心区无明显变化,这表明损伤中心区域和周围半暗带组织的病理改变有差异。J. Badaut 等得出类似的结果,认为脑外伤后挫裂伤中心区脑组织 AQP4 表达明显增多,并随着时间推迟和脑组织的部位不同而有改变,即存在时间和空间的依赖性,在挫裂伤远隔部位脑组织 AQP4 表达较低。Klefiner 等在穿透性脑损伤模型中发现,脑损伤后 1 d 和 3 d,在损伤灶中心 AQP4 表达明显增加,而在损伤灶周围的星形胶质细胞上 AQP4 表达变化不明显。还有实验表明,损伤中心区域的脑组织的 AQP4 表达增加,而位于损伤半暗带区域的 AQP4 表达降低,病理上损伤中心区域水肿以血管源性水肿为主,损伤周围的水肿带则以细胞内水肿为主。综上所述,相比而言,缺血半暗带的病理基础与 AQP4 表达的相关研究较深入,也得出了比较公认的结论,即缺血半暗带区 AQP4 表达上调,病理改变是细胞内水肿。但对创伤半暗带的病理改变以及 AQP4 的表达情况的研究尚处探索阶段,研究资料较少

且不完善,有限的研究结论也不一致,尚需进一步深入研究。

迄今为止,人们对脑损伤后创伤半暗带区 AQP4 的表达存在分歧。在前人的相关研究经验基础上,我们团队通过对大鼠脑创伤模型的周密设计,首先从病理角度精准确定创伤半暗带组织后,再对创伤半暗带区 AQP4 表达进行测定。结果显示,创伤半暗带区的 AQP4 表达变化并非"单一升高或降低"这样简单,其表达变化是一个复杂的过程,可能正是因为 AQP4 的动态变化导致了创伤半暗带区脑水肿的多样性。笔者研究发现,在创伤半暗带区早期血脑屏障破坏形成血管源性水肿导致 AQP4 的表达下调,随后 AQP4 表达上调又导致细胞内水肿的形成,大鼠脑损伤后 7 d,在创伤半暗带区出现两个水肿高峰与两个 AQP4 表达的高峰完全吻合,说明 AQP4 表达是形成创伤性脑水肿的重要分子机制。创伤半暗带区的 AQP4 的变化在 1 h 时轻度下降,12 h 和 72 h 出现两个高峰,但是 12 h 的峰值更明显,7 d 时 AQP4 的表达已经接近对照组的表达水平。与损伤中心区比较,创伤半暗带区的 AQP4 表达与脑水肿的类型和程度密切相关,早期由于血脑屏障的破坏出现血管源性水肿,然后 AQP4 表达稍下降,12 h 时 AQP4 表达明显升高,导致细胞内水肿程度加重,48 h 时由于血管源性水肿的再次加重,所以 AQP4 表达稍有下降,72 h 时 AQP4 的上升与细胞内水肿的加重也是一致的,7 d 时两种水肿明显减轻而 AQP4 均下降至正常水平。AQP4 表达下调早期脑创伤血管源性水肿的结果,它可以阻止创伤半暗带区血管源性水肿的进一步加重;AQP4 表达上调是形成细胞内水肿的原因,细胞内水分的增多可以有效地稀释细胞内的有害物质浓度以减轻对细胞的损害。由此可见,创伤半暗带区的 AQP4 表达的消长可能参与了机体的防御反应。

RNAi 是目前研究特定基因功能的常用方法,它是双链小分子干扰 RNA 片段引发的转录后水平的特异性基因沉默(gene silencing),具有抑制效率高、设计容易、实验费用低等优点。有研究人员证实化学合成法合成的 siRNA 具有合成方便、起效快和沉默时间较短的特点,便于临床治疗时机的选择。半暗带区常会伴有不同程度的脑水肿,各种类型的脑水肿均与 AQP4 的表达水平相关,从理论上讲可以利用基因沉默这一技术使 AQP4 表达下调,及时阻止脑水肿发展,降低颅高压,减少并发症等以达到治疗目的。相关研究表明 AQP4 基因沉默可以对脑水肿的治疗提供一些新的替代疗法。在动物体内通过基因沉默 AQP4 表达实验能够有效地检验"AQP4 参与了脑水肿的形成"的这一假说。鲁宏等通过 AQP4-siRNA 动物脑创伤模型进行研究,结果表明脑组织内正常的 AQP4 存在极性分布现象,即在血脑屏障的血管内皮细胞、基底膜和胶质细胞足突分布较多,而胶质细胞膜较少,这种分布形式对维持脑内水平衡具有重要意义。当脑创伤后 AQP4 极性分布失调，呈现“极性反转”（即血脑屏障上 AQP4 分布减少，胶质细胞膜上 AQP4 表达明显增多）是导致脑水肿的直接原因，AQP4-siRNA 可降低早期 AQP4 极性分布反转指数，从而改善创伤性脑水肿。这种“极性反转”现象也可能是机体的一种防御反应，减轻血管源性水肿（血脑屏障上 AQP4 分布下降）和细胞内水肿（胶质细胞膜 AQP4 分布增多加重细胞内水肿而稀释细胞内的有害物质）。

本团队实验前期研究观察到在创伤半暗带的病理改变及发展进程中 AQP4 发挥至关重要的作用。越来越多的证据表明，神经功能障碍如脑缺血、出血性脑组织以及脑创伤等都将导致 AQP4 功能失调。李利锋等通过 AQP4-siRNA 治疗大鼠脑创伤半暗带实验，结果显示，通过 AQP4-siRNA 治疗后在 1 h 的 AQP4 表达未见变化，6 h 及 12 h 时 AQP4 表达明显下调（$P<0.05$）。AQP4-siRNA 治疗后 1 h 水肿无明显变化，6 h 及 12 h 细胞器肿胀好转，脑细胞水肿减轻。笔者认为可能为早期发生血管源性水肿时，AQP4 主要分布于血管内皮细胞上，由于血脑屏障破坏，分布在毛细血管细胞内皮上的 AQP4 蛋白受损、数量减少、功能降低，短期之内无法进行恢复，从而使单位体积有效 AQP4 数量未能达一定水平，加上大脑应激及代偿机制还未开始建立或还未达到相应水平，因此早期应用 AQP4-siRNA 治疗创伤半暗带时，因时间太短尚未影响 AQP4 表达，导致无法缓解血管源性水肿，故血管源性水肿在 1 h 无明显缓解；而 6 h 及 12 h 血管源性水肿不同程度的缓解，可能随着脑创伤进展到晚期（即 6 h 及 12 h），尽管血管源性水肿程度也逐渐加重，在自身神经调节及体液调节作用下以及大脑部分细胞功能恢复，使得大脑进行自我修复的同时，AQP4 蛋白再分布，主要集中在胶质细胞周边，加上其功能也逐步恢复，AQP4-siRNA 治疗后胶质细胞表面的单位体积内 AQP4 的表达发生变化（“极性反转”下降），使得血管源性水肿得到改善，6 h 及 12 h 可见不同程度缓解。而对于细胞内水肿，研究结果显示基因治疗对 6 h、12 h 的细胞内水肿有明显缓解，免疫双标显示 6 h 时 AQP4 主要分布在胶质细胞周边，12 h 弥漫分布在细胞质内，AQP4 蛋白表达上调是细胞内水中的原因，AQR4-siRNA 治疗后，使 AQP4 表达下调，引起有效转运水分子的蛋白数量减少，细胞内外水分子运输减少，从而有效缓解了细胞内水肿，通过 AQP4 再分布，首先从血管内皮周边移行到胶质细胞周边，从而使最初的血管源性水肿逐步发展为细胞内水肿，最终形成混合性水肿，AQP4-siRNA 可使创伤半暗带区的 AQP4 发生再分布（“极性反转”指数下降），从而缓解创伤半暗带组织水肿，尤其是细胞内水肿有较明显的治疗作用，而对于血脑屏障破坏引起的血管源性水肿的作用不明显。

AQP4-RNAi 能够通过调节 AQP4 表达量，减轻创伤半暗带区脑组织的水肿程度，特别是细胞内水肿及晚期血管源性水肿，从而降低脑细胞及周边组织炎性反应，对脑创伤有一定治疗效果，但 AQP4-RNAi 对于早期血管源性水肿治疗作用不明显。因此研究大鼠脑创伤 AQP4-RNAi 治疗后创伤半暗带区脑组织的病理及分子学改变，并同时结合多模态磁共振成像监测创伤半暗带临床治疗效果及创伤半暗带区脑组织的脑水肿变化，能够为临床研究及治疗创伤半暗带提供有价值的实验依据，具有良好前景。

三、创伤半暗带的多模态磁共振成像

应用 PET、CT 灌注成像（CTP）研究缺血半暗带已经被报道，主要从组织代谢变化、脑血流灌注、脑血流阈值等特点来界定创伤半暗带区。有学者认为，创伤脑区周围也存在半暗带，也可能是由于低血供造成。创伤性脑损伤发生后 24 h 内，脑血流量约为正常时的 50%。Depreitere 等发现，脑创伤病灶中心及病灶周围存在脑血流量的降低，而远离病灶中心脑血流量则逐渐增高，在一定范围内脑血流量的高低与病灶中心的距离成正比。张云东等测量了家兔颅脑撞击伤后的脑组织血流量，发现在伤后 30 min 即迅速下降，于伤后 2 h 到达最低点，为伤前的 35%。另有实验通过检测创伤区乳酸水平升高，而脑组织无法进行糖酵解，从而间接反映脑血流量降低。

研究人员通过猫挫裂伤实验研究，将影像与超微结构结合并证实了创伤半暗带的存在。其研究表明，与缺血半暗带类似，PWI 与 DWI 不匹配区即为“创伤半暗带”，因为 PWI 应用含钆的对比剂动态监测脑血流量、脑血容量（CBV）和血流平均通过时间（MTT），PWI 的变化先于 DWI，且面积大于 DWI 的显示面积，可以比常规 MRI 序列提前显示缺血改变，从而根据不匹配区确定创伤半暗带。另一实验结果显示猫脑局灶性创伤后 6 h 的 T_2 FLAIR 图与 PWT 图有失匹配区，且 24 h 的 T_2 FLAIR 图显示脑损伤范围扩大，MR 结构成像与功能成像的不匹配可能提示创伤半暗带组织的存在。而 Wintermark 等用缺血半暗带的标准（缺血核心血容量<2 mL/100 g，半暗带的平均通过时间>150% 正常值，且脑血容量>2 mL/100 g）来确定创伤半暗带时，挫裂伤核心和大部分挫裂伤周围低密度区都包括在缺血核心内，而创伤后的“缺血区”看似仅局限于一个很薄的边缘区域内，即创伤半暗带，可能以此标准将低估创伤半暗带的范围。这是因为创伤性脑损伤和缺血性脑损伤的病理生理变化存在一定差异，判断缺血半暗带的标准并不适用于确定创伤半暗带。Newcombe 通过实验性创伤性脑损伤模型研究认为，在所有的创伤性脑损伤患者中损伤的最初几天出现 ADC 值降低的损伤核心区，围绕在周边的区域显示 ADC 值增高；在对临床病例观察时，在损伤后前 3 d 内 91% 的患者在高 ADC 值区域会出现更薄边界的低 ADC 值区。当损伤扩大时，低 ADC 值区会被高 ADC 区域逐渐占据，该片由微血管衰竭所导致的细胞毒性（内）水肿的薄边界低 ADC 值区即为创伤半暗带。

综上所述，关于创伤半暗带的 MRI 研究较少，有限的资料在理论探索、实验设计、技术标准及结果认定等方面都欠完善和统一。笔者团队利用 MM-MRI 对大鼠 MCAO 模型进行了系列研究，得出了与传统观点不一样的有价值的结论，并在临床上得到了广泛推广应用（见第六章）。鉴于此，团队按照研究缺血半暗带的思路，应用 MM-MRI 技术对大鼠脑创伤模型进行实验研究，结果显示，在大鼠创伤性脑损伤模型中，创伤半暗带的病理变化包括细胞内和血管源性水肿，其类型和严重程度互相演变交织，呈动态变化过程。T_2WI、T_2 FLAIR 与 DWI 可反映创伤的时空变化，但不能界定创伤半暗带。SWI 可显示创伤核心区，尤其是出血灶的大小。ADC 值可以反映创伤半暗带区的水肿变化而间接提示创伤半暗带。笔者应用 7.0 T MM-MRI 监测 AQP4-RNAi 治疗大鼠脑组织创伤半暗带后其影像及病理动态变化情况。实验分为 4 组：对照组、创伤组、安慰剂治疗组及 AQP4-RNAi 治疗组。每组按创伤后时间点 1 h、6 h、12 h 分为 3 个亚组。采用改良 Feeney 法建立中度脑创伤模型，对所有大鼠头部行 7.0 T MM-MRI 扫描，观察创伤半暗带区的 T_2WI、DWI、ADC 和 SWI，对应观察创伤半暗带区的病理变化，对测量所得 rs-T_2WI、rs-DWI、rs-SWI、r-ADC 值进行统计分析。结果显示，AQP4-RNAi 对 SWI 代表的损伤核心区并无明显干扰作用，其面积无明显变化，然而在 DWI 及 T_2WI 上，6 h 及 12 h 水肿面积与创伤组对比呈缩小的趋势，DWI 与 SWI 不匹配区逐渐变小，水肿情况得到控制，这与病理学上 6 h 及 12 h 脑组织水肿有较明显缓解相吻合。但由于 12 h 时两种水肿的 ADC 值结果相反（血管源性水肿时 ADC 值升高，细胞内水肿时 ADC 值下降），实质上是由两者水肿所致 ADC 值变化相互抵消，在正常数值范围上下波动的“假阴性”表现，因此得到了假性“正常”的数值。因此笔者认为，DWI 与 SWI 不匹配区对创伤半暗带有一定提示作用，可根据两者不匹配区判断创伤半暗带变化情况。多模态 MRI 可以反映其病理变化，为临床治疗提供有效的影像信息，目前对影像学评估创伤半暗带尚无统一定论。创伤半暗带的影像评估有待进一步验证。

四、多模态影像在脑创伤精准诊断与治疗评估中的作用

创伤性脑损伤是由外伤引起的大脑结构损伤和（或）脑功能的损坏，从而表现出一系列的临床症状。它因部位不同其发生机制和临床症状的严重程度也不相同。创伤性脑损伤有非出血性的，也有出血性的，其中颅内出血的部位可分为硬脑膜外、硬脑膜下、蛛网膜下腔、脑实质内或脑室内出血。

影像学检查对创伤性脑损伤精准诊断十分重要。一般认为，CT平扫是中度或重度闭合性颅脑损伤首选的影像检查。它具有快速、简便、无绝对禁忌证等优点，能迅速发现危及生命的严重颅脑损伤，如不断扩大的硬脑膜外血肿、即将发生的脑疝、颅骨骨折线与血管或静脉窦的关系，以及评估脑内血肿是否有再出血风险等，为临床精准有效治疗提供可靠的影像学依据。然而，头颅CT平扫也有它的不足之处，对创伤早期脑实质挫伤、弥漫性轴索损伤可能低估或漏诊，在检测脑水肿、颅内高压相关的继发性缺血性改变方面的也存在一定局限性，更无法判定创伤半暗带。有资料表明，近50%的创伤性脑损伤病例因并发脑水肿和颅内高压所致的继发性脑缺血性改变而死亡，即便得到幸免但预后也很差，严重威胁着创伤性脑损伤患者的生存率和生活质量。因而，治疗创伤性脑损伤患者的主要目标是预防继发性损伤。准确、有效地诊断继发性缺血区域，可能有助于挽救创伤半暗带，以改善脑外伤后的临床预后。笔者团队通过动物实验证实MM-MRI能为创伤性脑损伤患者提供除CT平扫之外更多的影像学信息，尤其对创伤半暗带的准确判定。但MRI对脑创伤患者检查存在一些不足，如扫描时间相对较长、重型脑创伤（严重颅内出血）者禁用、严禁携带磁性的生命保障设备等，极大地限制了MRI在创伤性脑损伤患者中的应用。为此，笔者选择了轻、中型创伤性脑损伤患者或康复期创伤性脑损伤患者（无MRI禁忌证），采用T_1WI、T_2WI、T_2FLAIR、DWI、ADC、SWI、ASL等实用有效的序列（检查时间约20 min）进行MM-MRI。T_1WI、SWI序列结合可以确定创伤中心区及出血情况；T_2WI、T_2FLAIR结合可以明确水的种类是自由水或是结合水；T_2 FLAIR、DWI、ADC 3种序列可以鉴别是血管源性水肿或是细胞内水肿；ASL可以评估创伤区的与微循环相关的组织灌注情况。

研究表明，ASL-PLD 1.5 s显示的灌注面积明显大于SWI，通过临床治疗复查显示ASL-SWI不匹配区也可见缩小，临床症状也有好转。根据以上研究，我们提出ASL-SWI不匹配区可能提示创伤半暗带这一结论，但有待大样本继续验证。

在过去的50年里，笔者见证了神经成像领域令人惊叹的创新和进步。MM-MRI技术的临床应用改变了治疗创伤性脑损伤的方式。先进的神经影像技术必将提高创伤性脑损伤的诊断准确率，提高脑外伤的治疗水平。

第六章 损伤程度鉴定

第一节 损伤程度鉴定的程序

损伤程度鉴定虽然可以参照《人体损伤程度鉴定标准》中的对应条款来进行,但司法鉴定实践中仍存在一些问题,如具体标准不合理的问题;具体条款与总则、附则存在冲突,条款之间的冲突和竞合问题;标准僵硬性、可操作性问题等。因此,为了解决上述问题,有必要从鉴定受理、鉴定材料、鉴定时机、伤病关系、鉴定注意问题等方面进行阐释,达成共识以便于在实际检案中实施。

一、鉴定受理

损伤程度鉴定受理常常涉及程序性、法律性的问题,必须加以限制,不然会造成多次鉴定而影响司法的公正性。

(一)公安机关鉴定机构的受理

依据《公安机关鉴定规则》第二十四条之规定,公安机关鉴定机构可以受理的委托鉴定包括:

(1)公安系统内部委托的鉴定。

(2)人民法院、人民检察院、国家安全机关、司法行政机关、军队保卫部门,以及监察、海关、工商、税务、审计、卫生计生等其他行政执法机关委托的鉴定。

(3)金融机构保卫部门委托的鉴定。

(4)其他党委、政府职能部门委托的鉴定。

(二)司法鉴定机构的受理

依据《司法鉴定程序通则》司法鉴定机构受理委托的鉴定单位没有做出明确规定,损伤程度鉴定往往涉及刑事责任,在司法鉴定实践中,一般可以受理公安机关、人民检察院、人民法院、司法机关等单位的委托，对其他单位或个人的委托不得受理。

特别注意：如体表无损伤或损伤已经消失，委托人提供的病历和（或）来源可靠的照片、医学影像片等客观材料，可以受理鉴定。没有客观依据的，不得受理。

二、鉴定材料

鉴定材料是实施损伤程度鉴定的重要依据之一，包括检材和鉴定资料。检材是指与鉴定事项有关的生物检材和非生物检材（如医学影像片等）；鉴定资料是指存在于各种载体上与司法鉴定事项有关的记录和信息。因此，进行损伤程度鉴定注意收集以下鉴定材料。

（1）鉴定委托书（或聘请书），应加盖委托鉴定单位的公章。审查委托单位是否符合鉴定机构可以受理的委托单位，鉴定委托主体符合鉴定程序以保证鉴定程序的合法性。

（2）案情介绍，必要的询问或讯问笔录，必要时现场勘验报告及照片。主要了解案件的发生经过，损伤的致伤方式和致伤机制，损伤部位，损伤的表现与医院的病历记载、影像学表现是否一致。

（3）属于重新鉴定的应当提供原鉴定意见书。审查鉴定次数，原鉴定的情况，鉴定是否存在遗漏或瑕疵，引用标准条款是否准确等。

（4）就医材料（门诊病历、入院记录、出院记录、手术记录、疾病诊断证明书等，需要时相关的病程记录、护理记录、体温记录表等）。尤其注意收集门诊病历、入院记录、手术记录，这些材料往往比较客观反映损伤的真实情况，对鉴定具有非常重要的参考价值。病案材料对了解损伤后的表现，临床诊断与鉴定标准是否存在冲突起到重要作用。例如失血性休克，入院当时的生命体征（主要是血压、脉搏）及临床表现情况可以在门诊病历及入院记录中反映。手术记录能反映深部组织、器官损伤的情况，例如被鉴定人因腹部钝器伤实施手术，术中大体病理：腹腔有血凝块及血液，量约 300 mL，胃大弯浆肌层裂伤，大小约 1.0 cm×3.0 cm，无出血，横结肠浆肌层裂伤，约 1.5 cm×3.0 cm，肠系膜见多处挫裂伤，稍渗血。评定时则主要依据手术记录“胃大弯浆肌层裂伤、横结肠浆肌层裂伤”评定损伤程度构成轻伤一级，“腹腔积血”评定为轻伤二级。

（5）医学影像（X 射线片、CT、MRI 等）检查、B 超检验报告（化验单、眼底照相、神经诱发电位）等与鉴定有关的客观检查。医学影像片往往是损伤的客观反映，可反映损伤的病理基础及实际情况，临床描述与影像学之间是否存在矛盾，进一步印证医学临床的诊断。MRI 检查对判断新旧伤起到重要作用。B超检查结果对内脏损伤、创的深度的判断起到重要作用,注意审查损伤表现与医学影像片的表现是否一致;化验单可反映相应器官的功能情况;与鉴定有关的客观检查,如中枢神经损伤进行体感诱发电位检查,周围神经损伤进行神经肌电图检查,视觉障碍进行视觉诱发电位检查,听觉障碍进行听觉诱发电位检查等。

(6)被鉴定人身份的有效证件(身份证或户口簿)。审查活体检查的对象就是被鉴定人本人,确定被鉴定人的身份信息与病历资料是否存在对应关系,医学影像片标注的姓名是否为被鉴定人,体现被鉴定人的唯一性。

(7)在场人员身份的有效证件(身份证或户口簿)。体现鉴定过程是在见证人见证的情况下实施,确认见证人的合法性。

必要时对上述鉴定材料予以审查,主要审查鉴定材料的符合性(是否符合委托鉴定事项的要求)、充分性(是否满足委托鉴定事项的要求)、关联性(鉴定材料与委托事项是否存在必然的联系),并做出“鉴定材料的合法性、真实性由委托人负责”的特别声明。

三、损伤程度鉴定的时机

准确选择鉴定时机是损伤程度鉴定的关键,是损伤程度鉴定意见正确的基本保证,也是发挥鉴定意见法律效力的重要环节。然而在法医临床司法鉴定实践中,因鉴定时机选择不准确,致使鉴定意见不被采信的案件时有发生。因此,鉴定时机选择主要根据以下两方面进行把控。

(一)《人体损伤程度鉴定标准》中的鉴定时机

(1)以原发性损伤为主要鉴定依据的,伤后即可进行鉴定;以损伤所致的并发症为主要鉴定依据的,在伤情稳定后进行鉴定。例如损伤致右尺骨鹰嘴骨折,有医学影像片证实存在右尺骨鹰嘴骨折,如依据原发性损伤“右尺骨鹰嘴骨折”评定损伤程度为轻伤二级,这一评定只是考虑原发性损伤,而不考虑“右尺骨鹰嘴骨折”会导致右肘关节功能障碍。

(2)以容貌损害或者组织器官功能障碍为主要鉴定依据的,在损伤90 d后进行鉴定;在特殊情况下可以根据原发性损伤及其并发症出具鉴定意见,但须对有可能出现的后遗症加以说明,必要时应进行复检并予以补充鉴定。

(3)疑难、复杂的损伤,在临床治疗终结或者伤情稳定后进行鉴定。例如既有骨关节损伤,又有韧带、神经离断,往往涉及原发性损伤及功能障碍,此类损伤的损伤程度鉴定则尽可能在临床治疗终结后进行。

(二)司法鉴定实践中的鉴定时机

1. 损伤后3个月内鉴定　一般适用于以原发性损伤为主要鉴定依据。包括皮肤缺失、创口长度,肢体离断或者缺失,脏器切除、修补,骨折,牙齿脱落或折断，休克，异物存留（经1次手术后）等。

2. 损伤后3个月后鉴定　一般适用于以组织器官功能障碍为主要鉴定依据。包括皮肤瘢痕，骨折，肌腱损伤、韧带损伤造成关节功能障碍等。伤后间隔较长时间手术的，鉴定时机宜在术后3个月后鉴定。

3. 损伤后6个月后鉴定　一般适用于以容貌损害或组织器官功能障碍为主要鉴定依据。包括面部瘢痕，色素沉着影响容貌，视觉、听觉功能障碍，性功能障碍；颅脑损伤后涉及智力缺损、精神障碍、大小便失禁、语言功能障碍、脏器损伤后的功能障碍、外伤性癫痫等。

4. 损伤后9个月后鉴定　一般适用于中枢或周围神经损伤引起的肢体瘫痪。但有时因案件的需要，根据具体情况可放宽至损伤后6个月后进行鉴定。

5. 疑难、复杂的损伤鉴定时机　对于疑难、复杂的损伤鉴定时机难以选择者，参照《道路交通事故受伤人员治疗终结时间》（GA/T 1088—2013）中治疗终结时间作为鉴定时机。对于伤后治疗时间较长者，一时不能确定的损伤，鉴定时机需相应的延长，但不宜超过1年。

四、伤病关系鉴定

伤病关系是指人体所受原发性损伤，同时自身存在既往伤/病的损害及功能障碍，两者在损害后果中的原因力大小互为因果关系。在损伤程度鉴定过程中常常遇到损伤与既往伤/病共存的问题，有必要将损伤与既往伤/病进行区分才能做出准确的鉴定意见。按损伤在损害后果中的原因力大小可将伤病关系划分为完全作用、主要作用、同等作用、次要作用、轻微作用和没有作用6种类型，并赋予参与度均值及参考范围，以便人民法院审理案件时可根据具体案情判定具体数值。

（一）完全作用

损害后果完全由损伤所引起，两者存在直接因果关系，既往伤/病不参与损害后果的构成，损伤的参与度均值为95%（参考范围为91%～100%）。在致伤外力巨大的情况下，无须考虑伤病关系，可以认定为完全作用。例如被鉴定人罹患肝硬化，被时速40 km的小轿车撞击，造成肝左叶挫碎伤、左胫腓骨粉碎性骨折，虽然在轻微外力作用下肝硬化肝较正常肝更容易破裂，但因巨大的撞击力作用下正常人常常也会出现肝破裂，鉴定时评定肝破裂完全是由小轿车撞击所致，无须考虑伤病关系。

（二）主要作用

损害后果主要由损伤所引起，两者存在直接因果关系，既往伤/病在损害后果的构成作用轻微或起到诱因作用，损伤的参与度均值为75%（参考范围为61%~90%)。例如被鉴定人被匕首刺伤左胸部致血气胸,并出现呼吸困难,入院CT显示左肺压缩约30%,右上肺肺结核并大部分肺纤维化。左侧血气胸、左肺压缩约30%完全是损伤所致不会造成异议,而对呼吸困难的表现则是外伤起主要作用,右上肺肺结核并大部分肺纤维化是原有疾病,对呼吸困难只是起着轻微的作用。该案件的损害后果是损伤起主要作用,鉴定时仍可按照左侧血气胸、左肺压缩约30%评定为轻伤一级。

(三)同等作用

损害后果由损伤及既往伤/病共同引起,两者存在作用相当、难分主次的因果关系,损伤的参与度均值为50%(参考范围为41%~60%)。例如被鉴定人54岁,被他人推了一下坐到地上,入院检查发现右股骨颈骨折,双侧股骨头骨质疏松,实施右髋关节全关节置换术,病理诊断右股骨头未见坏死。第一次鉴定时按照“股骨颈骨折未见股骨头坏死,已行假体置换”评定为轻伤一级。重新鉴定时考虑到伤病关系,被鉴定人存在双侧股骨头骨质疏松,外力作用较正常者更容易出现股骨颈骨折,损伤与疾病共同构成了损害后果的发生,损伤与疾病存在作用相当、难分主次的因果关系,损伤的参与度为50%(参考范围为41%~60%),按照降级原则,评定被鉴定人的损伤程度为轻微伤。

(四)次要作用

损害后果主要由既往伤/病引起,损伤起到次要作用,损伤的参与度均值为25%(参考范围为21%~40%)。例如被鉴定人15岁,与同学打闹时,被另一同学从背后用力猛推摔倒致左肩关节脱位,入院时医学影像片显示左肩关节盂浅,1年前曾有左肩关节脱位病史。被鉴定人左肩关节盂浅及既往有左肩关节脱位病史是造成左肩关节脱位的主要原因,而外力作用为次要原因,损伤的参与度为25%(参考范围为21%~40%)。

(五)轻微作用

损害后果主要由既往伤/病引起,损伤起到诱因作用,损伤的参与度均值为10%(参考范围为1%~20%)。例如被鉴定人左上腹被他人打了一拳,出现腹部剧痛,送至医院时已死亡。尸体解剖发现肝脏左下叶有一大小约为8.0 cm×6.0 cm×6.0 cm的肿瘤,肿瘤表面见一处约3.0 cm破裂口,病理诊断为原发性肝癌,被鉴定人肝破裂的损伤后果主要为原有的肝癌所致,入院时未发现左上腹部皮肤有皮下出血,另外案件发生在冬天,被鉴定人穿着羽绒衣,表明外力所致肝破裂只是一种诱发原因,其作用轻微,损伤的参与度为10%。

(六)没有作用

损害后果完全由原有疾病或原有残疾引起,损伤与损害后果不存在因果关系，损伤的参与度为0。例如被鉴定人黄××，女性，60岁，一天下午在小区花园遛狗，小狗扑向正在花园玩耍的3岁小男孩，小男孩母亲梁××立即赶走小狗，并对小狗踢了一脚，黄××即谩骂梁××，进而发生肢体冲突，双方颜面部均有抓伤痕。晚上9时黄××自觉胸闷即上床睡觉，第二天黄××已经死亡。尸体解剖见左侧面部及右侧颈部有三道皮肤擦伤，心脏左冠状动脉粥样硬化，管腔阻塞70%以上，其余未发现致死性疾病，鉴定意见为心源性猝死。黄××死亡的损害后果完全由原有疾病引起，虽然体表有损伤，但不参与死因构成，损伤与死亡不存在因果关系，则损伤的参与度为0。

第二节　损伤程度鉴定的应用

一、损伤程度鉴定实例

××司法鉴定中心司法鉴定意见书

桂××司鉴中心〔2018〕临鉴字第×号

（一）基本情况

委托人：××市公安局××分局。委托事项：对李××的损伤程度进行鉴定。受理日期：2018年3月7日。

鉴定材料：

1. ××市公安局××分局《鉴定聘请书》×公×聘字〔2018〕000××号。
2. ××附属医院入院记录、出院记录、手术记录、疾病证明书、影像学检查报告单复印件。
3. ××人民医院入院记录、出院记录、疾病诊断证明书复印件。
4. 中国人民解放军××医院肌电图检查报告复印件。
5. ××鉴定机构〔201×〕法鉴字第×号《鉴定书》复印件。
6. 李××医学影像片5张。
7. 李××居民身份证复印件。

（二）基本案情

××市公安局××分局依据《鉴定聘请书》××公××聘字〔2018〕000××号委托中心对上述委托事项进行重新鉴定，2018年3月7日李××到我中心接受法医临床检查，××民警（警号：×××）、家属宋××（身份证号码45010××××××××××××）在场见证。

（三）资料摘要

1. ××附属医院病历（病案号 00012××）资料中第一次住院记录

住院日期:2017 年 7 月 14 日。出院日期:2017 年 8 月 7 日。

入院时病情摘要:因“左肘部、右手刀砍伤后疼痛流血 2 h”入院。P 90 次/min，R 23 次/min，BP 98/60 mmHg。专科情况:左肘部大部分离断，仅桡侧约 1/4 组织相连，可见尺骨近端骨折，骨折端外露，左肱动静脉断裂，流血不止，左肘部尺神经、桡神经、正中神经断裂。断端外露，左肘部肱二头肌、肱肌、指屈肌总腱断裂，伤口中度污染，左前臂、左手感觉减退，左手伸指活动存在，左手屈指、屈腕活动丧失，左肘屈伸活动丧失。右手掌小鱼际处可见一长约 6 cm 的弧形伤口，深至肌层，流血不止。

入院诊断:左肘部不全离断伤;右手刀伤;左肘部肱动脉损伤;左肘部正中神经断裂;左肘部尺神经损伤;左肘部肌肉和肌腱损伤;失血性休克。

诊治经过:入院后经完善相关检查，于 2017 年 7 月 14 日行左肘部清创缝合术+左尺骨鹰嘴骨折复位内固定术+左肘部肱动静脉吻合术+左肘部神经、肌腱吻合术，右手清创缝合术;2017 年 7 月 27 日行左肘部清创术+负压封闭引流术;2017 年 8 月 3 日行手外伤清创术，术后予镇痛、预防感染、患肢制动、营养神经、对症支持等治疗。

出院诊断:左肘部再植术后伤口感染。

手术记录:

（1）手术日期:2017 年 7 月 14 日。

（2）手术名称:左肘部清创缝合术+左尺骨鹰嘴骨折复位内固定术+左肘部肱动脉吻合术+左肘部肱静脉吻合术+左肘部尺神经、桡神经、正中神经吻合术+左肘部肌腱、肌肉吻合术+血管探查术+左肘关节囊修补术+左肘部血管动静脉取栓术+肢体动静脉剥脱成形术。

（3）大体病理:左肘部大部分离断，仅桡侧约 1/4 组织相连，可见尺骨近端骨折，骨折端外露，左肱动静脉断裂，流血不止。左肘部尺神经、正中神经断裂，断端外露，左桡神经部分断裂。左肘部肱二头肌、肱肌、尺侧腕屈肌、桡侧腕屈肌、指深屈肌、指浅屈肌断裂，左肘关节囊破裂，可见桡骨头外露。左前臂及左手桡动脉搏动消失，血运差。左肘部伤口中度污染，流血不止。右手掌小鱼际处可见一长约 6 cm 的弧形伤口，深至肌层，流血不止。

2. ××附属医院病历（病案号 00012××）资料中第二次住院记录

住院日期:2018 年 1 月 30 日。出院日期:2018 年 2 月 5 日。

入院时病情摘要:因“左尺骨上端骨折内固定术后 6 个月余”入院。查体:左手爪形手畸形，左肘部可见一长约 7 cm 的弧形陈旧手术瘢痕，左肘部活动、感觉可，患肢远端血运可，拇指、示指、中指、环指桡侧感觉麻木，环指尺侧、小指感觉丧失。

入院诊断:左尺骨上端骨折术后骨性愈合;左肘尺神经、桡神经、正中神经修复术后。

诊疗经过:入院后经完善相关检查,于 2018 年 2 月 2 日行左尺骨鹰嘴骨折内固定取出、左肘正中神经松解、尺神经、桡神经松解吻合前置术,术后予患肢制动、营养神经、对症支持等治疗。

出院诊断:左尺骨上端骨折术后骨性愈合;左肘尺神经、桡神经、正中神经修复术后。

3. ××人民医院病历(病案号 60716××)资料中记录

住院日期:2017 年 8 月 8 日。出院日期:2017 年 8 月 21 日。

入院时病情摘要:因“左肘部外伤术后伤口渗液 24 d”入院。查体:左前臂肘部肿胀,可见一长 15 cm 的环形切口,局部肿胀,稍红,伤口有少许渗出,压痛明显,皮温稍高,左上肢血运、桡动脉搏动良好,左前臂、左肘感觉减退,触之麻木感,左时屈指、屈腕活动丧失,左肘屈伸活动困难,右手掌可见一长约 6 cm 的手术瘢痕,右手血运、感觉及活动未见异常。

入院诊断:左肘部外伤术后伤口感染;左肘部不全离断伤术后,左肘部肱动脉损伤,左肘部正中神经断裂,左肘部尺神经、桡神经损伤,左肘部肌肉、肌腱损伤;左尺骨内固定术后;右手刀砍伤术后。

住院诊疗经过:入院完善相关检查,予抗感染、消肿止痛、营养神经等对症治疗。

出院诊断:左肘部外伤术后伤口感染;左肘部不全离断伤术后,左肘部肱动脉损伤,左肘部正中神经断裂,左肘部尺神经、桡神经损伤,左肘部肌肉、肌腱损伤;左尺骨内固定术后;右手刀砍伤术后。

4. ××鉴定机构〔201×〕法鉴字第×号《鉴定书》中记载

鉴定意见:被鉴定人因左尺骨骨折、左上肢重要神经损伤构成轻伤二级。

5. ×医院肌电图检查报告单(肌电图号:180××)中记载

鉴定时间:2018 年 1 月 17 日。

运动神经传导速度(MCV)诊断:左侧尺神经运动单位电位未引出;右侧尺神经运动传导速度正常;左侧正中神经运动单位电位未引出;右侧正中神经运动传导速度正常;左侧桡神经运动单位电位低平;右侧桡神经运动传导速度正常。

(四)鉴定过程

1. 被鉴定人:李××,男,壮族,居民身份证号码 4527301972××××××××。

2. 鉴定日期:2018 年 3 月 7 日。

3. 鉴定地点：××司法鉴定中心法医室。

4. 检查方法：依据《法医临床检验规范》（SF/Z JD0103003—2011）对被鉴定人进行活体检查；依照《法医临床影像学检验实施规范》（SF/Z JD0103006—2014）对送审医学影像片进行阅片。

5. 检查记录：被鉴定人李××，男，步态正常，被动体位，问答切题，检查配合。自诉：左前臂乏力，左肘关节活动不便，左手五指不能活动，痛觉、温度觉减弱。查体：神清；唇下皮肤见一大小为1.1 cm×0.1 cm瘢痕；右手掌尺侧绕第五掌指关节至手掌背侧皮肤见一呈U形的瘢痕，大小为8.1 cm×0.1 cm～8.1 cm×0.2 cm；左肘前中外侧桡内侧至左肘后桡侧皮肤见一大小为15.8 cm×0.2 cm手术缝合瘢痕；左肘关节、左腕关节、左手五指活动受限，左手不能握拳、不能对掌，可对指。测量肘关节活动度：屈曲，左108°，右143°；伸展，左-8°，右18°（过伸）。测量腕关节活动度：掌屈，左46°，右65°；背伸，左48°，右62°；桡偏，左18°，右25°；尺偏，左20°，右43°。测量拇指活动度：掌指关节屈曲，左20°，右55°；指间关节屈曲，左61°，右85°。测量示指活动度：掌指关节屈曲，左70°，右90°；近例指间关节屈曲，左-5°～45°，右98°；远侧指间关节屈曲，左0°，右76°。测量中指活动度：掌指关节屈曲，左右88°；近侧指间关节屈曲，左-29°～53°，右93°；远侧指间关节屈曲，左20°，右86°。测量环指活动度：掌指关节屈曲，左72°，右83°。近侧指间关节屈曲，左-26°～68°。远侧指间关节屈曲，左30°，右73°。测量小指活动度：掌指关节屈曲，左63°，右92°；近侧指间关节屈曲，左-24°～50°；远侧指间关节屈曲，左-15°，右80°。左前臂尺侧肌、左大鱼际肌、左小鱼际肌、左背侧掌间肌萎缩，测量上肢周径：上臂，左27.0 cm，右28.7 cm；前臂，左19.3 cm，右21.0 cm。左前臂肌力5级，左手握力3级，左手尺侧皮肤两个半指痛觉、触觉迟钝，左手桡侧皮肤两个半指痛觉、触觉消失。左侧肱二头肌、肱三头肌、桡骨膜反射未引出；右侧肱二头肌、肱三头肌、桡骨膜反射存在；病理反射未引出。

6. 阅片所见：送检医学影像片（××附属医院）。

（1）（2017-07-14，X射线片号66988××）左尺骨近端骨质连续性中断，对位对线差，折端累及关面，可见骨质分离。诊断：左尺骨近端骨折。

（2）（2018-01-25，X射线片号68636××）左尺骨近端骨折呈术后改变，折端对位对线可，内固定物在位，可见骨痂形成。诊断：左尺骨近端骨折术后。

（3）（2018-02-03，X射线片号68665××）左尺骨近端骨折呈术后改变，折端对位对线可，内固定物已拆除，可见骨痂形成。诊断：左尺骨近端骨折内固定物取出术后。

（五）分析说明

根据现有送检材料，结合检查和阅片所见，综合分析认为：

1. 鉴定时机　被鉴定人于2017年7月14日受伤，2018年3月1日对被鉴定人进行损伤程度评定，伤情稳定，参照《人体损伤程度鉴定标准》第4.2条之规定，符合鉴定时机。

2. 评定损伤程度

（1）被鉴定人因本次损伤造成左肘部不全离断伤致左肘部正中神经断裂，左肘部尺神经、桡神经损伤，左肘部肌肉和肌腱损伤，手术证实存在左肘部尺神经、桡神经损伤，正中神经断裂，实施左肘部尺神经、桡神经、正中神经吻合术，神经肌电图证实存在左侧尺神经、桡神经、正中神经运动单位电位未引出，参照《人体损伤程度鉴定标准》附录C.7条（手功能计算）之规定，经计算现致左手功能丧失47.8%；左手功能丧失主要为左肘部刀砍伤，伤及左侧尺神经、桡神经、正中神经所致后遗症，参照《人体损伤程度鉴定标准》5.10.2a"手功能丧失累及达一手功能36%"之规定，评定被鉴定人左手功能丧失47.8%的损伤程度为重伤二级。

（2）被鉴定人因本次损伤造成左肘部不全离断伤引起左肘关节、左腕关节活动障碍的后遗症，经查表计算左肘关节功能丧失25%，左腕关节功能丧失30%；参照《人体损伤程度鉴定标准》5.9.3a"四肢任一大关节功能丧失25%以上"之规定，评定被鉴定人左肘关节功能丧失25%、左腕关节功能丧失30%的损伤程度均为轻伤一级。

（3）被鉴定人因本次损伤左肘部不全离断伤致左尺骨近端骨折，经阅片证实左尺骨近端骨折，折端骨质连续性中断，对位对线差，折端累及关节面，左尺骨近端骨折并累及关节面为原发性损伤，参照《人体损伤程度鉴定标准》5.9.3f"四肢长骨骨折累及关节面"之规定，评定被鉴定人左尺骨近端骨折累及关节面的损伤程度为轻伤一级。

（4）被鉴定人因本次损伤致左肱动静脉断裂，经住院手术证实存在左肱动静脉断裂，左肱动静脉断裂为与左肘桡神经伴行，符合《人体损伤程度鉴定标准》第6.11条规定的四肢重要血管，参照《人体损伤程度鉴定标准》5.9.4c"四肢重要血管破裂"之规定，评定被鉴定人左肱动静脉断裂的损伤程度为轻伤二级。

（5）被鉴定人因本次损伤致左肘部不全离断伤，右手刀伤，经住院及手术治疗后，左肘部皮肤瘢痕长15.8 cm，右手皮肤瘢痕长8.1 cm；参照《人体损伤程度鉴定标准》5.9.4l"两处以上创口或者瘢痕长度累计15.0 cm以上"之规定，评定被鉴定人左肘部、右手皮肤累计瘢痕长23.9 cm的损伤程度为轻伤二级。

(6)被鉴定人因本次损伤致失血性休克的诊断不符合《人体损伤程度鉴定标准》附录 B.8.7 条休克分度的要求,被鉴定人的失血性休克应属于休克前期,不予评定损伤程度。

综合评定被鉴定人因本次损伤所致的损伤程度为重伤二级。

(六)鉴定意见

李××因本次损伤所致的损伤程度为重伤二级。

(七)附件

1. 照片 7 张 1 页。

2. 资质认定证书复印件。

3. 鉴定许可证、鉴定人执业证复印件。

司法鉴定人签名:×××

《司法鉴定人执业证》证号:4500100×××××

司法鉴定人签名:×××

《司法鉴定人执业证》证号:4500100×××××

二〇一八年三月十二日

二、案例评析

(一)鉴定时机

××鉴定机构按照原发性损伤在伤后 1 个月进行鉴定损伤程度是正确的,但没有考虑损伤引起的功能障碍,以及骨折实施了内固定术后对左肘关节活动的影响。因此,对该案件的鉴定时机宜在内固定物拆除后,神经损伤鉴定时机应把握在伤后 6 个月以后进行。有时可延长至伤后 9 ~ 12 个月后再进行鉴定。

(二)分析说明

1. 损伤的临床诊断　不能仅仅依据医学临床诊断进行损伤程度鉴定,尤其注意骨皮质的砍(刺)痕或者轻微撕脱性骨折(图 6-1),医学临床上常常诊断为骨折,而在损伤程度鉴定中则不属于骨折的范畴,因此在鉴定过程中必须依据入院记录、手术记录及医学影像片等鉴定材料,对被鉴定人的损伤诊断是否成立进行确认。

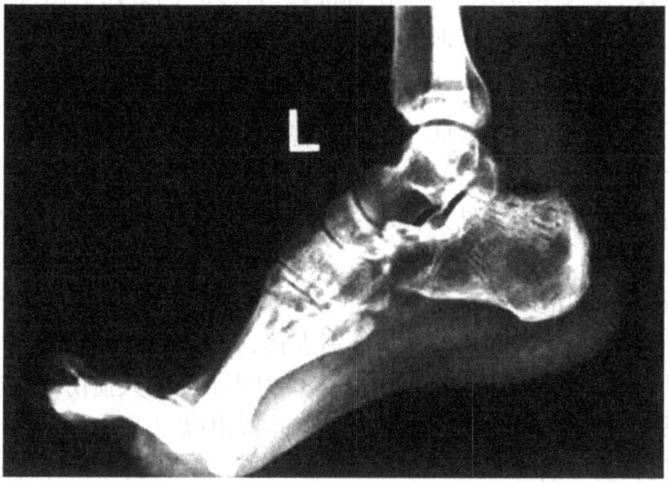

图 6-1 左根骨上缘的撕脱性骨折

2. 原发性损伤 损伤程度司法鉴定实践中，首先分清何种损伤为原发性损伤，针对每一损伤依据标准逐一进行评定。××鉴定机构仅对被鉴定人左尺骨骨折、左上肢重要神经损伤的原发性损伤予以评定，存在遗漏对左肘动静脉、肢体创口或瘢痕长度及损伤并发症——失血性休克进行评定的情况。

3. 损伤致功能障碍 鉴定过程中应明确功能障碍是否有损伤的基础，是否为损伤所引起，在分析说明中应进行因果关系的认定，并将被鉴定人的后遗症作为评定依据。如果公安机关在处理案件时需要尽早做出鉴定意见，一般以原发性损伤予以评定，此时在分析说明的最后应加上以下表述：被鉴定人因他人砍伤左肘部所致的骨折及神经损伤会造成肌力下降及关节活动障碍，如鉴定委托单位有需要，待被鉴定人伤后满 6 个月后或拆除内固定物后再予以补充鉴定，或重新委托鉴定。这是在损伤程度鉴定中应该注意的问题，不然会造成同一损伤出现不同鉴定意见的异议，使人民群众失去对鉴定机构的信任，同时使检察机关、审判机关无所适从，难以取舍，常常需要鉴定人出庭接受质询。

4. 对多处损伤分别评定 鉴定过程中对存在多处损伤时，应对每一处损伤进行评定，避免遗漏，虽然增加了鉴定意见书的篇幅，但非专业人员可以清楚各种损伤对应的损伤程度。符合累计的，参照相关部位数值规定高的条款进行评定，例如额部损伤瘢痕长度 1.5 cm，右前臂背侧损伤瘢痕长度 8.0 cm，右侧胸背部损伤瘢痕长度 6.0 cm，如果按照单处损伤瘢痕长度均为轻微伤；此时适用累计法（将额部、右前臂、右侧胸背部损伤瘢痕长度相加为

15.5 cm)，按照《人体损伤程度鉴定标准》5.11.3b“两处以上创口或者瘢痕长度累计 15.0 cm 以上”，则损伤程度构成轻伤二级。

（三）鉴定意见

1. 以最重者给出鉴定意见　如果加害人只有一人，受害人（被鉴定人）的损伤程度鉴定一般以最严重的作为鉴定意见，损伤程度有重伤二级、轻伤一级、轻伤二级，则鉴定意见为：被鉴定人因本次损伤所致的损伤程度为重伤二级。

2. 分别或合加给出鉴定意见　如果加害人为多人，为了分清各自应当承担的法律责任，鉴定意见应予以分别表述，符合累计的给出合加鉴定意见。例如加害人为2人，1人持木棒，1人持刀造成受害人损伤，入院检查：头顶部头皮见一长2.0 cm创口，创缘不整齐，创周围见头皮出血，创口渗血，右前臂尺侧见长度分别为5.0 cm、5.0 cm、3.0 cm创口，创缘整齐，深达肌肉，可见部分肌腱断裂，入院后予清创缝合术。法医临床检查见右头顶部见一大小为1.5 cm×0.2 cm瘢痕，右前臂上段背尺侧皮肤见一大小为5.0 cm×0.3 cm斜形瘢痕，右尺骨茎突上方背侧皮肤见两处大小均为4.5 cm×0.2 cm瘢痕；右腕关节活度正常。根据损伤形态特征分析头部损伤为钝器伤，右前臂损伤为锐器伤，右前臂损伤因肌腱断裂实施端端吻合术，将瘢痕长度作为评定损伤程度的依据。鉴定意见应表述为：被鉴定人头部因钝器伤的损伤程度为轻微伤；右前臂因锐器伤的损伤程度为轻微伤。两者合加的损伤程度（体表瘢痕长度累计15.5 cm）为轻伤二级。

第七章　伤残程度鉴定

人体因损伤造成组织、器官结构破坏或者功能障碍，以及个体在现代临床医疗条件下难以恢复的生活、工作、社会活动能力不同程度的降低或者丧失，称为残疾。伤残程度鉴定不仅为办理案件提供重要证据，也是法医临床司法鉴定中最常见的司法鉴定。

第一节　伤残程度鉴定的程序

伤残程度鉴定应参照《人体损伤致残程度分级》中的相应条款来进行，但司法鉴定实践与应用过程中仍存在一些问题，如部分具体标准缺失（如肾上腺损伤切除等）、鉴定人对标准理解不到位、标准僵化、鉴定依据不充分、缺乏人文关怀等问题。因此，必须从鉴定受理、鉴定材料、鉴定时机、伤病关系、鉴定注意问题等方面进行梳理，达成共识，增强可操作性。

一、鉴定受理

可以受理公、检、法等司法机关、其他单位以及个人的委托，对重新鉴定的应由司法机关或双方当事人共同委托。法医临床鉴定机构只能对躯体残疾的伤残程度进行鉴定。

以精神障碍作为认定依据的，可以由具备法医精神病鉴定执业资格的司法鉴定机构办理，需精神障碍医疗诊断服务的则需要到具备此项业务的认定机构开展，而法医临床认定机构既无法对精神伤残作出判断，也无法根据精神科的专业医生意见或者证明其符合由法医精神科认定机构所提供的精神检测结果、心理测试报告、智力功能障碍检查报告等，作出精神伤残判断。对于精神障碍、智力减退者的认定属法医精神病认定范围内，不构成法医临床认定工作业务范畴，本书不予阐述。

二、鉴定材料

鉴定材料是实施伤残程度鉴定的主要依据之一，应注意收集以下鉴定材料。

(1)鉴定委托书(或县级以上公安局、检察院的聘请书)，应加盖委托鉴定单位或委托人的签印章。

(2)人身伤害立案材料(案情简介、询问或讯问笔录等)、《道路交通事故认定书》、工伤事故或工伤认定证明材料等。

(3)病案材料(门诊病历、入院记录、出院记录、医嘱、手术记录、疾病诊断证明书等，需要时相关的病程记录、护理记录)。

(4)医学影像(X 射线片、CT、MRI 等)检查、超声及相关检验报告(化验单等)。

(5)属于重新鉴定的应当提供原鉴定意见书。

(6)被鉴定人身份的有效证件(身份证或户口簿)。

(7)在场人员身份的有效证件(身份证或户口簿)。

三、鉴定时机

准确选择鉴定时机是伤残程度鉴定的关键一步，是伤残程度鉴定意见正确的基本保证，也是发挥鉴定意见法律效力的重要环节。然而在法医临床司法鉴定实践与应用过程中，因鉴定时机选择不准确，致使鉴定意见不被采信的案件时有发生。因此，鉴定时机的选择主要根据以下两方面进行把控。

(一)《人体损伤致残程度分级》明确的鉴定时机

《人体损伤致残程度分级》第 4.2 条规定：“应在原发性损伤及其与之确有关联的并发症治疗终结或者临床治疗效果稳定后进行鉴定。”治疗终结，是指对受伤直接引起的原发损伤或受伤引起的并发症进行处理，以获得临床治疗或临床处理的效果稳定。临床治疗效果稳定是指临床医学中一般准则所指出的症状和体征基本保持稳定。对常见损伤临床治疗效果和(或)好转性的临床标准，包括以下内容。

1. 体表损伤　创口完全愈合，缝线拆除，局部血肿和皮下血肿消失，症状基本消失，无感染者。

2. 头颅损伤　局部症状缓解，伴随的皮肤损伤痊愈，没有再感染；合并骨折的碎骨块去除或局部经过整复；出血吸收；神经系统症状、体征改善或减轻，遗留后遗症的情况趋于稳定。

3. 眼、耳、口腔损伤　局部水肿与出血消失，刺激症状好转或减轻，视、听觉和相关功能得以良好修复并趋于稳定。

4. 脊髓损伤　其他的肢体活动已恢复正常，或症状、体征趋于稳定。

5. 血、气胸及肺挫伤　局部出血消失，胸部体征改善或消失，X 射线或 CT 等复查结果提示胸部无明显异常影像，并趋于稳定。

6. 腹腔、盆部器官损伤　局部症状逐渐好转或减轻，而部分长期无法修复的后遗症也趋于稳定。

7. 骨折　分为治愈和好转两方面。

(1)治愈：骨折恢复正常，骨折线消失，基本达到了骨性的愈合，身体功能得以有效修复，局部症状消失。

(2)好转：骨折线消失或者不再出现动态变化，功能部分恢复正常，症状与体征也趋于稳定。

8. 肌肉损伤、周围神经损伤　肢体功能恢复或症状、体征趋于稳定。

9. 肢体离断伤　损伤痊愈，残肢功能趋于稳定。

(二)法医临床司法鉴定实践与应用过程中的鉴定时机

1. 损伤后 3 个月内鉴定　一般适用于以原发性损伤为主的鉴定依据。主要依据的是形态学变化，有可能是治疗前的形态学变化，也有可能是治疗后的形态学变化，如肢体、组织器官缺失（甚至缺损），脏器摘除或修补术后，颅骨和颌骨缺损，肋骨骨折(6 根、12 根之上)，肋骨缺失(4 根之上)，牙齿严重缺失或折断(7 枚之上)，颈椎压缩性骨折超过 1/3，椎体粉碎性骨折、椎管内骨性占位（不包含脊髓损伤），骨骺损伤，植入永久的人工假体损坏等。

2. 损伤后 3 个月后鉴定　一般适用于以组织器官功能障碍为主的鉴定依据。包括骨折、肌腱损伤、韧带损伤造成关节功能障碍（不包含神经损伤），手足功能障碍，体表瘢痕（不包含面部瘢痕）等。伤后间隔较长时间实施手术的，鉴定时机宜在术后 3 个月后鉴定。

3. 损伤后 6 个月后鉴定　一般适用于以容貌损伤和组织器官功能障碍为主的认定依据。包括颜面瘢痕、色素沉着，视觉、听力功能障碍，性功能障碍，颅脑损伤后的植物生活状态、大小便失禁、语言功能失调，中枢及周围神经受损所致的肢体麻痹，脏器受损后的运动功能障碍，非稳定性骨盆骨折等。

4. 损伤后 12 个月后鉴定　一般应用于肢体长骨骨折并发的骨髓炎、骨不连，以及外伤性癫痫等。

5. 不涉及刑事责任的案件鉴定　对不涉及刑事责任的案件，当事人请求在治疗结束时做出致残程度评估的，需双方当事人书面认可，评估机关和当事人签署评估委托书并特别说明，评估意见可能具有不确定性，已通知各方当事人，建议适时再次鉴定或重新鉴定。

6. 未拆除内固定物的鉴定　内固定物不跨越关节，一般不影响伤残等级评定的，可按骨折愈合标准选择鉴定时机。部分学者认为不必取出内固定物须有实施内固定术的医疗机构出具证明（建议意见），而在司法鉴定实践中，一般医疗机构不会出具这样的医学证明（建议意见），因此，认为只要内固定物不跨越关节、不突入关节腔隙或没有破坏关节囊，即达到骨折愈合时就可以进行伤残程度鉴定。如果内固定物在位构成对关节功能影响，并且后期要以该关节功能丧失作为评定伤残等级依据的，原则上需取出内固定物，并经适当功能锻炼2个月后予以鉴定。

7. 疑难、复杂的损伤鉴定　对疑难、复杂的伤情认定时限无法确定者，依据《道路交通事故受伤人员治疗终结时间》（GA/T 1088—2013）所规定的治疗终结时间为认定时限。如果外伤后进行较长时间护理的，鉴定时限相应拉长，原则上不得超过2年。

（三）伤病关系

伤病关系是指身体所受的原发性损伤，或者同时本身具有身体疾患或自身残疾所产生的损伤或功能障碍，二者在损伤后果中互为因果关系。当在致残程度评估过程中，出现损伤与原有伤和（或）疾病并存情况时，应当将损伤与原有伤和（或）疾病间的关系进行正确评估，分析损伤与伤残结果之间的关系。将损伤与伤残结果中的原因力大小的伤病关系等级区分完全作用、主要作用、同等作用、次要作用、轻微作用和没有作用等6个级别。伤残后果完全由原有损伤和（或）疾病引起，损伤与伤残后果不存在因果关系，则不宜进行伤残程度鉴定。

（四）鉴定注意事项

伤残程度鉴定过程中应严格遵守鉴定原则，准确应用标准条款给出鉴定意见。在鉴定实践与应用过程中，还应注意以下情况。

1. 颅脑损伤　局部症状消退，伴随的皮肤损伤已经愈合，无感染；合并骨折的碎骨片去除或局部已经整复；出血吸收；神经系统症状、体征好转或消失，遗留的后遗症趋于稳定。

（1）肢体瘫痪：医学影像片或手术记录能够证实有颅脑损伤的病理基础，除对肌力、肌张力检查外，还应测量肢体周径明确肌肉萎缩程度，深反射、浅反射及病理性反射检查，法医临床表现与颅脑损伤存在对应关系，必要时利用体感诱发电位检查来明确神经功能障碍的定位，鉴别神经源性、肌源性肌瘫痪。

（2）颅脑损伤后遗脑软化灶形成，伴有神经系统症状或者体征。其包含两层含义：一是脑软化灶形成；二是出现神经系统症状、体征两者之一。如被鉴定人因交通事故造成脑挫裂伤并蛛网膜下腔出血，医学影像片显示左颞叶脑组织软化灶形成，自诉经常头晕、头痛、记忆力下降，法医活体检查右侧上、下肢肌力5级，右髌反射、右跟腱反射减弱。这证明被鉴定人有颅脑损伤的病理基础，出现头晕、头痛、记忆力下降的症状以及右侧肢体肌力5-级，右髌反射、右跟腱反射减弱的体征；而头晕、头痛、记忆力下降属于主观感受，难以得到证实，但活体检查发现存在神经功能障碍的体征。因此，依照《人体损伤致残程度分级》评定其伤残程度构成十级残疾。

（3）开颅术后：开颅术后特指颅脑损伤实施开颅手术（包括开颅血肿清除术、去骨瓣减压术、脑室引流术、钻孔引流术、颅内压监护探头植入术等）治疗后未遗留功能障碍，也包括无开颅术指征而医疗机构实施了开颅手术（手术记录证实）。例如被鉴定人头部外伤，自述受伤当时昏迷，入院后有头痛、头晕的症状，但无神经系统的体征，医学影像片无脑受压的影像学改变，入院诊断：开放性左侧额骨凹陷性骨折，左额部硬脑膜外血肿，左额叶脑挫裂伤，头皮裂伤，考虑颅脑损伤致颅内出血继续发展的可能，急诊予颅骨凹陷性骨折整复+颅内血肿清除+颅骨修补术，活体检查时无脑功能障碍的阳性体征，进行伤残程度鉴定应依据“开颅术后”评定十级残疾。如遗留功能障碍者，应依据对应条款评定伤残程度，不能再依据本条款增加评定十级残疾。

（4）外伤性癫痫：强调脑的器质性损伤3个月以上证实有癫痫发作的临床表现，而且医学影像片显示脑部存在器质性损伤病灶，不能只根据家属的描述而轻易做出认定，最好有医生或视频资料得以证实，必要时进行血液抗癫痫药物的定性检验。外伤性癫痫的分度严格按照《人体损伤致残程度分级》附录B.6的规定予以评定。

2. 四肢的六大关节功能障碍

（1）查表法：《人体损伤致残程度分级》的附录表C-4～表C-9活动度受限合并周围神经受损或后遗相关肌群肌力减弱，导致关节功能障碍的情形。在法医临床鉴定实务上和应用的查表方法，要注意以下几点。

1）测量健侧和患侧关节被动活动度。

2）对于单纯中枢神经系统和周围神经损伤而引起关节功能障碍的特殊情形，应适用此专门性条款。如左肘部的桡神经根受损致左上臂肌力为4级以内者，则应按照《人体损伤致残程度分级》5.10.16“四肢重要神经损伤，遗留相应肌群肌力4级以下”认定十级伤残，不再考虑桡神经损伤对腕关节功能的影响。

3）伤侧关节功能丧失值应与对（健）侧进行对比，即同样用查表法依次求出伤侧与对侧关节的功能丧失值，并以伤侧关节功能丧失值减去对侧关节功能丧失值，其差值即为伤侧关节功能实际丧失值。例如被鉴定人因左尺骨远端骨折并尺桡关节分离，神经肌电图提示左腕部尺神经运动波幅低平，活体检查测量腕关节活动度：掌屈为左45°，右58°；背屈为左40°，右60°；桡屈为左15°，右20°；尺屈为左30°，右40°；双上肢肌力5级。查表C-6对应方位左侧关节功能丧失值分别为20%、20%、40%、40%，则左腕关节功能丧失值为30%[(20%+20%+40%+40%)/4=30%]；右腕关节功能丧失值分别为10%、10%、20%，20%，则右腕关节功能丧失值为15%[(10%+10%+20%+20%)/4=15%]；左腕关节功能实际丧失值为15%(30%-15%=15%)。

4)当关节运动受限于某一方向时，在同轴处的某一方向能力丧失的按100%计算。如腕关节的掌屈与背屈，轴位一样，而位置却不同，则腕关节的功能范围约为掌屈10°~50°，故掌屈按40°计算(查表求得功能丧失值为30%)，背屈功能丧失值按100%计算。

(2)计算法：适用于因骨关节破坏、韧带受损、软组织缺损而导致的关节活动损伤。骨关节破坏引起关节活动异常的应测定关节被动活动程度；属于关节韧带破裂和(或)肌肉、肌腱破裂者应测定关节主动活动程度。

1)例如被鉴定人于2017年9月26日11时45分因"车祸伤致左膝肿痛、活动受限6 h"入院。入院诊断：左胫骨平台粉碎性骨折、左腓骨小头粉碎性骨折，于2017年10月5日行左胫骨平台、腓骨近端粉碎性骨折切开复位内固定术，2018年4月4日X射线片示左胫骨平台、左腓骨小头粉碎性骨折呈术后改变，左胫骨平台面呈塌陷畸形愈合，内固定物在位，可见大量骨痂形成。2018年8月3日人民法院委托进行伤残程度鉴定，法医活体检查：左膝关节外侧至左小腿中段胫前皮肤见一大小为18.0 cm×0.1 cm缝合瘢痕，左膝关节下方内侧皮肤见一大小为3.2 cm×0.2 cm缝合瘢痕。测量双下肢长度：左85.0 cm，右83.5 cm。测量下肢周径：大腿为左42.5 cm，右46.3 cm；小腿为左30.0 cm，右27.3 cm。测量膝关节周径：左34.5 cm，右32.5 cm。左膝关节活动受限，测量膝关节被动活动度：屈曲为左90%°，右140°；伸展为左0°，右过伸10°。双下肢肌力5级，肌张力正常；生理反射存在，病理反射未引出。计算左膝关节功能丧失值为40%[(140+10-90)/150(膝关节从过伸10°至屈曲140°)×100%=40%]，根据《人体损伤致残程度分级》5.10.6 11)"四肢任一大关节(踝关节除外)功能丧失25%以上"评定被鉴定人因交通事故造成左胫骨平台、腓骨近端粉碎性骨折致左膝关节功能丧失40%的伤残程度构成十级残疾。

2)例如被鉴定人于2015年3月22日17时30分因交通事故受伤入院。入院诊断：左股骨颈骨折，左股骨远端开放性骨折。于2015年3月23日行左大腿清创、VSD术+石膏外固定术，2015年4月3日行左前臂清创植皮+左膝关节清创、VSD术，2015年4月10日行左股骨颈骨折动力髋钢板螺钉内固定术+左膝关节清创、外固定支架固定术，2015年4月23日行左侧髂静脉、下腔静脉造影+下腔静脉滤器置入术+右股静脉导管拔除术，于2015年6月10日行左股骨骨折切开复位钢板内固定术+取右髂骨术。2017年3月11日因脑梗死致右侧偏瘫入院治疗。2019年4月30日人民法院委托进行伤残程度鉴定，法医活体检查：左大腿中上段外侧见一大小为18.0 cm×(0.1~0.3)cm缝合瘢痕；左大腿中下段外侧见二处大小分别为22.0 cm×(0.1~0.8)cm、21.5 cm×0.3 cm缝合瘢痕；左大腿中段前侧见二处大小均为1.0 cm×10.0 cm瘢痕；左膝关节下方见一大小为0.6 cm×0.6 cm瘢痕。测量双下肢长度：左89.5 cm，右90.5 cm。测量大腿周径：左48.5 cm，右50.5 cm。小腿周径：左36.0 cm，左36.0 cm。膝关节周径：左41.0 cm，右39.5 cm。右大腿中下段外侧见一大小为11.0 cm×(4.0~4.5)cm瘢痕(取皮区)。右髂前上棘见一大小为5.0 cm×0.5 cm瘢痕(取皮区)。左髋关节、左膝关节活动受限，测量髋关节被动活动度：前屈为左90°(正常值140°)；伸展为左10°(正常值15°)；外展为左30°(正常值45°)；内收为左25°(正常值30°)；内旋为左20°(正常值50°)；外旋为左25°(正常值40°)，测量膝关节被动活动度：屈曲为左90°(正常值150°)；伸展为左0°(正常值0°)。右侧上、下肢肌力4级，右侧肌张力增高，右侧肱二头肌、肱三头肌、桡骨膜、膝、跟腱反射稍亢进；左侧上、下肢肌力5级，肌张力正常，左侧膝反射未引出。腹壁反射正常。提睾反射：右侧减弱；霍夫曼征右(+)，巴宾斯基征右(+)。2017年3月11日因脑梗死致右侧偏瘫与交通事故不存在因果关系，由于被鉴定人存在右下肢功能障碍，因此，其左髋关节、左膝关节活动度以正常值的上限作为参考值。计算左髓关节功能丧失：[(140-90)/140+(15-10)/15+(45-30)/45+(30-25)/30+(50-20)/50+(40-25)/40]/6(髋关节6个活动方位)×100%≈36%。左膝关节功能丧失：(150-90)/150×100%=40%。参照《人体损伤致残程度分级》5.10.6 11"四肢任一大关节(踝关节除外)功能丧失25%以上"之规定，评定被鉴定人左髋关节功能丧失36%、左膝关节功能丧失40%的伤残程度均构成十级残疾。

3)例如被鉴定人于2018年3月6日9时57分许，因"交通事故致右上肢疼痛、活动障碍4 h余"入院。入院诊断：尺骨中上段骨折，右桡骨小头脱位。2018年3月26日行右桡骨小头脱位复位，尺骨切开复位内固定+克氏针内固定+任意皮瓣成形+石膏外固定术。2018年9月7日行"右肘关节异位骨化病灶切除、关节松解，桡骨小头脱位内固定取出，尺神经嵌压松解术"。2019年1月18日右上臂下段至前臂上段外侧见一大小为10.0 cm×0.2 cm缝合瘢痕；右上臂下段后侧至前臂上段后侧见一大小为8.0 cm×0.3 cm缝合瘢痕；右前臂外后侧中段见一大小为11.0 cm×0.3 cm缝合瘢痕；右肘关节活动受限，测量肘关节活动度：屈曲为左135°，右105°；伸展为左0%，右-20°；四肢肌力5级，肌张力正常，生理反射存在，病理反射未引出。计算右肘关节功能丧失：[(45-15)/45+(90-70)/90]/2×100% ≈44%（注意：肘关节的功能位为屈肘90°）。参照《人体损伤致残程度分级》5.10.6 11“四肢任一大关节（踝关节除外）功能丧失25%以上”之规定，评定被鉴定人右肘关节功能丧失44%的伤残程度构成十级残疾。

3. 听力障碍　听力障碍依据《听力障碍的法医学评定》（GA/T 914—2010）进行鉴定，评定时机应在伤后6个月以上。鉴定时不仅要有2~3次纯音听阈测定，而且纯音听阈测定结果重复性好，同时需要1~2项客观听力检查（如40 Hz听觉相关电位，听性脑干反应，多频稳态反应，听觉皮质诱发电位，声导抗测试，等等）表明听力损伤的客观性和可靠性，以识别伪聋。在具体案件鉴定中必须进行综合分析判断。

（1）注重损伤的病理基础。常规颞骨薄层CT扫描，必要时进行内耳MRI检查，明确损伤的病理基础，不能仅以听力的检查报告作为评定依据，而忽视病因分析，造成鉴定意见偏差。尤其是在诉前委托鉴定时，被鉴定人常常考虑其自身利益，隐瞒或故意歪曲事实，误导鉴定人做出有利于被鉴定人的鉴定意见。

（2）注意对主观、客观听力测试结果的统计分析，减少测试失败的机会。在对被鉴定人实施主观测听后，可以做纯音听检测，看检查结果能否较为稳定。若被鉴定人伪装听力降低，往往表现为二项结果差异超过10 dB，通常损伤时听力降低，但随着时间的延长，听觉降低水平也会出现不同程度的降低，甚至和损伤时听觉降低的水平相当，通常没有发现听觉降低水平较损伤时的水平更为严重的现象，若发生此种情形，则认为被鉴定人有意夸大听觉障碍的范围，因此，鉴定时不能仅依据纯音测听结果判断听力障碍。应用伪聋检测法对主观测听结果加以证实，客观测听法对医学诊断假聋、癔症性聋有着非常关键的作用，但这几种客观检查听觉手段都有着一定的特点，就个人来说，存在特殊性，必须具体问题具体分析。

（3）注意对临床症状、体征和相关影像学检查、生化检测等结果的统计分析。如影像学检查在颅底未见明显骨折现象，而临床怀疑脑脊液耳漏，对其生化检查、耳镜检测有着非常重要的价值；前庭功能测试则对诊断耳蜗损伤、迷路震荡等具有重要参考意义。

（4）对被鉴定人伤前是否存在听力障碍要有合理性怀疑。如损伤一侧耳，而双耳听力同时出现障碍，不要仅听取被鉴定人的陈述就判断受伤前无听力障碍。必要时要求委托人调查被鉴定人伤前的听力检查情况，如健康档案资料等。

（5）分析损伤与听力障碍的关系。全面了解被鉴定者损伤经过、临床表现、测试结果，结合伤前听觉情况，必要时请听觉力学医生会诊。无法判断受伤和听力障碍之间存在关系的，不宜进行伤残程度评定。

听力减退程度评定取0.5 kHz、1.0 kHz、2.0 kHz、4.0 kHz 4个频率气导听阈的平均值(表7-1)，被鉴定人年龄为30岁以上应采取年龄修正值，特别注意伤残程度鉴定与损伤程度鉴定所参照的年龄修正值的区别。ASSR阈图与纯音听阈图的相关性较好，通常比行为阈值高10～20 dB，如检测实验室不提供校正值，则采取其0.5 kHz、1.0 kHz、2.0 kHz、4.0 kHz反应阈值的平均值减去15 dB作为听力的听阈值。

听力减退程度计算法：0.5 kHz、1.0 kHz、2.0 kHz、4.0 kHz 4个频率气导听阈级的平均值，即4个频率气导听阈值之和除以4。例如被鉴定人男性，52岁，右耳纯音听阈为0.5 kHz 75 dB、1.0 kHz 75 dB、2.0 kHz 70 dB、4.0 kHz 70 dB，则右耳听力障碍(dB HL)＝[(75－4)＋(75－4)＋(70－7)＋(70－16)]/4≈65(保留整数，小数点后一位采取四舍五入)。

表7-1　耳科正常人随年龄增长超过的听阈偏差中值(GB/T 7582—2014/ISO7029:2000)

年龄/岁	男				女			
	0.5 kHz	1.0 kHz	2.0 kHz	4.0 kHz	0.5 kHz	1.0 kHz	2.0 kHz	4.0 kHz
30	1	1	1	2	1	1	1	1
40	2	2	3	8	2	2	3	4
50	4	4	7	16	4	4	6	9
60	6	7	12	28	6	7	11	16
70	9	11	19	43	9	11	16	24

4. 视力损害　一般将大于等于1.0的视力称为正常视力，小于等于0.5的视力称为视力降低。视力一定为矫正视力，不能以裸眼视力作为评定依据。

5. 足弓破坏

(1)足弓破坏鉴定：足弓骨性结构包括内侧纵弓、外侧纵弓和横弓。内侧纵弓角度正常值为113°～130°，外侧纵弓角度正常值为130°～150°，前弓角度正常值在13°以上，后弓角度正常值在16°以上。因足损伤致跟骨、跗骨、跖骨等构成足弓的骨性破坏，拍摄半负重站立位足侧位X射线片，足弓破坏鉴定的关键是准确测量各足弓的角度数，据此来判断足弓骨性结构的破坏程度。内侧纵弓角度、外侧纵弓角度、前弓角度不在临床参考值范围内，均视为足弓相应结构破坏，内侧纵弓、外侧纵弓均破坏，可视足弓完全破坏。

(2)利用Photoshop(PS)软件测量内侧纵弓角度:在实践与应用中利用PS软件测量内侧纵弓角度的步骤如下。

1)打开PS软件。

2)在PS软件中打开图片,使用左边工具栏的裁剪工具,选取需要截取的部分,点击"√"确定完成截图。

3)点击软件左下角,输入百分比可放大或缩小图片。

4)在工具栏中选择直线工具,在测量的起点(跟骨最低点)单击鼠标按住不放,将鼠标拖至测量终点(距骨头的最低点)后放开,得到一条直线,在PS软件工具栏区域,填充、描边可选择线条的颜色;输入像素可调整直线的粗细。重复上一步骤画出第2条线,从距骨头的最低点至第一跖骨远端最低点画一直线。

5)在工具栏中选择标尺工具(选择后鼠标光标旁边会有把小尺子),在线条中任一位置单击鼠标沿着线条按住不放拖到角的顶点再松开鼠标,松开后最好不要移动鼠标,同时按住Alt键,鼠标箭头旁边的尺子会变成量角度的符号;按住Alt键,从角的顶点单击鼠标并沿另一边线条拖动,到任一位置松开鼠标。此时,编辑区上方的数据显示:A表示测量的角度度数,L1、L2表示测量的边长,标尺单位默认为mm,边长的结果无实质性意义。

6)记录好测量的角度度数后,点击选择背景图层,选择画笔工具,设置画笔颜色:点击前景色(默认是黑色的),在颜色框内选择和线条相近的颜色;画弧线,如果画得不好,可以直接同时按Ctrl+Alt+Z键撤销,或者选择后退一步,重新画弧线。

7)选择文字工具,在弧形下方任一位置输入文本,在上方工具栏可以选择字体、文字的大小、文字的颜色,完成输入角度值后点击"√",可用移动工具将输入的角度值移动到适合的位置。

8)点击背景图层,合并图像,储存文件,储存时注意选好储存的位置(如桌面)、改写文件名称(如××内侧纵弓图),格式一定要选择JPEG,点击"保存",即获得内侧纵弓角度数值图片。

(3)利用PS软件测量外侧纵弓、前弓、后弓角度:利用上述内侧纵弓的方法同样可测量外侧纵弓、前弓、后弓的角度。

1)外侧纵弓由跟骨最低处至跟骰关节最低处作一直线,再由跟骰关节最低处至第5跖骨远端最低处作一直线,以衡量二线所形成的角度。外侧纵弓角度正常值:130°~150°。

2)前弓由第一跖跗关节中心点至第一跖骨头中心点作一直线,再由第一跖骨头中心点至跟骨中心点作一直线,以衡量二线所构成的角度。前弓角度正常值:13°以上。

3)后弓先由跟骰关节中心点至跟骨中心点作一直线,再由跟骨中心点至第五跖骨骼中心点作一直线,以衡量二线所构成的角度。后弓角度正常值:16°以上。

鉴定时也常利用双足半负重侧位 X 射线片进行比较评定是否存在足弓破坏。

构成足弓的软组织(皮肤、皮下组织、肌肉、韧带)严重损伤(挛缩、毁损、缺失),也可视为足弓破坏,如被鉴定人因交通事故碾压伤致右足皮肤脱套伤,实施植皮术,引起足底皮肤隆起畸形,则可评定为足弓结构完全破坏。

如存在足弓软组织损伤影响足底形态改变时,一般可采取双足底拍照进行对比,也可采足迹捺印盒捺印双足赤足印痕,对左右足底形态进行比对,判断足弓软组织损伤对足弓的破坏程度。

6. 同一部位和同一性质的残疾 "同一部位"泛指所有解剖部位,如头颅、颜面、颈部、乳房、腹腔、盆部、脊柱、四肢等。而在内脏则应指同一脏器,如脑、脊髓、肺、气管、心、胃、小肠、肝、胆、胰、脾、肾、子宫、卵巢、肾等。根据对《人体损伤致残程度分级》等标准的研究,应具体情况具体分析。如单侧肾损伤、单侧卵巢损伤等,条款中明确规定了单侧的对称性脏器损伤都应视为不同部位,但并未具体规定任何一方或单侧的脏器损伤都应列为相同部位。例如被鉴定人被他人用刀刺伤左、右肺,左肺上叶实施楔状切除缝合修补术,右下肺实施肺修补术,《人体损伤致残程度分级》中没有将肺划分一侧肺,虽然解剖学上分为左、右肺,但应视为同一部位,对于同一部位损伤可采取"就高不就低"的原则,评定被鉴定人左肺上叶实施楔状切除缝合修补术构成九级残疾。

针对"同一性质"的问题,由于《人体损伤致残程度分级》将伤残界定为"各种因素造成的人体组织器官结构破坏和(或)功能障碍"。也即,可以把伤害的属性分成结构和功能 2 种,而功能方面则可以分成器质性功能和精神性功能 2 种。例如,大脑器质性损伤会引起肢体麻痹和精神障碍 2 种不同性质的损伤;脊髓损伤则会引起肢体麻痹和性功能障碍 2 种不同性质的损伤,鉴定时可分别给予评定。在伤残程度鉴定的实践与应用中对于同一部位和性质的残疾应注意以下几种情形。

1)中枢神经损伤或者神经丛性或者根性损伤引起肢体瘫痪,不能同时援引肢体瘫痪和肢体大关节功能障碍分别评定伤残等级,应适用神经损伤的条款予以评定。例如被鉴定人因外伤致左臂丛神经损伤,造成左上肢肌力 3 级,左肩关节功能丧失 80%,左肘关节功能丧失 75%,左腕功能丧失 67%,则只能依照《人体损伤致残程度分级》5.7.1 6"单肢瘫(肌力 3 级以下)"评定七级残疾。

2）肢体重要神经损伤引起肢体全肌瘫、部分肌瘫，肢体大关节和手足功能障碍。不能同时援引肢体瘫痪、肢体大关节功能障碍、手足功能障碍分别评定伤残等级，可适用“就高不就低”原则予以评定。例如被鉴定人因右腓骨小头粉碎性骨折致右腓总神经离断，实施右腓总神经端端吻合术，活体检查，右小腿肌力 3 级，右踝关节功能丧失 75%，右足 5 趾功能丧失 50%。依照《人体损伤致残程度分级》5.9.1 7“四肢重要神经损伤（上肢肘关节以上，下肢膝关节以上），遗留相应肌群肌力 3 级以下”，5.9.6 10“一踝关节功能丧失 75% 以上”，5.10.6 16“一足 5 趾功能丧失均达 50%”，则最终评定九级残疾。

3）关节骨折：既可影响关节功能，又致肢体长度相差，可适用“就高不就低”原则只评定一次。例如被鉴定人因交通事故损伤致右股骨颈骨折，由于年龄 80 岁采取保守治疗，致右髋关节功能丧失 51%，双下肢长度相差 2.5 cm，则只能依照《人体损伤致残程度分级》5.9.6 9“四肢任一大关节（踝关节除外）功能丧失 50% 以上”评定为九级残疾，不再对双下肢长度相差 2.5 cm 评定十级残疾。

4）足趾缺失和足弓机构破坏：可影响足趾评分分值，又致足弓破坏，可适用“就高不就低”原则只评定一次。例如被鉴定人因交通事故致左足碾压伤，实施左足第一跖骨中段以远+左第二、第三、第四趾跖趾关节以远端截趾术，按足趾缺失评分功能丧失分值为 35 分，左侧内侧纵弓关系结构破坏，则只能依照《人体损伤致残程度分级》5.9.6 15“手或者足功能丧失分值≥25 分”评定为九级残疾，不再对左侧内侧纵弓评定十级残疾。

5）对难以确定是否属于同一部位和同一性质的残疾，宜适用“就高不就低”原则，以级别高的评定伤残级别。

第二节　伤残程度鉴定的应用

一、伤残程度鉴定实例

××司法鉴定中心司法鉴定意见书

××司鉴中心〔2019〕临鉴字第×号

（一）基本情况

委托人：××县人民法院。委托事项：对吴××的伤残程度进行鉴定。受理日期：2019 年 3 月 8 日。

鉴定材料：

（1）××县人民法院《司法鉴定委托书》〔2019〕桂××鉴12号。

（2）××县公安局交通管理大队《道路交通事故认定书》第××20180000300号复印件。

（3）××县人民医院入院记录、出院记录、手术记录、疾病证明书、检查报告单复印件。

（4）吴××医学影像片10张。

（5）吴××居民身份证复印件。

（二）基本案情

2018年11月3日13时21分许，在国道324线1 604 km+900 m处发生交通事故，造成吴××受伤，吴××伤后到××县人民医院就诊住院。2019年3月5日××县人民法院依据《司法鉴定委托书》〔2019〕桂××鉴12号委托我中心对上述委托事项进行鉴定，2019年3月8日吴××在家属陪同下到我中心接受法医临床检查，××县人民法院法官凌××在场见证。

（三）资料摘要

1. 住院日期　2018年11月3日。出院日期：2018年11月22日。

2. 入院时病情摘要　因“外伤致左侧腰背部、左手疼痛1 h余”入院。查体：神清，精神尚可，左手可见皮肤擦伤，无活动性出血，双侧瞳孔等大等圆，直径3 mm，对光反射灵敏。专科情况：脊柱生理弯曲存在，脊突无压痛、叩击痛，左侧腰背部压痛、叩击痛，未触及骨擦感，左手可见皮肤擦伤，无活动性出血，局部压痛，未触及骨擦感，肢端感觉及血运正常，余肢体未见异常。

3. 入院诊断　左腰背部、左手软组织挫擦伤。

4. 住院诊疗经过　入院后完善相关检查，于2018年11月4日行剖腹探查术、脾切除术、胰腺挫裂伤修补术、后腹膜血肿清除术、肠粘连松解术、腹腔冲洗引流术，术后予抗感染、护胃抑酸，纠正水、电解质、酸碱平衡，营养支持治疗，于2018年11月17日行左侧微创胸腔闭式引流术，术程顺利。

5. 出院诊断　闭合性腹部内脏损伤；脾破裂出血；胰腺挫伤；左肾挫伤；后腹膜血肿；肠粘连；急性弥漫性腹膜炎；两下肺挫伤；两侧胸腔积液；左侧第4～11肋骨骨折；左腰背部、左手软组织挫擦伤；腰椎间盘突出症；低蛋白血症。

6. 手术记录

（1）手术时间：2018年11月4日。

（2）手术名称：剖腹探查术；脾切除术；胰腺挫裂伤修补术；后腹膜血肿清除术；肠粘连松解术；腹腔冲洗引流术。

（3）手术过程：取左肋缘下斜切口，长约20 cm，使用高频电刀常规切开皮下、肌层、腹膜，进入腹腔，探查如大体病理。因脾有活动性出血，脾蒂及肾蒂血管破裂无法修补，决定行脾切除术、胰腺挫裂伤修补术、后腹膜血肿清除术、肠粘连松解术、腹腔冲洗引流术。

（四）鉴定过程

1. 被鉴定人　吴××，男，汉族，居民身份证号码4521231961××××××××。

2. 鉴定日期　2019年3月8日。

3. 鉴定地点　××司法鉴定中心法医室。

4. 检查方法　依据《法医临床检验规范》（SF/Z JD0103003—2011）对被鉴定人进行活体检查；依照《法医临床影像学检验实施规范》（SF/Z JD0103006—2014）对送审医学影像片进行阅片。

5. 检查记录　被鉴定人吴××，男，神清，步态正常，自由体位，问答切题，查体合作。查体：左上腹部肋下见一大小为17.7 cm×（0.2～0.5）cm斜形手术缝合瘢痕；右下腹见两处瘢痕，大小分别为2.0 cm×0.8 cm、2.2 cm×1.0 cm；右下腹见一陈旧性手术缝合瘢痕；腹平软，无压痛及反跳痛；胸廓挤压征，左（+）。

6. 阅片所见

（1）（2018-11-20，X射线片号627119××）左侧第4～11肋骨骨折，左侧第5、7肋折端对位对线差，左侧第4、6、8～11肋骨骨折对位可。诊断：左侧8肋骨骨折。

（2）（2019-03-08，CT片号3036××）左侧第4～11肋骨骨折，左侧第5、7肋外侧呈向下稍错位畸形，左侧第4、6、8～11肋骨骨折对位可，可见骨痂形成。诊断：左侧8肋骨陈旧性骨折；左侧第5、7肋骨畸形愈合。

（五）分析说明

根据现有送检材料，结合检查和阅片所见，综合分析如下。

1. 伤残评定时机　被鉴定人因2018年11月3日交通事故造成脾破裂出血、胰腺挫伤、左肾挫伤、后腹膜血肿、肠粘连、急性弥漫性腹膜炎、两下肺挫伤、两侧胸腔积液、左侧第4～11肋骨骨折，左腰背部、左手软组织挫擦伤的诊断明确；经住院及手术治疗，伤后至今已4个月，根据《人体损伤致残程度分级》第4.2条之规定，符合评定时机。

2. 评定伤残程度　被鉴定人因本次交通事故造成损伤，本次鉴定主要依据原发性损伤作为残疾评定依据，脾破裂出血行脾切除术、胰腺挫伤实施胰腺挫裂伤修补术、左侧第4～11肋骨（8根肋骨）骨折，根据《人体损伤致残程度分级》“成年人脾切除术后”“肝、脾或胰腺修补术后”“肋骨骨折6根以上”之规定，评定被鉴定人的伤残程度分别达到八级、十级、十级残疾。其余损伤未构成残疾等级。

（六）鉴定意见

（1）脾切除术后的伤残程度为八级残疾。

（2）胰腺挫裂伤修补术后的伤残程度为十级残疾。

（3）左侧8根肋骨骨折的伤残程度为十级残疾。

（七）附件

（1）照片3张1页。

（2）鉴定许可证、鉴定人执业证复印件。

司法鉴定人签名：×××

《司法鉴定人执业证》证号：4500100×××××

司法鉴定人签名：×××

《司法鉴定人执业证》证号：4500100×××××

二〇一九年三月十六日

二、案例评析

（一）鉴定时机

本案例是以原发性损伤作为评定依据，被鉴定人因交通事故造成脾破裂、胰腺挫伤、左侧第4～11肋骨骨折，上述损伤为原发性损伤，脾破裂出血行脾切除术、胰腺挫伤实施胰腺挫裂伤修补术、左侧第4～11肋骨（8根肋骨）骨折属于原发性损伤的损害后果，治疗终结，按照在伤后4个月进行伤残程度鉴定符合评定时机。

（二）分析说明

1. 关于损伤的诊断　不能仅仅依据医学临床诊断进行伤残程度鉴定，例如被鉴定人驾驶电动三轮车与重型半挂牵引车在国道471线24 km+50 m路段发生交通事故入院。查体：脊柱生理弯曲变直，活动受限，左上肢及双下肢多处皮肤挫擦伤，皮肤大片瘀斑，伤口渗血，触痛，左髋部肿胀，左髋关节活动受限，左大腿根部压痛明显，左下肢纵轴叩击痛（+），骨盆挤压试验（-）。入院时DR诊断：左耻骨上下支骨折，左股骨陈旧性骨折。住院20 d后出院，出院诊断：左耻骨上下支骨折，左股骨陈旧性骨折。鉴定时重新阅片示左耻骨上下支骨折，左股骨颈骨折，表明医学诊断不正确，而且与医学影像表现不一致，原因有可能是放射科医生复制粘贴没有修改及出具医学影像报告，临床医生也不看片所致，其原因是什么？不是该案件讨论的问题，而是从鉴定人的角度去思考，要求鉴定人不断提高阅片水平，鉴定时不受临床诊断的影响。因此，在鉴定过程中必须依据入院记录、手术记录及医学影像片等鉴定材料，对被鉴定人的损伤诊断是否成立进行确认。

2. 原发性损伤　伤残程度司法鉴定实践与应用中，首先分清何种损伤为原发性损伤，再就每一损伤依据《人体损伤致残程度分级》条款逐一进行评定。

3. 功能障碍或后遗症　鉴定过程中应明确功能障碍或后遗症是否有损伤的基础，是否为损伤所引起，在分析说明中进行因果关系的认定，并将被鉴定人的后遗症作为评定依据。该案件被鉴定人 8 根肋骨骨折，其畸形愈合未达到 4 处，因此，不能参照《人体损伤致残程度分级》5.9.3 11“肋骨骨折 8 根以上并后遗 4 处畸形愈合”评定为九级残疾，而是参照《人体损伤致残程度分级》5.10.3 7“肋骨骨折 6 根以上”评定为十级伤残。

（三）鉴定意见

该案例属于多发性损伤，依据“一伤一残、多伤多处”的鉴定原则，评定被鉴定人吴××因本次交通事故造成的伤残程度为多等级残疾：脾切除术后为八级残疾；胰腺修补术后为十级残疾；左侧 8 根肋骨骨折（未达 4 处畸形愈合）为十级残疾。

鉴定意见的表述一般包含 4 个要素：一是被鉴定人的姓名；二是致伤原因，如因交通事故致伤、他人用刀砍伤、医疗因素损害等；三是损伤的性质及损害后果，如肝破裂实施肝修补术、脾破裂实施脾切除术、股骨颈骨折致髋关节功能丧失 28% 等；四是残疾等级，如伤残程度为二级残疾等。例如被鉴定人张××（男，28 岁）因交通事故受伤入院，诊断为脾破裂，实施脾切除术，进行伤残程度鉴定依据《人体损伤致残程度分级》5.8.4 2“成年人脾切除术后”评定伤残程度为八级残疾，则鉴定意见应表述为：被鉴定人张××因本次交通事故造成脾切除术后的伤残程度构成八级残疾。

第八章　颅脑损伤的伤残评定

第一节　颅脑损伤致偏瘫的伤残评定

一、案情简介

赵××，男，1978 年 1 月 9 日出生。2015 年 4 月 1 日 5 时 5 分许，赵××在××市因车祸受伤，即到医院诊治，由人代诉：外伤致意识变化 1 h 余。检查：昏迷，可发单音，问答不配合；刺痛下肢可定位；右颞部颅骨凹陷；双眼睑青紫、肿胀明显；右侧瞳孔散大，对光反射消失；四肢躁动；肌张力、肌力检查不配合。CT 检查结果显示：右颞枕顶部硬脑膜外血肿，右颞叶小血肿，右侧额颞骨多发骨折；右颞部及眶周软组织肿胀，提示少量出血。住院期间，在全身麻醉下行"右侧开颅硬脑膜外、下血肿清除+去骨瓣减压术"治疗。术后予以护脑、改善循环、营养神经、抗感染等对症治疗。出院时，神志清，对答基本切题，言语欠流利，反应较缓慢。左侧肢体肌力 3 级，右侧肢体肌力 5 级。肢体可见不自主抽搐，肌张力不高。出院诊断：创伤性脑疝，右颞枕顶部硬脑膜外、下血肿，右颞叶脑挫伤并血肿形成，创伤性蛛网膜下腔出血，右侧额颞骨多发粉碎性、凹陷性骨折，颅底骨折，右颞部及眶周软组织挫伤。

二、法医临床司法鉴定

2015 年 10 月 26 日，赵××为了交通事故理赔需要，委托法医临床司法鉴定机构进行了伤残等级评定。

（一）法医临床检验

被鉴定人赵××平躺于床，能言语，但含糊不清，能遵嘱动作。双侧瞳孔等大等圆，对光反射可。右侧颞部可见一范围约 12.0 cm×8.0 cm 的颅骨缺损区，颅骨尚未修补。颈部可见气管插管后的瘢痕。胸、腹、腰、背部未查及明显阳性体征。会阴部可见尿袋在位。右侧肢体可见活动,肌力5-级。右侧上、下肢可见抽搐及抖动。左侧上、下肢能抬离床面,但不能抵抗阻力,肌力3+级,左手呈“爪”形。家属介绍:大小便时会尿裤子,或会叫人帮助;伤后一直在服抗癫痫药物。

(二)阅片所见

2015年4月1日,赵××的CT片(片号:CT-246413)示:右颞枕顶部硬脑膜外、下血肿,右侧颞部颅骨凹陷,蛛网膜下腔出血等多发颅脑损伤。

2015年7月10日,赵××的CT片(片号:CT-269781)示:右侧开颅硬脑膜外、下血肿清除术后改变,可见颅骨缺损在6.0 cm^2以上,右侧颞顶枕叶脑挫裂伤后改变。

(三)鉴定意见

(1)赵××因交通事故致颅脑多发损伤,经手术等治疗后,目前遗留左侧肢体肌力3+级的伤残等级为三级伤残。

(2)赵××因交通事故致颅脑多发损伤,经开颅血肿清除术治疗(术后颅骨缺损在6.0 cm^2以上)后的伤残等级为十级伤残。

(四)出具上述鉴定意见的理由

1.外伤史明确　赵××于2015年4月1日,在××市××路269号附近,因车祸受伤,有《道路交通事故认定书》可以佐证。

2.伤后出现了临床症状与体征　赵××伤后即出现意识变化,表现为昏迷,问答不配合;右颞颅骨凹陷;双眼睑青紫;右侧瞳孔散大,对光反射消失;四肢躁动,肌张力、肌力检查不配合等。

3.辅助检查即CT检查显示异常信号　CT检查显示右颞枕顶部硬膜脑外、下血肿,右颞叶小血肿,右侧额颞骨多发骨折,右颞部及周围软组织信号异常。

4.手术所见　术中,暴露颅骨,严密止血。见右颞顶骨粉碎性、凹陷性骨折,骨折凹陷明显,挫破硬脑膜入脑实质,骨折线向颞枕后方延伸,渗血明显。在颅骨上钻孔后,可见硬脑膜外血肿。钻5孔,线锯取下骨瓣(包括粉碎性及凹陷性骨折),形成了12.0 cm×8.0 cm的骨窗。取下骨瓣,见硬脑膜外有暗红色血肿量约60.0 mL。血肿清除后,见脑压高,硬脑膜挫破,血性液体流出。剪开脑硬膜,硬脑膜下血肿量约15.0 mL,给予清除,脑组织膨出等。

5.法医临床检验及阳性体征　右颞部约有12.0 cm×8.0 cm的颅骨缺损区。气管插管后瘢痕。会阴部尿袋在位。右侧肢体肌力5-级,右侧上、下肢有抽搐抖动。左侧上、下肢只能抬离床面,但没有明显抗力,肌力为3+级。左手呈“爪”形。

三、伤情分析

2015年4月1日5时5分许,赵××被车撞伤后1 h余,即到医院诊治。诊治医师的主要印象是"意识变化"。故在病历中描述:昏迷,可发单音,问答不配合,刺痛下肢可定位。在查体时发现右颞部颅骨凹陷,双眼睑青紫、肿胀,右侧瞳孔散大,对光反射消失,四肢躁动。上述体征说明,赵××伤在右颞部,颅骨骨折。同时,颅脑也严重损伤。右侧瞳孔散大、四肢躁动、昏迷等,就是颅脑损伤的表现。CT检查显示:右颞枕顶部硬脑膜外、下血肿,右颞叶小血肿,右侧颞骨多发骨折等。基本上已明确损伤的状况。

当然,手术记录更进一步明确了赵××的损伤情况。这里摘录其中的一部分记录:……暴露颅骨,严密止血。见右颞顶骨粉碎性、凹陷性骨折,骨折凹陷明显,挫破硬膜入脑实质,骨折线向枕后方延伸,渗血明显。在颅骨上钻孔后,可见硬脑膜外血肿。钻5孔,线锯取下骨瓣(包括粉碎性及凹陷性骨折),形成了12.0 cm×8.0 cm的骨窗。取下骨瓣,见硬脑膜外有暗红色血肿量约60.0 mL。血肿清除后,见脑压高,硬脑膜挫破,血性液体流出。剪开硬脑膜,硬脑膜下血肿量约15.0 mL,给予清除,脑组织膨出等。从上述手术记录看,可以明确赵××颅脑损伤的严重状况。

四、对鉴定意见的分析

2015年11月6日,鉴定机构对赵××做出了"交通事故致颅脑多发伤,经手术等治疗后,目前遗留左侧肢体肌力3+级的伤残等级为三级伤残;颅骨缺损6.0 cm以上的伤残等级为十级伤残"这两个伤残等级评定。

从外伤史、伤后的临床症状和体征、法医临床司法鉴定等分析,外伤史是明确的,是车祸伤。赵××受伤后,在临床上的表现,首先是意识的改变,随后查及右侧瞳孔散大,对光反射消失,右颞部颅骨凹陷,双眼睑青紫肿胀,四肢躁动等现象。CT检查、手术所见均证实,赵××的右侧颞顶叶多发脑挫伤,右侧颞顶枕部硬脑膜外、下血肿,蛛网膜下腔出血和颅骨多发骨折。上述情况说明,赵××的损伤病理基础是非常明确的。与此同时,赵××是在2015年4月1日发生车祸伤,同年10月26日进行的法医司法鉴定。在鉴定时机的选择方面,是符合有关标准条文规定的。

在法医临床检验中,查及左侧肢体只能抬离床面,但抗阻力差,其肌力只能定3+级。这一查体结果基本符合损伤情况。另外,检验时查及右颞部有一范围约12.0 cm×8.0 cm的颅骨缺损区。

根据以上检验情况,依照《道路交通事故受伤人员伤残评定》第4.3.1.f条、4.10.2.r条规定,给赵××分别评定为三级、十级伤残是正确的。

五、颅脑损伤致偏瘫的评残策略

在颅脑外伤导致偏瘫的评残中，其策略如下。

(1)明确颅脑损伤部位，即损伤病理基础的定位问题。

(2)准确评估偏瘫肢体的肌力下降的等级。

(3)选择适当的评残时机。

根据解剖学的叙述，偏瘫是指人的一侧上、下肢，面肌，舌肌的运动障碍，又叫半身不遂。偏瘫产生的原因主要是大脑皮质运动中枢受损。据解剖实验，人的大脑半球有明确的分工：右侧大脑半球的运动神经，管理着左侧肢体运动；左侧大脑半球的运动神经，管理着右侧肢体的运动。任何一侧大脑半球的运动神经损伤或病变，都会导致偏瘫。联系到本案当事人赵××在车祸受伤后，首先出现意识变化，同时查及右颞部颅骨凹陷。CT 检查显示，右颞枕顶部硬脑膜外、下血肿。手术治疗中发现，右颞顶骨粉碎性、凹陷性骨折，凹陷的骨折块挫破硬脑膜，进入脑实质。手术中同时看到了右侧颞叶脑挫裂伤，脑组织少许膨出。从上述情况看，赵××在此次车祸中，确实伤及右侧大脑半球。依照大脑半球分工来讲，赵××右侧大脑半球损伤后，出现左侧肢体偏瘫，是有确实的损伤病理基础的。

关于肌力级数的评估问题，首先碰到的是肌力的检查方法，对肌力定级有 3 种检查方法如下。

(1)徒手肌力检查。

(2)简单器械的肌力测试。

(3)等速肌力测试。

其中徒手肌力检查带有一定的主观因素；其余两种肌力测试方法的结果相对客观，但是应用范围局限，不宜采用。

因此，《人体损伤致残程度分级》关于肌力检查方法中说，根据本标准肌力分级规定，为便于分级，目前仍然按照徒手肌力进行检查和分级，以利于判断肢体瘫痪程度。同时，肌力的记录采用 0 ~ 5 级的六级分级法。

(1)0 级，肌肉无任何收缩现象。

(2)1 级，可见肌肉收缩，但无关节有效运动，相当于正常肌力的 10%。

(3)2 级，在减重的状态下，能做全幅运动，即能做平面移动，相当于正常肌力的 25%。

(4)3 级，能克服重力做全幅运动，不能抵抗外加阻力，相当于正常肌力的 50%。

(5)4 级，能克服重力，并能抵抗部分外加阻力，但抗阻力能力较正常明显降低，相当于正常肌力的 75%。

(6)5 级,能克服重力,并能抵抗外加阻力运动,相当于正常肌力的 100% 。摘录上述内容,便于读者加深或重复对肌力分级的理解。

本案鉴定人,在对赵××左侧肢体进行肌力检查时,采用的是徒手肌力检查法,这符合法医临床常规检查的有关规定。其测得赵××的左侧肢体能抬离床面,但不能抵抗外加阻力,并判定肌力为 3+级,这种检查、记录和判定肌力级别的方法,符合 Lovett 肌力分级法的要求。

关于鉴定时机的选择问题。赵××是在 2015 年 4 月 1 日的车祸中受伤,经过治疗、康复,于 2015 年 10 月 26 日委托鉴定,法医临床鉴定机构在委托的同日受理和检查。从损伤到鉴定,时间间隔已有 6 个月余。这个鉴定时机的选择,应当是符合要求的。原发性损伤以及与之确有关联的并发症已经符合临床一般医疗原则的治疗与必要的康复,症状已经消失或稳定,体征达到相对固定,经评估,其组织器官结构破坏或功能障碍符合难以继续恢复的情形。

第二节　颅脑损伤致视觉障碍的伤残评定

一、案情简介

钱××,男,1972 年 12 月 21 日出生,××市××县人。2015 年 11 月 27 日 6 时许,钱××因车祸受伤。主诉:车祸致头部受伤伴神志模糊 2 h 余。检查:神志呈模糊状,格拉斯哥昏迷量表(GCS)评分 14 分,呼唤睁眼,对答切题,查体合作差。右颞顶部可及 5 cm×6 cm 大小头皮血肿,颅神经检查不能配合。颈无抵抗,四肢自主活动存在。四肢肌力、肌张力正常;双侧巴宾斯基征(Babinski 征)未引出。头颅 CT 检查提示:右颞顶部硬脑膜外血肿,蛛网膜下腔出血,右颞骨可疑线性低密度影。急诊行“开颅血肿清除术”治疗。术后入重症加强护理病房(ICU)。转脑外科后,予抗炎、脱水、营养等对症治疗。在此期间,患者诉左眼视物不适,视觉诱发电位(VEP)检查:左眼视通路异常。2015 年 12 月 15 日眼科会诊后,诊断为:左眼渗出性视网膜脱离。2015 年 12 月 23 日,出院诊断:右颞顶部急性硬脑膜外血肿,创伤性蛛网膜下腔出血,右颞顶骨骨折,小脑蚓部及左额叶脑挫伤,头皮血肿,右第 3、第 4 肋不全骨折,右耳混合性耳聋,左眼渗出性视网膜脱离。2016 年 5 月 17 日,视力检查:右眼 0.7,左眼光感。

2016 年 9 月 2 日,视力检查:右眼 1.0,左眼无光感。左眼角膜透明,瞳孔0.3 cm，对光反射迟钝，视神经盘边界清，颞侧色淡。左颞下极视网膜脱离（陈旧性）。2016年9月2日，图形视觉诱发电位（P-PVE）检查：右眼P100波峰尚可；振幅正常；1°方格，左眼P100波未出明显波形，30°方格左眼P100波峰滞后，振幅低。2016年9月7日，视力检查：左眼矫正视力，光感；右眼矫正视力，0.6。

二、法医临床司法鉴定

2016年5月30日，钱××为交通事故理赔需要，委托法医临床司法鉴定机构进行司法鉴定。

（一）首次鉴定

1.法医学检验　钱××步行入室，对答切题。自诉：头痛、头晕，左眼视物不清，右耳听力下降。检验：右颞顶部可见一大小约7 cm×8 cm颅骨修补区，局部压痛（+）。左眼瞳孔较对侧散大，对光反射存在。视力及听力相关检查详见专科检查。胸廓外观无畸形，胸廓挤压试验（+）。余未见明显异常。

2.阅片所见　2015年11月27日，钱××的××医院头颅CT平扫提示：右颞顶部硬脑膜外血肿，蛛网膜下腔出血，右颞顶骨骨折，小脑蚓部、左额叶脑挫伤。

2015年11月28日，钱××的××医院头颅CT平扫提示：右颞部开颅术后，右颞骨可见一大小约为7 cm×8 cm颅骨原位覆盖区。肋骨CT平扫提示：右侧第3、第4前肋骨皮质迂曲，提示不全骨折，断端未见明显骨痂影。

3.鉴定意见　被鉴定人钱××于2015年11月27日，因交通事故致左眼视网膜脱落。经医治，目前遗留左眼盲目4级的伤残等级属八级。

4.出具上述鉴定意见的理由

（1）外伤史明确：2015年11月27日，因交通事故致颅脑损伤，右颞额部硬脑膜外血肿、蛛网膜下腔出血、左额叶脑挫伤等。

（2）开颅血肿清除术后，患者感左眼视物不适。视觉诱发电位检查显示：左眼视觉通路异常。眼科会诊意见：左眼渗出性视网膜脱离。

（3）法医临床检查：左眼瞳孔较对侧散大，视力：左眼光感。

综上认为，钱××因车祸致左眼视网膜脱离，经医疗后，目前遗留左眼盲目4级的伤残等级属八级。

（二）重新鉴定

在诉讼理赔期间，被告保险公司认为，从鉴定报告中的检查记录及其恢复情况来看，该伤残评定与事实不符。为维护合法权益，保险公司于2016年7月14日对伤残等级提起重新鉴定。

1. 法医学检验 被鉴定人钱××一般情况可,步行入室。自诉:伤后头痛、头晕,腰背部疼痛,左眼看不见东西。头面部无殊。右颞部可见马蹄形瘢痕,长 27.0 cm,其下方颅骨已修补,颅骨缺损区为 9.0 cm×9.0 cm。双瞳孔等大等圆,直接、间接对光反射灵敏。右眼矫正视力为 1.0,左眼矫正视力光感。颈软,活动可。胸廓对称,右胸部压痛。四肢肌力、肌张力及活动可。

2. 阅片所见 2015 年 11 月 27 日,钱××的××医院的头颅 CT 平扫示:右颞顶部急性硬脑膜外血肿,创伤性蛛网膜下腔出血,右颞顶骨骨折,头皮血肿,小脑蚓部、左额叶脑挫伤。2015 年 11 月 28 日,钱××的××医院的肋骨 CT 平扫示:左侧第 3、第 4 肋骨骨皮质欠连续。2016 年 2 月 23 日,钱××的××医院的头颅 CT 平扫示:右颞顶部硬脑膜外血肿清除术后,右颞部颅骨修补区原颅骨复位,骨窗面积在 6.0 cm^2 以上,小脑蚓部、左额叶脑挫伤。

3. 鉴定意见 钱××因交通事故致颅脑损伤,经对症治疗后,目前遗留左眼盲目 4 级的伤残等级为八级。

4. 出具上述鉴定意见的理由

(1)外伤史明确:2015 年 11 月 27 日,交通事故伤及头部,有交警队的事故认定书为证。

(2)伤后出现临床症状及体征:如神志模糊,右颞顶可及 5.0 cm×6.0 cm 大小头皮血肿;颅内存在病理改变,如右颞顶硬脑膜外血肿,创伤性蛛网膜下腔出血,小脑蚓部、左额叶脑挫伤等。

(3)左眼病理改变:左眼视物不适。视觉诱发电位检查显示:左眼视通路异常。眼科会诊:左眼渗出性视网膜脱离。

(4)左眼视力检查:光感。

三、伤情分析

2015 年 11 月 27 日,钱××遇车祸后,神志模糊,呼唤能睁眼,对答切题。在右颞顶部查见 5.0 cm×6.0 cm 大小头皮血肿。CT 检查显示:右颞部硬脑膜外血肿,蛛网膜下腔出血;右颞骨可疑线性低密度影。之后,医院又多次对钱××进行 CT 检查,显示小脑蚓部、左额叶脑挫伤,右侧第 3、4 肋不全骨折;右耳混合性耳聋;视觉诱发电位检查示左眼视觉通路异常;眼科会诊:左眼渗出性视网膜脱离。

根据上述临床症状和体征及辅助检查结果分析,钱××遇车祸后,导致右颞硬脑膜外出血,左额叶脑挫伤,右侧第 3、4 肋骨折,右头皮血肿等。由于脑挫伤、视网膜脱离,视通路受阻,出现左眼视力障碍。从评定伤残等级角度考虑,钱××除颅脑损伤、视网膜脱离导致的左眼视力障碍外,未出现其他躯体症状和体征。因此,只有视力障碍与评残存在关系。

四、对鉴定意见的分析

钱××为理赔需要，进行了两次法医临床司法鉴定，两次鉴定意见基本一致。从两次鉴定意见及出具鉴定意见的理由看，由于钱××车祸后，遗留左眼视力为光感，按照标准规定，评定为八级伤残，这是没有错的。问题是：出具评残意见的理由值得探讨。颅脑损伤，导致视觉通路受阻，出现视觉障碍。这从眼科解剖学角度来解释能说得通。如果从左眼渗出性视网膜脱离，导致视力障碍的角度来考虑，也能勉强说得通。但是，渗出性视网膜脱离多是视网膜炎、脉络膜炎的结果，与外伤无直接的因果关系。因此，在出具鉴定意见书时，以渗出性视网膜脱离导致视力障碍为由，就有问题了。如果以视通路受阻为导致视力障碍的理由，勉强能说得过去。因为这一理由与车祸伤存在直接的因果关系。所以，首次鉴定意见的理由是存在瑕疵的。重新鉴定的鉴定意见的理由，勉强可以通过。

五、脑损伤同时有视觉障碍的评残策略

颅脑损伤与视力障碍同时存在的评残策略，首先要明确视力障碍的性质；其次要分析导致视力障碍的解剖关系。本案中，钱××出现左眼不适，是在车祸后两三天出现。如果是车祸伤所致，其左眼不适应在伤后立即出现；只有视神经损伤不完全的情况下，才有可能适当缓慢出现症状。钱××左眼不适，经眼科会诊，其意见是渗出性视网膜脱离。那么渗出性视网膜脱离是什么性质的疾病呢？据有关专家意见，渗出性视网膜脱离是视网膜脱离的一种类型，它是一种发生在眼睛内部非常严重的视神经炎症。对它的诊断，可从如下几个方面去考虑。

(1)一般为双眼同时发病，且双侧对称。

(2)没有视网膜裂孔的存在。

(3)视网膜下方液体较混浊，可随体位改变而移动，这是它的特征性表现。

(4)眼底变化是以原发病为主，附加视网膜脱离为表现，脱离多位于下方，呈球形隆起，以涡状静脉(也称脉络膜静脉，是葡萄膜血液输出的主要通路)为分隔分成半球状光滑的隆起，发展比较缓慢。

(5)无典型的裂孔性视网膜脱离前驱症状(如闪光感、飞蚊症、突然出现暗影等)。一般以脉络膜炎和视网膜炎为主，如玻璃体混浊加重和视力下降等。

(6)一般伴有全身性疾病(如妊娠高血压综合征)，眼部的严重葡萄膜炎包括特发性葡萄膜炎、交感性眼炎、严重的视网膜色素上皮病变(特重型中心性浆液性视网膜脉络病变)、脉络膜渗出漏症等。

对照上述6个特点分析，钱××的渗出性视网膜脱离是不典型的，或者诊断是存在问题的。作为渗出性视网膜脱离来说，它的本质特征就是一种视神经炎症，与外伤作用无因果关系。车祸是否能导致渗出性视网膜脱离？从目前医学界动态来看，没有这方面的报告。本案中的钱××，刚好是在车祸伤后，而且是颅脑损伤的情况下，医院将其左眼不适诊断为渗出性视网膜脱离，因此人们自然会把它与车祸联系在一起。根据现代科学技术的检测，钱××的左眼视通路确实存在异常。从损伤部位到视通路的解剖分析，因钱××车祸致颅脑多发伤，不能排除视神经通路损伤导致的受阻，更明显的是渗出性视网膜脱离所导致的视通路受阻。

按常理，眼、眼眶及颅脑损伤均可造成视力障碍。据病历记载，本案中的钱××眼、眼眶等部位，在此次车祸中没有损伤。钱××在此次车祸中，主要伤的是颅脑。其颅脑损伤后，有可能导致视通路受损。如脑挫伤、脑血肿、颅高压，均可影响视通路、视神经纤维、视中枢而引起视力障碍。由于钱××在此次车祸中右颞顶部硬脑膜外血肿，左额叶脑挫伤，小脑蚓部损伤，因而导致左眼视通路损伤，从理论上是能够解释得通的。

第三节　颅脑损伤致智力、语言障碍的伤残评定

一、案情简介

黄××，男，49岁，××市××镇人。黄××于2014年8月29日中午11时45分许，因车祸受伤。伤后先到当地县第一医院诊治：体温36.9 ℃，呼吸20次/分，心率64次/分，血压135/81 mmHg。神志昏迷，双侧瞳孔等大、等圆，直径约0.25 cm，对光反射均灵敏，双侧外耳道活动性流血。胸部压痛限检，全腹平软，压痛、反跳痛限检。右肘皮肤挫裂伤，长约4.0 cm。右大腿畸形，活动限检，其余肢体偶有躁动。经辅助检查后，予以止血、消炎等对症治疗。诊断：脑挫伤，外伤性蛛网膜下腔出血；右额颞顶枕部硬脑脑膜下血肿，左额部硬脑膜下小血肿；右额骨和双侧顶枕骨多发骨折，中颅底骨折；右肺挫伤，右气胸；左肩胛骨粉碎性骨折，右股骨上段粉碎性骨折；头皮血肿，右肘裂伤。住院1 d后转院，转院时伤情同前。

同年8月29日，××市医疗中心的出院记录记载：患者神志昏迷，刺痛不睁眼。对答、查体不合作。双侧瞳孔直径2.0 mm，左侧对光反射灵敏，右侧对光反射迟钝。双肺呼吸音粗，双侧外耳道可见血痂。双侧鼻唇沟对称。

颈有抵抗，腹软。肢体刺痛有回缩，肌力检查不合作，肌张力无明显增减。双侧 Babinski 征(-)。GCS 评分 6 分。右肘约 4.0 cm 皮肤裂伤，已清创。右大腿畸形，已牵引固定。入院后，于 2014 年 9 月 17 日进行了右股骨粗隆粉碎性骨折切开复位内固定术(AO 公司 PFN 内固定)；于 2014 年 9 月 29—30 日进行了右颞顶开颅、血肿清除术；于 2014 年 9 月 29 日进行了右腓骨下段、右内踝骨折切开复位钢板螺钉内固定术(AO 公司重建钢板、空心钉)。住院 39 d 后出院。

同年 10 月 6 日，头、胸部经 CT 检查结果显示：右额顶枕部硬脑膜下血肿术后改变。与 2014 年 9 月 22 日 CT 片对比，结果相仿：两侧额顶叶脑挫伤较前片密度减低，两侧顶枕骨骨折，双侧筛窦、蝶窦及左侧额窦炎症；双下肺少许痰症，双侧胸腔少量积液；左肩胛骨骨折，右下肢多发骨折内固定术后。10 月7 日，黄××入住××市康复医院。查体：血压 110/70 mmHg；头颅右颞部颅骨缺损，骨窗压力可；颈软；双肺呼吸音粗，未闻及杂音；心腹未见明显异常。专科：睁眼昏迷；能发声，未对答；认知、听力、视力、感觉、肌力检查不配合；鼻饲进食；肌张力无明显增减，刺痛能躲避；GCS 评分 6 分，Barthel 指数评分 0 分；日常生活完全依赖。康复治疗 115 d，于 2015 年 1 月 30 日出院。出院时专科情况：意识模糊；可言语，偶有言语对答功能；认知、听力、视力、感觉、肌力检查不配合；经口进食，未发生呛咳；肌张力无明显增减；日常生活完全依赖。出院诊断：双侧额顶叶脑挫裂伤，右额颞顶枕硬脑膜下血肿，创伤性蛛网膜下腔出血；颅底骨折、两侧顶枕骨骨折；右肺挫伤伴感染；左肩胛骨、右股骨、右胫腓骨、右内踝等骨折；脑器质性精神障碍，继发癫痫等；二便失控。

二、伤情分析

(一)原发性损伤

据黄××伤后的临床症状和体征以及辅助检查结果显示，其原发性损伤为：脑挫裂伤，外伤性蛛网膜下腔出血，右额颞顶枕部硬脑膜下血肿，左额颞部硬脑膜下小血肿，右额骨、双侧顶枕骨多发骨折，中颅底骨折，右肺挫伤，右气胸，左肩胛骨、右股骨上段粉碎性等骨折，头皮血肿，右肘裂伤。

(二)并发症与后遗症

黄××车祸受伤后，经治疗和康复，大多数创伤已痊愈。但是，留下了许多并发症与后遗症，如智力障碍、言语障碍、大小便失控、颅骨缺损、癫痫、两下肢肌力下降等。

三、对第一次鉴定意见的分析

2015 年 5 月 28 日，黄××委托法医临床司法鉴定机构进行了伤残等级评定。评定意见为：黄××因交通事故致严重颅脑损伤，经多次手术治疗，目前遗留双下肢肌力下降（双下肢肌力 2 级），伴大小便无法控制，言语障碍，评定其伤残等级为二级；经开颅手术治疗（开颅范围为 8.0 cm×11.0 cm），评定其伤残等级为十级。

在该鉴定意见书的分析说明部分，阐述了双下肢肌力下降的理由（病理基础），即是额叶脑挫伤所致。此理由是否成立值得探讨。据《人体解剖图谱》介绍的中枢神经解剖，运动神经位于中央前回与中央后回，而额叶多为情感中枢。额叶至额极损伤，多出现智力和精细运动障碍，精神症状是最常见和最主要的临床表现。黄××后遗的精神障碍，就是额叶脑挫伤所致。因此，单纯的额部损伤通常不会导致瘫痪，但会出现精细运动障碍。所以说，以额叶脑挫伤的病理基础来解释双下肢肌力 2 级的问题，有点难理解。

把颅脑损伤导致的肌力下降、大小便无法控制、言语障碍归纳在一起，评定一个伤残等级的做法是否妥当、是否符合标准规定的要求值得商榷。《道路交通事故受伤人员伤残评定》（下称《道路交通事故伤残等级鉴定标准》）第 4.2.1.h 条规定，完全性失语可以评定为二级伤残。完全性失语是一种比较严重的语言功能障碍。据条文规定，语言障碍达到规定的要求，是可以单独评定伤残等级的。

《道路交通事故伤残等级鉴定标准》第 4.3.1.q 条规定，大便和小便失禁，难以恢复的，可以评为三级伤残。黄××在车祸致伤中，大便和小便失禁，经过一段时间的治疗，仍不能恢复正常。按上述条文规定，也是应当单独评定伤残等级的。

综上分析，首次司法鉴定人在对车祸导致黄××严重颅脑损伤，遗留肌力下降，并发大小便失控、语言障碍等的结果进行评定时，将其捏拢在一起，笼统地评定伤残等级，不进行逐一细分。这种评定方法是不符合《道路交通事故伤残等级鉴定标准》有关条文规定的。

在法医临床司法鉴定实践中，失语与肌力下降同时存在时，有可能不能明确地判断肌力下降的等级。在检查肌力下降时，必须得到被鉴定人的配合。也就是说，确定肌力下降的等级，带有一定的主观性。关于失语，它分运动性失语和感音性失语。运动性失语的特点是，能听懂别人的讲话，自己发不出声音。感觉性失语的特点是，别人讲话他听不懂，能自己说想说的。在颅脑损伤的被鉴定人中，同时并发失语和肌力下降，且刚好又是感觉性失语时，因为他听不懂检查者的讲话，就无法配合检查者的意图，检查者也就不能正确地判断被检查者的肌力下降的等级不当，感觉性失语时，自发言语流畅，语量多。

在本案中，黄××颅脑损伤后，后遗症同时有肌力下降和语言障碍，且对语言障碍的性质未做分析。在鉴定意见中，明确判断黄××因颅脑损伤导致双下肢肌力下降，肌力为 2 级。据上面肌力检查要求分析，这一意见使人难以信服。再分析鉴定人在评定黄××伤残等级时，标准条款的适用问题。从首次鉴定人给出的鉴定意见中，黄××颅脑损伤后，后遗肌力下降为 2 级（截瘫）伴大小便无法控制（应理解为失禁），此种损伤后果，依照《道路交通事故伤残等级鉴定标准》第 4.1.1.d 条规定，应当评定为一级伤残。但是，在黄××的司法鉴定意见书中，却明确标明为二级伤残。这一意见，使业内人士很难理解。

四、颅脑损伤导致的肌力下降、语言障碍和大小便失控的评残策略

颅脑损伤的后遗症、并发症是很复杂的，作为法医临床司法鉴定人，在鉴定此类案件时，应注意下列问题。

（1）弄清楚颅脑损伤的部位和病理基础。

（2）分析并发症和后遗症。

（3）正确使用标准条文。

本案被鉴定人黄××在车祸后，医院诊断其：脑挫裂伤，外伤性蛛网膜下腔出血，右额颞顶枕部硬脑膜下血肿，左额颞部硬脑膜下小血肿，右额骨、双侧顶枕骨多发骨折，中颅底骨折等颅脑损伤。据上述诊断推测，从解剖结构上看，黄××的脑组织大部分都被累及。因此，临床上出现肌力下降、语言障碍、大小便失控等现象，是可以解释的。同时，肌力下降、语言障碍、大小便失控等又是颅脑损伤的后遗症。因为黄××是车祸伤，他的评残适用标准必然是《道路交通事故伤残等级鉴定标准》。由于《道路交通事故伤残等级鉴定标准》关于颅脑损伤后遗的肌力下降、语言功能障碍、大小便失控等的条文规定有多条。但是，这些规定的条文含义都有各自的侧重点。因此，鉴定人在使用这些条文时，应当充分理解条文的含义，才能正确使用这些条文。

第四节　颅脑损伤并发癫痫的伤残评定

一、案情简介

秦××，男，1978 年 12 月 28 日出生。1998 年 10 月 12 日因车祸受伤，之后在××医院治疗。据××医院病历记载：头部外伤，神志不清伴出血 2 h。查体（专科）：深度昏迷，呼吸尚平，规则，头部无明显畸形，左枕顶部可扪及 1 个血肿，后枕部、左下睑、左下颌可见 2.0 cm，2.0 cm、1.0 cm 创口各一，已清创缝合。左眼眶青紫，呈熊猫眼症，左瞳孔直径 2.0 mm，右瞳孔直径 4.0 mm，对光反射迟钝，眼球固定，无震颤，角膜反射消失。两侧鼻唇沟对称，口角无歪斜；余脑神经检查不配合；右耳道内暗红色血迹，可见无活动性流血、流液；鼻通气畅，两鼻腔内可见血性液附着。四肢肌力检查不配合；肌张力正常。腹壁反射消失，腱反射消失，病理征未引出。头颅 CT 检查显示：右侧额颞急性硬脑膜下血肿，中线偏移明显，广泛脑挫伤，颅底骨折。行右额、颞叶脑内血肿清除术，术后抗炎、补液等对症治疗。同月 23 日出院，出院时诊断：右侧额颞急性硬脑膜下血肿；右额、颞叶脑挫伤伴脑内血肿；外伤性蛛网膜下腔出血；颅底骨折；左枕部急性硬脑膜外血肿。

1998 年 11 月 23 日，秦××被家人送至××大学附属医院住院近 1 个月，出院时诊断：右额颅骨减压术后。1999 年 3 月 4 日，××医院脑电图检查提示：中度异常（右半球慢波偏胜）。1999 年 12 月 23 日，上海××大学附属医院 99-548352 号门诊病历记载：颅脑损伤，脑挫裂伤，外伤性癫痫。目前使用苯妥英钠、丙戊酸钠等药。家属配药时代诉：1 个月抽搐 2 次。2000 年 1 月 15 日、2 月 19 日、7 月 29 日、10 月 7 日及 2001 年 3 月 24 日，因癫痫发作，每月抽搐 2 次，多次在该院门诊配苯妥英钠、丙戊酸钠等抗癫痫药物。2001 年 12 月 31 日，××医院门诊现病史记录：颅脑损伤术后出现癫痫，平均每月 1 次，每次约 10 min 后自行缓解。发作时神志不清、四肢抽搐。服用丙戊酸钠和卡马西平（得理多）药物，仍一直发作。检查：神志清，反应淡漠，右颞向内凹陷，颅骨缺损，左侧肢体肌力 2 级，右侧肢体肌力 5 级，嘴角向左歪斜。诊断为外伤性癫痫。2003 年 12 月 18 日门诊记录：在 1998 年遇车祸，当时颅脑严重损伤，经治疗 3 个月后，癫痫大发作。服用丙戊酸钠等药物，癫痫不能控制。

二、首次司法鉴定意见

2008年10月14日，受××市法律援助中心委托，××市第二医院司法鉴定所对秦××进行了法医精神病鉴定。

（一）法医精神病活体检验

1. 体格检查　左上肢肌力2级，肌张力增高，右上肢震颤，两下肢功能障碍，双眼视力差，右颞颅骨缺损。

2. 辅助检查　脑电图检查显示异常范围脑电图（过度换气时各导低幅慢波增多，右侧偏胜）。韦氏成人智力测验：言语智商45，操作智商34，总智商36。

3. 精神检查　意识清，由家人背入室，坐在椅子上突然摔倒在地；接触合作差，口齿不清，反应迟钝；智力水平低下，理解能力差，抽象思维不能，计算不能，常识差，词汇贫乏；记忆障碍明显，不能回忆自己受伤治疗情况及以前从事的工作；情感平淡，意志减退，行为孤独。

（二）鉴定意见

据上述情况，鉴定人认为，秦××有明确的车祸伤病史，目前存在“智力障碍”及“抽搐发作”现象，且系颅脑损伤后所致，两者之间存在直接因果关系。据《中国精神障碍分类与诊断标准》（第三版）有关规定，秦××目前的智力障碍程度为“中度偏重智力障碍”；同时抽搐发作也符合“外伤性癫痫（重度）”的诊断。另据《道路交通事故伤残等级鉴定标准》有关规定，给出的鉴定意见如下。

（1）外伤性癫痫（重度），三级伤残。

（2）颅脑损伤后中度偏重智力障碍，四级伤残。

三、重新司法鉴定的委托和鉴定意见

2011年8月1日，秦××以第一次司法鉴定意见书为依据，向××市中级人民法院提起交通事故损害赔偿纠纷诉讼。该院受理后，经合议庭讨论决定，以××法鉴医委2号委托书的形式，委托××市××司法鉴定机构，对秦××是否存在癫痫等疾病，以及这些疾病与未进行颅骨修补是否存在因果关系，进行司法鉴定。

××法医临床司法鉴定机构于2011年8月25日受××市中级人民法院委托后，于2011年9月9日出具了司法鉴定意见书。具体的鉴定意见如下。

秦××的外伤性癫痫，是车祸的直接并发症，与颅骨未进行修补无因果关系。秦××严重外伤性癫痫的伤残等级为三级伤残。

出具鉴定意见的理由：重新鉴定的法医临床司法鉴定人认为，秦××车祸后，多家医院均诊断有“右侧额颞急性硬脑膜下血肿，右额、颞叶脑挫伤伴脑内血肿，蛛网膜下腔出血，颅底骨折，左枕部急性硬脑膜外血肿”等较严重的颅脑损伤的症状和体征。伤后3个月即出现四肢抽搐，发作时神志不清。脑电图检查提示：中度异常。之后，多次出现癫痫大发作，而且用多种抗癫痫药物不能控制。多家医院诊断秦××有外伤性癫痫。基于上述理由，对秦××的外伤性癫痫之诊断予以认定。关于癫痫发作与未进行颅骨缺损修补之间的关系，从鉴定书中可以看出，重新鉴定的鉴定人直接予以否定，未给出理由。

四、伤情分析

秦××于1998年10月12日遭遇车祸，外伤史明确；伤后当即深度昏迷，左枕顶、后枕部、左下睑、左下颌等处都查及创口；右瞳孔散大至4.0 mm，对光反射迟钝，眼球固定，角膜反射消失。这说明颅内脑组织有挫裂伤和血肿形成。左眼眶青紫，呈熊猫眼，这是颅底骨折的证明。头颅CT检查显示：右侧额颞急性硬脑膜下血肿，中线偏移明显，广泛脑挫裂伤，颅底骨折。手术治疗证实：右侧额急性硬脑膜下血肿，右额颞叶脑挫裂伤伴脑内血肿，外伤性蛛网膜下腔出血，颅底骨折，左枕部急性硬脑膜外血肿。

1999年3月4日，秦××的××医院脑电图检查提示：中度异常（右半球慢波偏胜）。1999年12月25日，其家属在上海华山医院门诊时诉“1个月抽2次”，医院诊断“外伤性癫痫”，给药“苯妥英钠、丙戊酸钠”。据门诊病历记载，秦××至2001年12月31日一直存在癫痫大发作，平均每月1次，每次发作约10 min后自行缓解，发作时四肢抽搐，神志不清，服用抗癫痫药物不能控制。

从外伤史，颅脑（右半球）挫裂伤伴右额、颞叶脑内血肿、蛛网膜下腔出血等损伤情况，以及伤后出现四肢抽搐，神志不清，1个月发作1～2次，持续几年时间，服抗癫痫药物不能完全控制等现象分析，颅脑损伤并发外伤性癫痫的诊断应当成立。外伤性癫痫实质上是指除癫痫以外由诸多因素引起的类似于癫痫的抽搐性发作（癫痫样发作）。在此应明确的是癫痫多称为原发性癫痫；癫痫样发作多属于症状性癫痫。外伤性癫痫属于症状性癫痫的范畴。外伤性癫痫的发作机制是：颅脑外伤后，某部位神经元突然过度、重复、异常放电引起的短暂性脑功能障碍。关于外伤性癫痫的概念，不同的学者有不同的表述，如有的学者表述为“颅脑损伤后癫痫”。笔者采纳的是《道路交通事故伤残等级鉴定标准》宣传材料中关于因外伤所导致突发性抽搐、昏迷、口吐白沫等所提出的概念。

（一）关于外伤性癫痫的临床表现

总的给人印象是较复杂的。多位专家对外伤性癫痫临床表现的描述基本相同。

1. 癫痫大发作（grand mal） 以意识丧失和全身抽搐为特征。具体表现为：意识突然丧失，跌倒，头后仰，全身抽搐，呼吸暂停，面色青紫、发绀，口吐白沫。整个过程约持续数分钟，前后进入昏睡，昏睡时间十几分钟或数小时不等。有的病人昏迷后可出现意识朦胧、兴奋、躁动、暴怒、惊恐等现象。病人对发作过程不能回忆，并伴有头痛、肌肉酸痛、疲乏等症。

2. 癫痫小发作（petit mal） 以意识丧失为特征。具体表现：意识短暂丧失，历时数秒钟，不超过1 min。这时言语突然中断，双目凝视，面色苍白。发作过程不能回忆。有些人在发作时可伴有面部和肢体的轻微抽搐。

3. 癫痫局限性发作（epileptic focal seizure） 以局部发作为特征。发作时出现局部抽动，常见的是口角、拇指、足等处。也可表现为感觉异常，如针刺、麻木、触电等。持续数秒至数十秒钟。不扩展至大发作，多无意识障碍。

4. 精神运动性发作（psychomotor seizure） 精神运动性发作的临床表现多种多样，常见的有癫痫性朦胧状态、精神性发作及癫痫性自动症，尤以癫痫性朦胧状态最为常见。癫痫性朦胧状态（epileptic twilight state）发作时意识不清，对人、物、环境不能感知。常伴有生动幻觉、幻视，并可产生片段幻想，言语零乱，表情紧张、恐惧、敌视，行为紊乱，缺乏目的性，有伤人、毁物等暴力行为。发作过程历时数小时至数日。发作后全遗忘，或残留片段记忆。应注意癫痫性朦胧状态有时可出现在癫痫大发作的前后，并非单独出现。

（二）关于诊断要点

1.《道路交通事故伤残等级鉴定标准》宣传材料上的观点

（1）临床表现。

（2）要有明确颅脑外伤史和不同程度的意识障碍病史。

（3）伤后神经系统检查、脑 CT 或磁共振成像（MRI）检查有肯定的脑器质性损害征象。

2.《工伤与职业病致残等级鉴定指南》（下称《工伤指南》）中有关外伤性癫痫的诊断要点

（1）全面系统地收集有关资料，详细了解案情、受伤史、治疗过程、既往史和各项检查结果以及诊疗记录、活体检验记录等。

（2）对收集的资料，要保证可靠性、准确性，力争排除伪造，识别诈伤、诈病。有条件时可住院观察，以便亲眼看到癫痫发作。

（3）注意与癔症等疾病相鉴别。上述观点都有参考价值。

3. 外伤性癫痫的类型

(1)即刻发作型癫痫是指伤后24 h内发生癫痫，约占3%。发病原因可能与颅内出血、凹陷骨片刺激或休克引起机体内生化改变有关。

(2)早期发作型癫痫发作于颅脑伤后3个月以内。多由创伤愈合或继发性脑组织反应所致。

(3)晚期发作型癫痫出现于颅脑损伤后3个月以上至数年。此类癫痫多由脑创伤愈合后形成瘢痕、脑萎缩或颅内并发症(如血肿、脑脓肿)所致。

笔者认为分3个型比较好，鉴定时便于操作。本案例的秦××是在颅脑损伤后3个月开始出现发作性抽搐，应当属于晚期发作型。

五、对鉴定意见的分析

综观首次司法鉴定意见书和重新鉴定的司法鉴定意见书，它们摘录的病历资料、活体检验结果、分析说明和最后出具的鉴定意见基本相同。两个鉴定机构的鉴定人，根据病历资料记载和活体检验所见，均认定秦××颅脑损伤后并发了外伤性癫痫。笔者认为，从外伤史、病历资料记载、辅助检查结果等推测、诊断秦××颅脑损伤后并发了外伤性癫痫，这肯定没有错。但是从证据学角度来说，要认定秦××颅脑损伤后并发了外伤性癫痫是存在瑕疵的，理由如下。

(1)综观秦××所有的门诊、住院病历记载，秦××的癫痫样发作，经治医师都没有亲眼看见。因为病历中记载，秦××癫痫样抽搐是由家属告知的，且没有记载医师亲眼看见秦××抽搐、昏迷的状态。

(2)秦××癫痫样抽搐多长时间发作1次的问题。病历中记载每个月发作1～2次，这一情况也是由家属告知医师的，病历中没有记载医师看到秦××癫痫样发作的频率。

根据上述情况，从证据学角度看，可以得出结论：证明秦××存在外伤性癫痫的证据，只是一种传来证据，不是直接证据，其证明力是存在瑕疵的。这对鉴定时认可颅脑外伤后并发癫痫及评定伤残等级，都存在不可逾越的障碍。

(3)重新鉴定的鉴定人在对秦××进行鉴定时，未做脑电图检查。因为脑电图的检查，可以描绘出癫痫病人的皮质神经元不断发放的异常电位，从而在脑电描记中常能记录到不同背景、不同活动电位的波或复合波。如棘波、尖波、棘(尖)-慢复合波，常以暴发形式出现，称癫痫样发放。这种记录到的波为癫痫的客观证据。因此，脑电图检查在诊断外伤性癫痫中有重要的意义。重新鉴定的鉴定人，在鉴定中未对秦××进行脑电图检查，这对鉴定意见书的正确性存在一定的影响。

六、外伤性癫痫的评残策略

(1)确定颅脑外伤和意识障碍程度。

(2)了解临床表现。

(3)脑电图检查。

(4)观察服药效果情况。

有条件时,让被鉴定人住院观察,鉴定人亲眼看到被鉴定人癫痫样发作。观察发作类型、临床表现、发作持续时间、多长时间发作1次、服药控制情况等。这是评定伤残等级所必需的。

第五节　外伤性癫痫的伤残评定

一、案情简介

季××,男,1946年10月22日出生。季××受雇于人,2010年10月21日,在干活时,从高处坠落,当即意识不清,约30 min后住院。查体:中度昏迷状态,躁动,问话不能回答,GCS评分7～8分。右颞部肿胀,枕部见约1.0 cm创口,边缘不整,深达皮下。双侧瞳孔约3.0 mm,对光反射存在。鼻及外耳道无异常分泌物。颈软,胸廓对称。背部略肿,可见擦痕,挤压无骨擦感。腹平软,肝、脾、肋下未及。左小腿可见一擦痕,余肢外观无异常。双侧肱二、三头肌腱反射,膝、跟腱反射略亢进,双侧Babinski征(-)。头颅CT检查:右侧额顶硬脑膜下血肿;右额颞顶脑挫伤;蛛网膜下腔出血。2010年10月22日,在全身麻醉下行"右额颞顶部去骨瓣减压、硬脑膜下血肿清除术"。在查房中发现,右顶枕部迟发性硬膜外血肿。2010年10月25日,在全身麻醉下行"右顶枕部去骨瓣减压、硬脑膜外血肿清除术",术后予以抗感染、抗休克、止血、促醒、护脑、营养神经、维持内环境稳定、支持等治疗。2011年1月29日出院,出院诊断:右额颞顶脑挫裂伤,外伤性蛛网膜下腔出血,右顶枕硬脑膜外血肿,右额颞顶硬脑膜下血肿等。

2011年3月10日—4月11日,季××颅脑外伤术后近5个月,要求行颅骨修补术而住院。2011年3月17日,在全身麻醉下行"颅骨修补术"。术后予以预防感染及抑酸、止血、护脑等治疗。出院诊断:颅脑外伤术后颅骨缺损。

据季××的××市通用门诊病历记载,2011年5月29日,季××全身抽搐半小时,伴两眼发白,口吐泡沫;半小时后自行醒来,抽搐停止,无法回忆当时情景，伴恶心、呕吐，吐出胃内容物。初步诊断：外伤性癫痫。

2011年6月10日，季××做脑电图检查：轻-中度广泛非对称性慢波异常改变脑电图，伴少量痫性活动。

2011年7月11日，季××突发意识丧失，全身抽搐1次，持续时间50 min，给予丙戊酸钠缓释片。

二、法医临床司法鉴定

为了赔偿需要，季××于2011年7月25日启动了法医临床司法鉴定。

（一）法医临床检验

被鉴定人季××步行入室，对答欠切题，反应迟钝。双侧瞳孔等大、等圆，对光反射可。头顶部可见一长20.0 cm的手术瘢痕，其下方颅骨已修补。胸廓无特殊，呼吸可。腹平软。四肢肌力，肌张力尚可，行动缓慢。

（二）阅片所见

2010年10月22日，季××的××医院CT片示：右额颞顶硬脑膜下血肿，右顶枕硬脑膜外血肿，右额颞顶脑挫裂伤，蛛网膜下腔出血。2010年10月23日，季××的××医院CT片示：右侧颅内血肿术后改变，右枕部硬脑膜下血肿，脑挫裂伤。

（三）鉴定意见

根据《人体损伤残疾程序鉴定标准（试行）》（以下简称《人体损伤程度鉴定标准》），评定季××因外伤致颅脑多处损伤，行手术治疗后，目前处于中度外伤性癫痫状态的伤残等级为六级伤残。

（四）出具上述鉴定意见的理由

1. 外伤史明确　2010年10月21日，季××在为他人干活时，从高处坠落受伤，被告方对此无异议。

2. 伤后出现临床症状和体征　季××伤后约30 min，被他人送到医院诊治。查及其处于昏迷状态，躁动，问话不能回答。右颞部肿胀，枕部有1.0 cm创口；背部略肿胀，有擦痕；左小腿有擦痕。

3. 辅助科室查及异常信号　季××颅脑CT检查显示：右侧额颞顶硬脑膜下血肿，右侧额顶脑挫伤，蛛网膜下腔出血。

4. 癫痫样发作　2011年3月17日，在全身麻醉下行颅骨缺损修补术。2个月后的2011年5月29日，季××出现全身性抽搐，伴两眼反白，口吐泡沫，半小时后自行醒来，抽搐停止。事后无法回忆当时的情景，且出现恶心、呕吐，吐出胃内容物。2011年6月10日，也即第一次发作后，脑电图显示：轻-中度广泛非对称性慢波异常改变脑电图，伴少量痫性活动。2011年7月

11日,季××又突发意识丧失,全身抽搐,持续时间约50 min。

三、伤情分析

2010年10月21日,季××在为他人干活时,从高处坠落受伤。被告方对这一情况无异议。这说明,季××的外伤史明确。季××受伤后,当即住院诊治。医院在对其体检时,查及其处于中度昏迷状态,躁动,GCS评分7~8分。右颞肿胀,枕部见约1.0 cm创口,边缘不整,深达皮下。双侧瞳孔约3.0 mm,对光反射存在。背部略肿,可见擦痕。左小腿有一擦痕。根据上述检查结果,发现除头部、背部和左小腿有外伤痕迹外,其余部位都是阴性体征。说明季××从高处坠落后,当时伤及的主要是头部、背部及左小腿。头颅CT检查显示:右侧额顶硬脑膜下血肿及脑挫裂伤;右顶枕硬脑膜外血肿;蛛网膜下腔出血;背部和左小腿只是软组织损伤,无明显骨折征象。将中度昏迷,头部、背部及小的外伤痕迹,CT检查显示等联系起来分析,发现它们是连贯的,能互相印证的,符合坠落伤的损伤规律。在后来的几次影像学检查中,均显示颅脑损伤的同时,还存在双侧肩胛骨骨折、第12胸椎骨折、左第10肋骨骨折等损伤。

2011年5月29日,季××的门诊病历记载,患者全身抽搐,伴两眼发白,口吐泡沫,发作约半小时后停止,自行醒来。事后无法回忆发作时情景,醒后出现恶心、呕吐,吐出胃内容物。据此,初步诊断为外伤性癫痫。

2011年6月10日,季××做了脑电图检查,其波型:轻-中度广泛非对称性慢波异常改变脑电图,伴少量痫性活动。

2011年7月11日,季××又突发意识丧失,全身抽搐,持续时间约50 min。到医院就诊时,神清语利,GCS评分11分。双侧瞳孔等大、等圆,对光反射灵敏。心肺(-),腹无压痛,四肢活动功能可。门诊仍以外伤性癫痫予以处理。

综上所述,从现有的病历资料记载看,季××在外伤后7个月,突发全身抽搐,口吐白沫,发作时间约半小时,醒后无法回忆发作时情景,并出现恶心、呕吐等痫样表现。时隔1个月后,又再次发作。医师给予抗癫痫药服用,之后无再次痫样发作。在第一次痫样发作后,曾做过脑电图检查,有轻-中度广泛非对称性慢波异常改变脑电图,伴少量痫性活动。这说明,季××的全身抽搐、口吐泡沫、翻白眼等,是癫痫样发作。

四、对鉴定意见的分析

季××头部伤后约7个月,曾发作过两次类似于癫痫样抽搐:意识不清、口吐白沫、眼睛反白等。临床医师初步诊断为“癫痫”。据此,法医临床司法鉴定人就出具了“季××因外伤致颅脑多处损伤，行手术治疗，目前处于中度外伤性癫痫状态的伤残等级为八级伤残”的鉴定意见。笔者认为，鉴定人给出鉴定意见的检查程序不够完善，相关规定如下。

1. 外伤性癫痫诊断依据

（1）确证的头部外伤史应当具有临床医师或者其他目击者提供的癫痫发作症状材料证明。

（2）脑电图检查（包括常规清醒脑电图检查、睡眠脑电图检查或者较长时间连续同步录像脑电图检查）结果显示典型的癫痫异常脑电图特征。

（3）脑组织的影像学检查，如 MRI 或 CT 检查显示脑组织具有损伤所致结构性病变。

根据上述规定要求，对照季××的损伤情况和鉴定时的检查措施来分析：①关于确证头部外伤史的问题。季××在此次损伤中，头部确有外伤史，这一点可以确证。②关于脑电图检查问题。季××伤后，只做过 1 次脑电图检查，虽然查出脑电图有异常和痫性活动，但是按照上述检查要求，是不符合的。③关于脑组织结构性病变问题。季××头部外伤后，经过 CT 检查，显示有颅内血肿和脑组织挫裂伤，这应该是脑组织结构性病变。因此，就本案来说，诊断外伤性癫痫，在检查措施方面的证明材料是不足的。

2. 癫痫的分级规定

（1）轻度：需系统服药治疗方能控制的。

（2）中度：经系统服药治疗一段时间，全身性强直（大发作）平均 6 个月 1 次以上，局限或精神性发作平均每 2 个月 1 次以上。

（3）重度：经系统服药治疗一段时间，全身性强直（大发作）平均每月 1 次以上，局限性或精神性发作平均每周 1 次以上。

根据以上的癫痫诊断、分级要求，结合法医临床司法鉴定机构出具的鉴定意见，笔者认为季××鉴定意见的分级是有问题的，分析理由如下。

3. 本例癫痫的诊断及分级

（1）季××的癫痫的诊断依据不足

1）季××的头部外伤史虽然明确，但其癫痫发作的材料证明，存在不确定性。在病历资料中，没有看到有人目击季××癫痫症状发作的记叙材料，可能只是家属的言辞。同时也没有临床医师目击情况的记载，也没有第三者目击的材料存在。因此，季××的癫痫样发作存在不确定性。

2）季××只做过 1 次脑电图检查，结果显示脑电图存在异常和少量痫性活动。这与《人体损伤程度鉴定标准》中有关规定要求的癫痫异常脑电图特征，有一定的差距。

3）季××头部外伤后，经过几次 CT 检查，显示脑组织具有损伤所致结构性改变,这一点是客观存在的。

(2)季××的癫痫的分级不严谨。《人体损伤程度鉴定标准》的B.3.5.2中就中度外伤性癫痫的要求是:经系统服药治疗一段时间,全身性强直(大发作)平均6个月1次以上,局限性或精神性发作平均每2个月1次以上。从病历资料中,看不出季××在系统服药。因此,系统服药这一说法,就难以确定。从病历资料中,只能看到季××全身抽搐、意识不清、口吐白沫,这样的发作有过2次。后来就没有这方面的记载。因此,不好判断发作的时间间隔。所以,鉴定人把季××的外伤性癫痫定为中度不严谨。

五、外伤性癫痫的评残策略

外伤性癫痫的评残策略应掌握以下原则。

(1)脑组织有无因外伤引起的组织结构的改变。

(2)是否经过正规的抗癫痫治疗。

(3)在正规的抗癫痫治疗的基础上,确认癫痫的发作类型、频率与程度。

(4)脑电图的正规检查。

《人体损伤残疾程度鉴定标准》附录B的B.3.5.1条、B.3.5.2条,只是诊断的依据与分级的依据。在癫痫的诊断依据中,要求确证的头部外伤史、脑电图检查、影像学检查。在癫痫分级上强调的是系统治疗,治疗时间多长没有说。但从其发作时间要求上推断,是1年以上。

在《人体损伤致残程度分级》(以下简称《分级》)中,对外伤性癫痫的诊断依据没有明确的规定,只是在《分级》适用指南中笼统地说了一下。关于外伤性癫痫的分度,就规范性药物治疗问题,在附录B.6中有明确规定:"正规治疗一年以上,能够控制发病,不治疗就会发病。"这实质上就是《人体损伤程度鉴定标准》附录B中所说的系统治疗。

综上所述,两个标准就外伤性癫痫的诊断、分度来说,要求是严格的,具体操作起来也很复杂,不是那么容易掌握的。

按照上述要求,对照本案的鉴定意见分析,从外伤史、临床症状和体征、脑电图检查要求,以及分度中的系统问题,用药的规范性、时间性以及是否能有效控制癫痫的发作、发作的时间间隔(发作频率)来看,鉴定人都未做明确的分析和判断。这样得出的鉴定意见,显然与外伤性癫痫的诊断依据与分度依据的要求是不相符的。

第六节 颅脑损伤致肌力下降的伤残评定

一、案情简介

黄××，男，1965年7月25日出生。2014年8月24日中午11时45分许，因车祸负伤。黄××伤后先到××县第一医院治疗，检查见：体温36 ℃，呼吸20次/分，心率64次/分，血压135/81 mmHg；神志昏迷，双侧瞳孔等大、等圆，直径约0.25 cm，对光反射灵敏；双侧外耳道活动性流血；胸部压痛限检；全腹平软，压痛、反跳痛限检；右肘皮肤挫裂伤，长约4.0 cm，伴出血；右大腿畸形，活动受限，余肢偶有躁动。经X射线、CT检查后，诊断为：脑挫伤，外伤性蛛网膜下腔出血，右侧额颞顶部硬脑膜下血肿，左额部硬脑膜下小血肿；右额骨、双侧顶枕骨多发骨折，中颅底骨折；右肺挫伤，右侧气胸；左侧肩胛骨粉碎性骨折，右股骨上段粉碎性骨折；头皮血肿，右肘裂伤。告：病重，预防感染，止血，对症支持治疗，观察。

2014年8月29日，黄××入住××市医疗中心医院，经检查后，前8项诊断与××县第一医院诊断相同。第9项开始，诊断为：右股骨粗隆粉碎性骨折，右胫腓骨、右内踝骨折，贫血，低蛋白血症。当时查及：神志昏迷，刺痛不能睁眼，对答以及查体不合作；双侧瞳孔直径0.2 cm，左侧对光反射灵敏，右侧对光反射迟钝；双肺呼吸音粗；双侧外耳道有血痂，鼻唇沟对称；颈有抵抗，腹软；肢体回缩，肌力检查不合作，肌张力无明显增减；双侧Babinski征(-)，GCS评分6分；右肘约4.0 cm皮肤裂伤已缝合包扎，右大腿畸形，可见牵引钉固定。头颅CT检查示：右侧额颞顶硬脑膜下血肿，双额顶脑挫伤，蛛网膜下腔出血，两侧顶枕骨骨折，颅脑少量积气，两侧额颞顶头皮血肿，左肩胛骨上缘骨折，右侧胸腔少量积液。动态复查头颅CT检查显示双侧额顶叶脑挫裂伤及水肿逐渐好转，病情稳定后，在2014年9月17日，行右股骨粗隆粉碎性骨折切开复位内固定术：股骨近端髓内钉内固定术和动力髋螺钉内固定两种治疗方法。患者营养状况及贫血较前好转后，于2014年9月29日行右腓骨下段、右内踝骨折切开复位钢板螺钉内固定术。2014年9月29—30日在急症全身麻醉下行右额颞顶开颅、血肿清除、去骨瓣减压术。术后进行止血、护脑促醒、抑酸护胃、抗炎、消肿、脱水降颅压和营养支持等对症治疗。术后一段时间，患者仍处于睁眼昏迷，刺痛肢体能躲避，能发声，咳嗽、咳痰少许，无对答，查体不合作。双侧瞳孔直径0.25 cm，对光反射灵敏。双肺呼吸音粗,鼻唇沟对称。肌力检查不合作,肌张力无明显增减。双侧 Babinski 征(-)。

2014 年 10 月 7 日,黄××入住××市康复医院进行康复治疗。查体:意识障碍,肢体功能障碍,言语障碍,精神障碍,吞咽障碍,二便失禁。专科检查:睁眼昏迷状,能发声,无对答,认知、听力、视力和肌力等检查不配合。鼻饲进食,肌张力无明显增减,刺痛肢体能躲避。进行对症康复治疗,住院 115 d。出院时情况:意识模糊,可发声,偶尔有对答功能。认知、听力、视力、感觉和肌力等检查不配合。经口进食,未发生咳呛。肌张力无明显增减。2015 年2 月 3 日进行右侧额、颞颅骨修补术。

二、首次司法鉴定意见

2015 年 5 月 28 日,黄××委托(女儿代委托)××司法鉴定机构,要求对其伤残等级等进行法医临床司法鉴定。

(一)××鉴定机构对黄××活体检验的摘录

神志清,坐轮椅入室,无法站立和行走,能说骂人言语(含糊不清),无法完成交流,查体欠合作。右额颞部见 23.0 cm 弧形瘢痕,局部头皮下颅骨缺损已修复。严重智力障碍。双上肢肌力 5 级。右髋部见长 21.0 cm 的手术瘢痕,右外踝区见长 2.0 cm 的手术瘢痕,右内踝区见长 7.0 cm 的手术瘢痕,另可见皮肤挫伤的不规则瘢痕。双下肢肌力 2 级,双下肢肌张力偏高。大小便无法控制,小便使用“保鲜袋”。

(二)鉴定书分析部分摘录

由于黄××颅脑损伤严重(多发脑挫裂伤),特别是双侧额叶挫裂伤,损伤大脑运动控制区,故目前遗留双下肢肌力下降。据目前检查其双下肢肌力为 2 级,伴双下肢肌张力增高。黄××脑挫裂伤后还遗留言语功能障碍(由于严重智力障碍,仅能讲含糊方言、骂人的话。故难以判定其言语障碍的性质及程度),伴大小便无法控制,日常生活无法自理,需要他人帮助和护理。黄××因车祸致颅脑外伤,经开颅手术治疗,开颅范围为 9.0 cm×11.0 cm。

(三)鉴定意见

黄××因车祸致严重颅脑外伤,经多次手术治疗,目前遗留双下肢肌力下降(双下肢肌力 2 级),伴大小便无法控制,言语功能障碍,评定其伤残等级为二级伤残;黄××因车祸致颅脑外伤,经开颅手术治疗(开颅范围为 9.0 cm ×11.0 cm),评定其伤残等级为十级伤残。

三、对司法鉴定意见的异议

2015 年 8 月 18 日,被告方向审理本案的法院提交了《重新鉴定申请书》，对鉴定意见有异议，要求对本案进行重新鉴定，理由如下(重新鉴定的鉴定意见，在本节不予叙述)。

(1)原告方单方面去鉴定的，鉴定时被告方不在场，这对被告方来说不公平、不公正。

(2)不排除原告方在车祸前就有疾病。基于上述理由，要求法院委托别的司法鉴定机构对原告方的伤残等级进行重新鉴定。

四、对鉴定意见的分析

(一)原告的损伤情况

××第一医院、××市医疗中心医院、××市康复医院等的检查和辅助检查结果显示，黄××车祸后损伤情况如下。①颅脑损伤：双侧额顶叶脑挫伤，右侧额顶枕硬脑膜下血肿，创伤性蛛网膜下腔出血，颅底骨折，两侧顶枕骨骨折。②肺部损伤：右肺挫伤，肺部感染。③肢体损伤：左肩胛骨、右股骨、右胫腓骨、右内踝等处骨折，右肘部皮肤裂伤等。

伤残鉴定检查及鉴定结果如下。

1. 阳性症状与体征　神志昏迷，刺痛不能睁眼，对答和查体不合作。双侧瞳孔直径0.2 cm，左侧对光反射灵敏，右侧对光反射迟钝。双肺呼吸音粗，双侧外耳道有血迹，鼻唇沟对称，颈有抵抗，腹软。肢体刺痛有回缩，肌力检查不合作，肌张力无明显增减。双侧 Babinski 征(-)。GCS 评分 6 分。右大腿畸形，牵引钉固定在位。

2. 法医学活体检验　被鉴定人神志清，坐轮椅入室，不能站立行走，有骂人言语(含糊不清)，不能进行交流，查体欠合作。右额颞顶部有 23 cm 弧形瘢痕形成，局部头皮下可见颅骨缺损已修补。严重智力障碍。双上肢肌力 5 级。右髋部见长 21.0 cm 的手术瘢痕，右外踝区见长 2.0 cm 的手术瘢痕，右内踝区见长 7.0 cm 的手术瘢痕，另有皮肤挫伤的不规则瘢痕。双下肢肌力 2 级，双下肢肌张力偏高。大小便不能控制，小便用“保鲜袋”。

3. 鉴定意见　患者严重颅脑损伤，经多次手术治疗，目前遗留双下肢肌力下降(双下肢肌力 2 级)，伴大小便无法控制，言语功能障碍，评定伤残等级二级；经开颅手术治疗(开颅范围为 9.0 cm×11.0 cm)评定伤残等级为十级。

(二)鉴定意见的分析

1. 关于伤残标准的适用性　根据《道路交通事故伤残等级鉴定标准》第 4.1.1.d 条规定，截瘫肌力 2 级以下伴大小便失禁的应评定为一级伤残；第 4.2.1.e 条规定，偏瘫或截瘫肌力 2 级以下的应当评定为二级伤残。一级伤残与二级伤残之差在于评定一级伤残的条件比评定二级伤残的条件要多一个“伴大小便失禁”。这一点，所有的法医临床司法鉴定人都不会有异议。可是，在黄××的鉴定意见书中，却明白地写着“黄××颅脑损伤后，经多次手术治疗，遗留双下肢肌力2级伴大小便无法控制（无法控制是什么意思？无法控制与大小便失禁有什么差别？为什么不做尿动力图和肛门括约肌松紧度的检查？），言语功能障碍，评定为二级伤残”，鉴定人引用了第4.2.1.e条。笔者认为，出具这样的鉴定意见是否适当值得商榷。据鉴定人对被鉴定人损伤后遗症的描述，再与《道路交通事故伤残等级鉴定标准》第4.1.1.d条和第4.2.1.e条规定进行对照后，笔者认为，还是适用第4.1.1.d条比较妥当。

2.关于伤残等级评定　根据《道路交通事故伤残等级鉴定标准》有关规定，黄××的肌力下降、大小便失禁、言语功能障碍和外伤性癫痫等，都可分别评定伤残等级。鉴定人对被鉴定人颅脑伤后的有关并发症，未做进一步的检查和证实。在分析部分，只用“严重智能障碍，无法进行评定”的语言进行搪塞。例如，黄××伤后并发语言功能障碍，按常规，据其症状和体征，其语言功能障碍可分为运动性失语与感觉性失语。运动性失语的特点是，他能听懂别人的讲话，但自己讲不出话来；而感觉性失语的特点是，他能发些简单声音或一些单词，但听不懂别人的讲话。黄××颅脑损伤后并发失语，据其听不进别人讲话这一特点，可判断其为感觉性失语。但如果其感觉性失语诊断成立，鉴定人就无法确定其肌力下降的等级。因为肌力检查是要求被检查者配合的。感觉性失语者听不懂别人的讲话，在对其进行肌力检查时，就无法配合，对肌力判定就无法正常进行。

上述分析鉴定人应在鉴定时进行反复论证，以确保鉴定的公正、公开、可信。

五、颅脑损伤致肌力下降的评残策略

本案评残的策略：首先确定颅脑损伤为原发性损伤；再分清后遗症和并发症；然后根据标准条文的要求，对后遗症和并发症的严重程度进行深入检查；最后适用标准的不同条文进行评定。

本案被鉴定人黄××车祸受伤后，经医院检查，诊断为颅脑挫伤伴出血；多处颅骨骨折；右肩胛骨、右股骨骨折等复合损伤。临床症状和体征也很复杂：有昏迷、严重智力障碍、语言功能障碍、大小便功能障碍和瘫痪体征等。因此，如何对这样的伤者进行伤残等级的评定，对法医临床司法鉴定人来说确实是个考验。

从鉴定意见书来看，无论是对被鉴定人伤口复合后所出现的并发症和后遗症的分析、认定，还是给出的适用标准条文、评定的意见，都存在问题。

那么,如何吸取鉴定意见中的经验教训,得出正确的鉴定意见呢?笔者提出如下评残思路。

(1)建议先做智力障碍方面的司法精神病的鉴定。只有通过对被鉴定人的精神方面的评价,才有可能顺利地开展对被鉴定人的其他方面的并发症和后遗症的分析、认定和评价。

(2)对被鉴定人的语言功能障碍性质进行分析。语言功能障碍在临床上分为运动性失语和感受性失语。分清黄××的语言功能障碍的性质和类型,对评定黄××其他并发症和后遗症有利。

(3)对黄××"大小便无法控制"的问题,应当进一步检查。"大小便无法控制"实质上是一句通俗语言,不是医学术语。对这句话,可作两方面理解:①大小便困难,无法顺利进行。②大小便失禁。对本案来说,无法判断黄××受伤后并发的是大小便困难还是大小便失禁。所以说用"大小便无法控制"一语,易造成歧义。从法医学角度思考,应当运用法医学的一些检测手段,对大小便功能障碍进行鉴定。例如,用直肠指检,了解肛门括约肌的松紧度;用水注法测直肠内压力,以确定大便失禁的严重程度;针对小便排放障碍,应进行尿动力测定或影像尿动力检查,以确定尿潴留残余尿的毫升数。只有通过这样的检查,才能准确地适用有关标准的条文。

(4)关于黄××肌力下降的问题。黄××因严重的颅脑损伤,经过治疗,后遗双下肢肌力下降。法医临床司法鉴定人在确定伤者肌力下降的程度时,往往要得到伤者的配合。对于神志不清者、严重智力障碍者、无法进行交流者,其肌力下降的程度就很难确定。本案被鉴定人黄××在颅脑损伤后,后遗严重的智力障碍和语言功能障碍,在上面提到的3种情况中就有2种情况存在。因此,黄××的肌力下降程度很难确定。但是,本案鉴定人在出具的法医临床司法鉴定书的意见中,明确黄××的双下肢肌力是2级。用肌力检查常规作为标准,本案鉴定人给出的肌力下降程度的意见缺乏足够依据。

第七节　颅脑损伤致神经功能障碍的伤残评定

一、案情简介

木××,男,1954年3月出生。2015年6月26日因车祸受伤后当即住院。主诉:车祸致头部疼痛、流血1 h,伴短暂昏迷。查体:右颞部头皮肿胀伴压痛。左侧眼睑外侧裂伤,已清创缝合包扎。左眼眶淤血、肿胀明显,睁眼困难。双肺呼吸音粗。左肩压痛伴上抬受限。左膝、左小腿多处挫伤。入院后，予以止血、抗炎、健脑和制酸护胃等治疗。颅脑 MRI+磁共振血管成像(MRA)检查后显示：左侧颞叶脑挫伤，左侧颞顶部硬脑膜下血肿；双侧基底节、侧脑室旁多发腔隙灶。颅脑 CT 检查结果显示：左侧颞顶部硬脑膜下小血肿。住院治疗半个月左右出院(出院时间：2015 年 7 月 10 日)，出院诊断：左颞叶脑挫伤，左颞顶部硬脑膜下血肿，头皮血肿，左眼睑裂伤，多处软组织挫伤。

二、法医临床司法鉴定

2015 年 12 月 24 日，木××为处理事故赔偿需要，委托法医临床司法鉴定机构，进行了伤残等级评定。

(一)法医临床第一次评残

1. 被鉴定人自诉　伤后经常头痛、头晕、记忆力下降。

2. 检验　被鉴定人木××步行入室，神清语明，对答基本切题。发育正常，营养良好，查体合作。头颅五官端正，双瞳孔等大、等圆，对光反射灵敏。四肢肌力 5 级，肌张力正常。

3. 阅片　2015 年 7 月 3 日，2 张 MRI 片示：左颞叶见斑片状异常信号，左颞顶部颅板下薄层液性信号影。2015 年 7 月 10 日，CT 片示：左颞顶骨内板下见薄层稍高密度影，中线结构居中。

4. 分析说明摘要　2015 年 6 月 26 日，发生车祸受伤，1 h 后到医院求诊。诉伤后当即昏迷，眼角流血，数分钟后自行醒转，不能回忆受伤经过。感头晕、头痛，有恶心，无呕吐。说明车祸时，头部等处受到暴力作用。送检的 MRI 片示：左颞叶斑片状异常信号，左颞顶部颅板下薄层液性信号影。据上述病史、医学临床检查所见，结合本中心检验结果，可以确认被鉴定人左颞叶脑挫伤、左颞顶颅板下血肿等诊断成立，符合原发性损伤，出现后遗症。

5. 鉴定意见　被鉴定人木××车祸伤，现遗留头痛、头晕、记忆力下降等神经功能障碍，已构成十级伤残。木××以交通事故赔偿纠纷诉至法院后，被告方对评残意见存有异议，要求重新鉴定。2016 年 4 月 28 日，法院依据当事人的申请，委托另一家法医临床司法鉴定机构，对木××的伤残等级重新鉴定。

(二)重新鉴定

1. 检验所见　自诉：常感头痛、头晕、记忆力差。检验：神志清，一般情况可，步行入室，对答基本切题，检查合作；头面部外观无明显异常；双侧瞳孔等大等圆，对光反射灵敏；四肢肌力、感觉正常，肌张力正常。

2. 阅片所见　2015 年 7 月 3 日，2 张 MRI 片示：左侧颞叶见斑片状异常信号，T_1加权像呈不均匀混杂低信号；双侧基底节区及侧脑室旁见多发斑点状异常信号影，T_2加权像（T_2WI）为高信号，T_1加权像（T_1WI）为低信号，病变弥散不受限；左侧颞顶部颅板下薄层液性信号影，液体衰减反转恢复（FLAIR）及T_1加权像均呈高信号，提示左侧颞叶脑挫伤，左侧颞顶部硬脑膜下血肿；双侧基底节、侧脑室旁多发腔隙灶。2015 年 7 月 10 日，CT 片示：左颞顶部硬脑膜下小血肿。2016 年 4 月 28 日，3 张 MRI 片示：提示双侧基底节，侧脑室旁多发腔隙灶，右侧胼胝体部小片状异常信号。

3. 分析说明部分要点摘录　从病历记载的内容分析，可以确认木××的“左颞叶脑挫伤，左颞顶硬脑膜下血肿，头皮血肿，左眼睑裂伤，多处软组织挫伤”等，系此次外伤所致。双侧基底节、侧脑室旁多发腔隙灶等，为陈旧性病理改变，认定其是本次外伤的依据不足。从 MRI 的诊断片与复查片对比看，脑挫伤已基本恢复。目前，法医学活体检验，其肢体无明显异常，四肢感觉肌力正常。

据此，依照《浙江省司法鉴定协会关于伤残程度鉴定若干规定》的相关条文，《道路交通事故伤残等级鉴定标准》第 4. 10. 1. a 条所指的神经功能障碍不包括神经症。评残时，应着重把握有无神经系统损伤的病理基础。如果出现局部肌力减退，一手握力减退，可引用此条文，仅有主观症状的不引用此条文。木××当天脑挫伤后，目前只有主观症状，而双基底节、侧脑室旁多发腔隙灶，也会引起头痛、头晕等症状。因此，木××目前的情况，无法引用《道路交通事故伤残等级鉴定标准》第 4. 10. 1. a 条文。

4. 鉴定意见　木××因交通事故致颅脑损伤，经治疗，目前仅有主观症状，无肢体感觉、肌力异常，尚不构成伤残等级。

三、伤情分析

从两份法医临床司法鉴定意见书的内容看，木××于2015 年6 月26 日出车祸，经医院检查诊断，均存在脑挫伤、多处软组织挫伤等情况，说明对木××的外伤史无争议。

木××车祸后，主诉有：头部疼痛、流血、短暂昏迷。查体有：右颞部皮肤肿胀伴压痛；左侧眼外睑裂伤，左眼眶淤血、肿胀明显，睁眼困难；双肺呼吸音粗；左肩压痛伴上抬受限；存在左膝、左小腿多处挫伤等外伤体征。两家鉴定机构对上述体征与症状的摘录、引用虽有不同，但观点还是一致的，均认为这些体征与症状是客观存在的。

木××在医院诊查时，经多次 CT、MRI、X 射线等现代医疗仪器检查，发现其车祸后有如下病理改变：左侧颞叶脑挫伤；左颞顶部硬脑膜下血肿；双侧基底节、侧脑室旁多发腔隙灶。据 CT、MRI 的信号显示分析，左颞叶脑挫伤和左颞顶部硬膜下血肿，是此次车祸伤所致；双侧基底节、侧脑室旁多发腔隙灶是病态改变，与此次车祸无直接因果关系。理由是：木××在治疗过程中，经多次 CT、MRI 检查。在检查的所有影像片上逐步显示，左颞叶脑挫伤、左颞顶部硬膜下血肿已吸收好转。而双侧基底节、侧脑室旁多发腔隙灶无明显改变，表明了陈旧性特点。

四、对鉴定意见的分析

第一次评残的鉴定人认为，木××的外伤史明确；其伤后经检查，存在脑挫伤的病理改变的客观依据，外伤性病理基础不容置疑；目前，伤者遗留头痛、头晕、记忆力下降等神经功能障碍，据《道路交通事故伤残等级鉴定标准》的 4. 10. 1. a 条规定，应当评为十级伤残。

笔者认为，就从木××的病历资料记载的内容分析，其外伤史、颅脑挫伤的病理基础都没有问题。问题在于：目前遗留的头痛、头晕、记忆力下降等神经功能障碍，只是体现了伤者主观方面的表述，没有客观资料为其佐证。因此，第一次评残意见瑕疵在于缺乏证明神经功能障碍的资料。

重新鉴定的鉴定人对木××的外伤史、颅脑挫伤等的鉴定意见，与第一次鉴定的鉴定人的观点基本一致。对本案不同的观点在于：

(1) 左颞叶脑挫伤，经治疗已愈合，不会产生头痛、头晕、记忆力下降等症状。

(2) 头痛、头晕、记忆力下降只是一种主观感觉，没有外伤的病理基础。

(3) 头痛、头晕、记忆力下降可能是神经症，也可能是两侧基底节、侧脑室旁多发脑腔间隙病灶所引发的症状，还可能是伤者的杜撰。

(4) 认为适用《道路交通事故伤残等级鉴定标准》第4. 10. 1. a 条，应着重把握具有神经系统损伤的病理基础，如出现局部肌力减退，一手握力减退等。因此，木××车祸伤后，目前仅有主观症状，无肢体感觉、肌力异常，不能构成伤残等级。

笔者认为，重新鉴定的鉴定人的上述观点，有部分观点是对的，也有部分观点有待商榷。木××在此次车祸中，虽有颅脑损伤，但就拿目前所谓的头痛、头晕、记忆力下降来判断存在神经功能障碍，依据是不足的。因为头痛、头晕、记忆力下降只是伤者的诉说，这些诉说是要有佐证依据，才能说明其存在的。但是，木××没有提供佐证依据。因此，其主诉就得不到认定。

关于《道路交通事故伤残等级鉴定标准》第 4. 10. 1. a 条所指的神经功能障碍与神经症的问题，在这里必须说清楚。业内人士都知道，神经功能障碍与神经症是两个不同的概念。《道路交通事故伤残等级鉴定标准》第 4. 10. 1. a 条的神经功能障碍是以颅脑、脊髓及周围神经损伤为先决条件，由此出现的神经功能障碍,是神经功能方面的表现。如果颅脑损伤,引起轻度的脑组织萎缩,可出现头晕、记忆力下降、神态迟钝、反应缓慢、步态不稳和手足震颤等症状。如果是周围神经损伤,其神经功能障碍表现为疼痛、感觉障碍(疼痛可发作性,也可持续性,夜间较重,可由情绪、天气变化、寒冷刺激等因素变化,范围弥散),皮肤刺激性症状(如出汗增多或减少,立毛亢进或减弱等),小动脉或毛细血管痉挛,张力减退等所致。

神经症也就是神经官能症,一般是体诉较多,特点是体诉与情绪因素有关,临床上又查不到肯定的体征。也就是说,神经症的特点是只有主诉,查不到明确的病理基础。神经功能障碍与神经症的区别可以归纳为以下几点。

(1)医学划分范畴不同:神经功能障碍多属法医临床范畴;神经症属于司法精神病鉴定范畴。

(2)神经功能障碍有先决条件:颅脑、脊髓及周围神经损伤为病理基础;神经症无明确的病理基础,多与情绪因素有关。

(3)病因不同:《道路交通事故伤残等级鉴定标准》第4.10.1.a条所说的神经功能障碍,外伤是主要原因;神经症多是心因性的。

因此,用神经症来说明神经功能障碍是主观性的,显然是不妥当的。重新鉴定的鉴定人,说到颅脑损伤引起局部肌力减退,或一手握力减退,这在临床上较少见,只有轴索或局部神经损伤时才有可能,它应当还伴有其他的症状和体征,鉴别诊断不难。就算如此,在评残时,鉴定人还应判断肌力减退的级数,而且《道路交通事故伤残等级鉴定标准》中另有多个条文规定可衡量对照,不可能用只适用第4.10.1.a条予以描述。所以,鉴定人用这个理由来说明木××神经功能障碍的不存在,实在不可取。

临床上,颅脑损伤后出现神经功能障碍的有很多,典型的有脑震荡、脑挫伤。脑震荡者表现为短暂的意识丧失、面色苍白、瞳孔改变、出冷汗、血压下降、脉弱和呼吸浅慢等,这就是自主神经和脑干神经功能障碍的表现。之后,多有头痛、头晕、疲乏无力、失眠、耳鸣、心悸、畏光、情绪不稳和记忆力下降等神经功能障碍的临床症状。

脑挫伤者表现为意识障碍,头痛、恶心、呕吐,生命体征中的血压、脉搏、呼吸在较严重的脑挫伤中也出现变化,局灶症状和体征(如运动区损伤,出现对侧瘫痪;言语区损伤,出现失语等)。当然,出现瘫痪、失语的,自有别的标准条文可予衡量对照。

五、颅脑损伤致神经功能障碍的评残策略

评残策略：掌握明确的外伤史；确实存在颅脑损伤或其神经系统的病理基础；神经功能障碍的症状和体征持续半年以上；有足够的病历资料或检查手段能够证明；还应注意神经功能障碍的客观性。

第八节　植物状态的伤残评定

一、案情简介

傅××，男，1955 年 4 月 15 日出生。2015 年 3 月 26 日 10 时 40 分，因车祸受伤。伤后约 1 h 入院，当时意识不清。查体：体温未测，心率 85 次/分，呼吸 25 次/分，血压 118/68 mmHg。专科检查：昏迷状态，刺痛未睁眼。左侧肢体过伸。无言语。双侧瞳孔等大，直径 4.0 mm，对光反射消失。双耳道及鼻腔无流血、流液，上唇血管瘤改变。颈部抵抗，Kernig（克尼格，即颈强直）征（+）。胸腹部未见明显外伤改变。双侧 Babinski 征（+）。2015 年 3 月 27 日，颅、颈部、胸部、腹部 CT 检查：左侧额叶脑挫裂伤，左侧额顶部硬脑膜下血肿，蛛网膜下腔出血，中线明显移位；右颞枕缝增宽，右枕骨斜坡骨折，右顶骨骨折；双下肺渗出；右肾实质点状高密度影，挫伤不排除。住院 28 d 后出院，出院时查体：昏迷状态，刺痛无睁眼，颅骨缺损区触之较软。左侧瞳孔约 2.5 mm，右侧瞳孔约 2.0 mm，对光反射迟钝。可闻及痰鸣音，未闻及啰音。四肢肌张力无增减，刺痛时可见肢体稍屈曲。出院时体温 38.0 ℃，有咳嗽与咳痰，无呼吸困难，无肢体抽搐。

傅××于 2015 年 4 月 24 日—5 月 20 日因肺部感染，再次住院治疗 25 d。出院时情况：偶低热（体温 38.0 ℃左右），有咳嗽、咳痰，无呼吸困难，无肢体抽搐，鼻饲流质。查体：昏迷状态，刺痛无睁眼；颅骨缺损区触之软；左瞳孔约 2.5 mm，右瞳孔约 2.0 mm，对光反射迟钝；四肢肌张力无增减，刺痛下可见肢体稍屈曲。

傅××于 2015 年 5 月 20 日—6 月 30 日，因肺部感染再次住院治疗 41 d。住院期间经抗感染治疗后，肺炎好转。出院时查体：意识不清，自主睁眼存在，偶有简短言语，但对答不合作。刺痛下肢稍屈曲，左侧明显。双瞳孔反射存在，双肺呼吸音粗，未闻及啰音。

傅××于 2015 年 6 月 30 日—7 月 31 日，再次住院治疗 31 d。出院时查

体同前。

傅××于2015年7月31日—9月6日再次住院，做颅骨缺损修补术。出院时检查：意识模糊，自主睁眼，偶有简短言语，对答不配合。双侧瞳孔约3.0 mm，对光反射灵敏，双肺呼吸音粗，四肢肌张力无增减。

傅××于2015年9月6日—10月5日，再次住院治疗29 d。出院时查体：意识模糊，自主睁眼，有发音，无言语。双瞳孔等大、等圆，直径3.0 mm，对光反射灵敏。四肢肌张力无增减，左侧肌力3级，右侧肌力3级，病理征阳性。

二、法医临床司法鉴定

2015年10月16日，傅××的监护人委托法医临床司法鉴定机构，评定伤残等级。

（一）鉴定意见

傅××因车祸致重型颅脑损伤，经手术治疗后，目前处于植物状态的伤残等级为一级伤残。

（二）出具鉴定意见的理由

傅××于2015年3月26日10时40分许，因车祸受伤。外伤史明确。傅××外伤后，被送至医院查及：昏迷状态，刺痛无睁眼，无言语，双瞳孔对光反射消失，左侧肢体过伸。影像学检查显示：左额颞叶脑挫裂伤伴额颞顶硬脑膜下血肿，蛛网膜下腔出血，中线明显位移，右枕、顶骨骨折。半年后法医学检验：无意识睁眼，呼之不应。瞳孔对光反射迟钝，鼻饲管在位。

三、植物状态的定义

据医学教育网有关记载，植物状态的定义有如下要点。

（1）自身无意识，对外界无反应。

（2）对视、听、触及有害刺激无精神行为反应。

（3）无交流、表达能力。

（4）睡眠–觉醒周期存在。

（5）下丘脑、脑干的功能（呼吸、心搏、血压等）尚保留。

（6）大小便失禁。

（7）脑神经及脊髓反射存在但易变动，同时脑电图活动，脑干诱发电位存在。另外，国际上把植物状态分为3型：时间在1个月内的称为“暂时性植物状态”；持续时间在1个月～1年的称为“持续性植物状态”；时间超过1年的称为“永久性植物状态”。

四、对鉴定意见的分析

从首次法医临床司法鉴定人出具的鉴定意见看，傅××车祸受伤后，存在严重的颅脑损伤，经反复多次治疗半年后，查及呼之不应、无意识睁眼、鼻饲、尿袋及褥垫在位等。鉴定人因此就认定傅××为“植物状态”。从上述鉴定时表述的情况分析，总体上是抓住了傅××伤后后遗症的实质。但是，对照“植物状态”定义，该鉴定意见的表述没有体现植物状态的精髓。

在法医学检验时，只查及无意识睁眼、呼之不应、瞳孔对光反射迟钝和鼻饲管在位等，就断定是植物状态，依据是不足的。傅××在住院期间，病历记载其有过言语，且不止1次。法医学检验时，叫其几声不应答，不能肯定其就是无意识反应。植物状态的突出特点是：对外界无反应，有睡眠-觉醒周期。也就是说，对视、听、触及有害的刺激无反应，如用针戳到眼睛，既不躲避，也无疼痛反应等。另外，首次鉴定时，法医学检验不全面、不仔细。如没有表述采用什么方法鉴定对外界（对视、听和触及有害刺激）无反应；睡眠-觉醒周期又是如何检查的也没有表述（据病史记载，傅××是没有睡眠-觉醒周期的）。另外，从鉴定意见书的分析部分的内容看，由于分析的内容过于单薄，简单地得出傅××处于“植物状态”的鉴定意见，也使人感到牵强附会。

据傅××的住院记录记载，傅××伤后3个月余，查体：意识模糊，自主睁眼，偶有简短言语，不能对答（无法交流）；刺痛时，下肢稍有屈曲（本体感觉存在）等。上述情况，到鉴定时仍存在。因此，用植物状态也是难以解释的。意识模糊、自主睁眼、简短言语、不对答，以及刺痛有反应，这些现象在昏迷患者中也是可以出现的。

五、植物状态的评残策略

（一）植物状态的诊断依据

植物状态的评残策略关键在于临床上与昏迷状态的患者的鉴别。在上节分析中提到过，有的昏迷病人的临床表现类似于植物状态。因此，在鉴定植物状态的被鉴定人时，应当严格掌握以下几条诊断依据。

（1）认识功能丧失，无意识活动，不能执行指令。

（2）保住自主呼吸和血压。

（3）有睡眠-觉醒周期。

（4）不能理解或表达语言。

（5）能自主睁眼或在刺激下睁眼。

（6）可有无目的性眼球跟踪运动。

（7）下丘脑与脑干功能保留。

(二)植物状态与其他临床体征的区别

在认定植物状态时,应当与以下临床体征进行区别。

1. 昏迷患者　无睡眠-觉醒周期,无睁眼或在刺激下睁眼。

2. 闭锁综合征　见于脑桥基底部病变。患者虽然眼球不能向两侧转动,不能说话。但意识清,能理解问话,能以垂直的眼球运动和瞬目来表达意识和心理活动,与植物状态(貌似清醒而毫无意识的状态)不同。

3. 功能性反应状态　它是由精神因素所致,对外界环境刺激不发生反应的精神抑制状态。患者有情感反应(如眼角噙泪)及主动抗拒。

4. 脑死亡　关键在于脑干反射是否存在。持续性植物状态患者,可自发睁眼、转动眼球,瞳孔对光反射和角膜反射存在,并且有咀嚼、吞咽反射。脑死亡者的这些脑干反射全部消失。另外,不要把昏迷较长时间的患者误认为是植物状态。昏迷是脑的局部损害引起,其意识丧失是可逆性的。植物状态是大脑的大面积损毁,仅依靠残存脑干的功能不能维持觉醒状态。

第九章　胸腹部损伤的伤残评定

第一节　肺尘埃沉着病的伤残评定

一、案情简介

钱××,男,1958 年 4 月 20 日出生。2013 年 4 月 25 日,钱××因病至医院诊治。主诉:活动后气短 1 年。现病史:1 年前,每当上坡、爬梯及重体力劳动时,感气短,休息后缓解,发作时伴咳嗽、咳痰。1 年来,病情变化无明显,未做治疗。既往史:平时少量抽烟、饮酒;在当地从事打石头工作,接触岩尘 24 年余。查体:神志清,未见桶状胸。双肺呼吸音清晰,未闻及啰音。住院后,进行了各项检查和实验室检查,认为符合肺灌洗条件且无肺灌洗禁忌证,同时患者同意行大容量肺灌洗术(WLL)。2013 年 4 月 29 日进行手术,术前麻醉诱导平稳,插管顺利,回收浊液,符合职业接触史。左肺总灌入量 5 000.0 mL,残留 750.0 mL;右肺总灌入量 5 000.0 mL,残留 700.0 mL。进出顺畅。术后予以预防感染及补钾处理。住院 14 d,出院诊断:肺尘埃沉着病等。出院医嘱:脱离粉尘环境,保护心功能,进行呼吸道锻炼,定期复查。

2013 年 12 月 6 日,××省煤矿中心医院疾病诊断证明书记载:肺尘埃沉着病,建议长期抗纤维化治疗。

2016 年 9 月 2 日,钱××的××人民医院肺功能测试报告记载:存在轻度限制型肺通气功能障碍,肺通气功能降低,弥散量轻度降低,比弥散(单位肺泡弥散量)正常。

二、伤情分析

根据既往史,钱××主要从事打石头工作,接触岩尘 24 年余。这就说明,钱××存在与石头粉尘接触的历史,而且时间较长,有 24 年余。2013 年 4 月

25日，钱××至××煤矿中心医院就诊时，诉：活动后气短1年。说明其发病是在1年前，即在2012年4月开始出现症状。在此之前，因无病历资料记载可做分析，故无法判断是否存在肺部病变。2013年2月5日，钱××至××市第四医院做CT检查显示：两肺纹理增粗，两肺上部小结节灶，弥漫性。检查意见为：两肺弥漫性小结节灶，符合肺尘埃沉着病表现。2013年4月29日，钱××在××省煤矿中心医院住院期间，进行了WLL治疗，回收液浊，并说符合职业病特点。同时，出院诊断为“肺尘埃沉着病”。2016年8月8日，钱××至××省福能集团总医院做CT检查显示：双肺密布多量的细小结节状影及部分纤维细索条影，边缘清晰，以双肺上叶为著，较2015年10月12日旧片增多。意见为：双肺弥漫性病变，符合肺硅沉着症改变，较前增多。2016年9月6日，钱××至××市××医院进行X射线检查：两肺纹理增多、粗乱；两肺野内见弥漫分布的斑点状密度影，夹杂条索状密度影，边缘尚清；两肺门影略增浓、增大；两肺弥漫性病灶。结合职业史，从2013年至今的影像学检查显示，钱××的两肺上部存在弥漫性小结节，现今的影像学结果显示比2013年的情况更加严重，表现为两肺纹理逐渐增粗、弥散小结节逐渐增多、小结节周边夹杂条索改变等。这些现象显示，两肺上叶的弥散性小结节逐渐向纤维化方向发展，这说明病情在加重。从另一角度看，两肺上部小结节除纤维化外，边界尚清，淋巴结不肿，其余肺野亦正常。上述符合肺尘埃沉着病的特点。因此，根据钱××石粉接触史长、活动后气短、影像学显示特点等进行综合分析，认为钱××的肺尘埃沉着病诊断成立。

三、法医临床司法鉴定

在诉讼期间，钱××向法院写了鉴定申请书，请求法院按《职工工伤与职业病致残程度鉴定标准》，委托法医临床司法鉴定机构，进行致残程度鉴定。

（一）法医临床检验

被鉴定人钱××步行入室，神清，精神可，查体合作。自诉：行走路程过长、跑步时，有胸闷、气促感。头面部未查及明显阳性体征。肺部前后叩诊音未及异常，听诊呼吸音基本正常。其余无查及明显阳性体征。

（二）阅片所见

2013年2月5日，钱××的CT片示：两肺纹理增粗，两肺上部弥漫性小结节灶，符合硅肺表现。

2016年8月8日，钱××的CT片示：双肺弥漫性病变，符合肺硅沉着病改变之特点，较前增多。

2016年9月6日，钱××的X射线片示：两肺野内见弥漫分布的斑点状密度影，夹杂条索状密度影，边缘尚清；两肺门影略增浓、增大，提示两肺弥漫性病灶。

(三)鉴定意见

钱××目前肺尘埃沉着病Ⅰ期伴肺功能轻度损伤的伤残等级为六级伤残。

(四)出具上述鉴定意见的理由

(1)有明确的接触石粉史。据病历记载,钱××从2009年6月—2013年4月受雇于人,在墓区从事打石碑工作,用机器打磨石头。在打磨石头时产生大量的石头粉尘,且雇佣者未提供预防粉尘的设备,时间达4年之久。

(2)钱××自觉呼吸困难,身体不适。2013年2月之后,钱××明显感觉上坡、爬楼梯时有气促感、呼吸不畅等不适症状。

(3)2013年2月5日,钱××至××市第四医院摄CT检查结果显示:两肺纹理增粗,两肺上部弥漫性小结节灶,疑似肺尘埃沉着病。

(4)2013年4月29日,钱××进行了WLL治疗,回收液浊,符合肺尘埃沉着病特点。

(5)2016年8月8日,复查肺部CT检查结果显示:双肺弥漫性病变,符合肺尘埃沉着病改变之特点,且较前增多。

(6)2013年5月9日,××省煤矿中心医院对钱××的疾病明确诊断为"肺尘埃沉着病"。

(7)2016年9月6日X射线片显示,钱××的两肺上部均有弥漫性条索状的小结节灶,符合Ⅰ期肺尘埃沉着病的诊断标准规定。

四、对鉴定意见的分析

(1)出具的鉴定意见理由充分。粉尘接触是肺尘埃沉着病诊断的先决条件。本案被鉴定人钱××有岩粉接触近24年的历史,其中近4年来,有石粉接触非常密切的情况。临床上出现的症状具体表现为:上坡、爬楼梯、快走时气促、喘气;多次影像学片显示两肺上部有弥漫性条索状小结节灶;WLL治疗时,有回收液浊;而且××省煤矿中心医院职业病科有明确的"肺尘埃沉着病"诊断。

(2)鉴定意见的表述简单扼要,五要素齐全。

五、肺尘埃沉着病的评残策略

在鉴定肺尘埃沉着病时,其策略为掌握诊断主体的特殊规定,分期的标准性。

肺尘埃沉着病是职业病的一种,明确肺尘埃沉着病有特殊的要求。据我国职业病诊治的有关规定,诊断肺尘埃沉着病的医师必须经职业病医师资格培训，并考核合格。持有合格证书的医师，才有资格给出诊断。钱××的肺尘埃沉着病的诊断，是由持有全国职业病医师资格证书的医师给出的。因此，对钱××的肺尘埃沉着病不用迟疑。

关于肺尘埃沉着病的分期，国家有明确的标准。从本案法医临床司法鉴定所出具的鉴定意见的理由中可以看出，肺尘埃沉着病的分期，主要依据胸部 X 射线片的显示情况来确定。肺尘埃沉着病分期规定如下。

(1)无肺尘埃沉着病(0)，具体为 0：X 射线胸片无肺尘埃沉着病表现。0f：胸片表现尚不够诊断为Ⅰ者。

(2)Ⅰ期肺尘埃沉着病(Ⅰ)，具体为Ⅰ：有总体密集度Ⅰ级的小阴影，分布范围至少达到两个肺区。Ⅰ+：有总体密度Ⅰ级的小阴影，分布范围超过 4 个肺区，或有总体密集度 2 级的小阴影，分布范围达到 4 个肺区。

(3)二期肺尘埃沉着病(Ⅱ)，具体为Ⅱ：有总体密集度 2 级的小阴影，分布范围超过 4 个肺区，或有总体密集度 3 级的小阴影，分布范围达到 4 个肺区。Ⅱ+：有总体密集度 3 级的小阴影，分布范围超过 4 个肺区；或有小阴影聚集；或有大阴影，但尚不够诊断为Ⅲ者。

(4)三期肺尘埃沉着病(Ⅲ)，具体为Ⅲ：大阴影出现，其长径不小于 20.0 mm，短径不小于 10.0 mm。Ⅲ+：单个大阴影的面积或多个大阴影面积的总和超过右上肺区面积者。本案中的钱××的肺尘埃沉着病分期是据上述要求进行的。

第二节　纠纷诱发心脏神经官能症的伤残评定

一、案情简介

季××，女，1953 年 6 月 11 日出生。2015 年 5 月 17 日，季××在与邻居纠纷中，有过肢体接触。事后，季××到当地卫生院诊治，医师查见“右上肢局部有压痛”。同月 25 日，季××以“1 周前，在家务劳动中，出现心悸、不适”为主诉，到××大学医学院附属医院住院治疗，诊断如下。

(1)冠状动脉粥样硬化性心脏病。

(2)心脏神经官能症。

(3)原发性高血压。

季××入院后，查体：体温 36.6 ℃，脉搏 66 次/分，呼吸 20 次/分，血压 116/78 mmHg。神志清，颈静脉无怒张；双肺呼吸音粗，无闻及干、湿啰音；心前区无异常隆起及凹陷，无心包摩擦感；心脏叩诊，心界向左扩大；心率66次/分，律齐，心音中等，各瓣区未闻及病理性杂音；腹软，无压痛；双下肢不肿。2015年5月24日，心电图检查：窦性心律，左室高电压。2015年5月25日，CT检查：右肺下叶含气囊腔。2015年5月25日，B超检查：右侧颈动脉斑块形成。心电图检查：静息状态下，超声心动图未见异常。

二、法医临床司法鉴定

（一）委托

2015年8月26日，季××向法院提起诉讼，要求被告方赔偿医疗费用10 395.16元；并向法院申请，要求对其伤与病之间的因果关系进行鉴定。

2015年12月25日，法院决定委托法医临床司法鉴定机构，对季××的伤病因果关系进行鉴定。

（二）鉴定意见

1. 鉴定意见　季××冠状动脉粥样硬化性心脏病、原发性高血压是自身疾病，与本次纠纷外伤无因果关系。排除季××的“心脏神经官能症”与本次邻里纠纷引起的外伤之间的直接因果关系。如果有惊吓出现，则可能引发“心脏神经官能症”症状的加重。建议法庭结合全案酌情处理。

2. 出具鉴定意见的理由　季××的冠状动脉粥样硬化性心脏病、原发性高血压系自身疾病，与本次邻里纠纷无关联，这是一般的医学常识。心脏神经官能症是一种功能性疾病，是由心理因素引起的，与这次纠纷不存在直接因果关系。但是，由于纠纷会引起“惊吓”等心理作用，可能加重其临床症状。

三、伤情分析

据季××的2015年8月26日民事诉状记载，2015年5月17日上午9时30分左右，被告无故至原告家对其进行殴打，致原告受伤。原告受伤后，到医院进行检查与治疗。但是，未提及具体损伤情况。

2015年5月17日22时20分，门诊病历记载，主诉：被打伤致右上臂疼痛1 h。检查：上臂压痛。

2015年5月25日9时28分，季××到医院诉：阵发性心悸1周。心电图检查示：窦性心律，左室高电压。B超检查示：右颈动脉斑块形成。有高血压史6年。据此，医院诊断：冠状动脉粥样硬化性心脏病、心脏神经官能症、原发性高血压。对上述民事诉状、病历记载的伤情、病情等进行分析，结果发现季××在此次纠纷中受伤后，经医院的检查，只有右上臂有压痛，无其他损伤的临床症状与体征。右上臂压痛只是一种自我感觉,病历中无右上臂由外伤引起的红、肿、表皮剥脱等体征记载。因此,季××在此次邻里纠纷中,肢体遭过损伤的证据不足。医院诊断的冠状动脉粥样硬化性心脏病、心脏神经官能症、原发性高血压等,是自身的一些慢性疾病,与此次纠纷无因果关系。

四、对鉴定意见的分析

从鉴定意见中可以看出,季××的心血管疾病与此次邻里纠纷不存在因果关系,这是正确的。但是,"心脏神经官能症与此次邻里纠纷也不存在直接的因果关系"这一观点是值得商榷的,原因如下。

(1)心脏神经官能症的诊断是否正确。一般认为,心脏神经官能症是一种功能性疾病,这种疾病主诉较多。仔细对心脏进行检查发现,心脏的解剖结构是完好的,无器质性变化。而医师对季××检查时,查及了心界向左扩大,左室高电压。这些检查结果说明,季××的心脏存在器质性病理变化,这与心脏神经官能症的特点是相悖的。

(2)心脏神经官能症者主诉特多,且多变,症状之间缺乏内在联系。主要症状有:心悸、胸闷、心前区疼痛、失眠、多梦、焦虑、食欲减、头晕、耳鸣多汗、手足发冷、双手颤抖、尿频,以及大便次数多或便秘等。但是,纵观季××的门诊、住院病历之记载,除有心悸主诉外,无其他方面的主诉。因此,诊断季××心脏神经官能症的依据明显是不足的。至于心悸,不是心脏神经官能症所独有的,它在器质性心脏病、原发性高血压病等中均可出现。

因此,鉴定意见表述的"季××的心脏神经官能症与此次邻里纠纷不存在直接因果关系"实际上认可了心脏神经官能症这一诊断,对于其他原因的诊断存在漏洞。

五、纠纷诱发心神经官能症的评残策略

本案的鉴定策略可总结为以下 3 点。

(1)确定原发性损伤。

(2)分析伤病关系。

(3)对医院的诊断进行正确认定,打消被鉴定人赔求心理。

据民事起诉状与病历记载,季××在此次邻里纠纷中无明显损伤的体征存在。医院对其完全是按心血管疾病来治疗。但是,季××还是将对方诉至法院,要求赔偿医疗费用等。这可能存在两个方面的原因:①有人误导,说:"病与这次邻里纠纷有因果关系。"季××与其女儿到鉴定机构鉴定时,就诉"高血压是对方打出来的"。②赔求心理。季××自认为在此次邻里纠纷中吃

亏了，医疗费用方面获得了赔偿，在“面子”上赢得胜利。这是典型的赔求心理。

针对此种案件的鉴定，鉴定人在与被鉴定人交谈时，对其伤情不要做太多的解释，尽量做到是“一”就说“一”，不做扩大解释，否则会误导被鉴定人，导致其赔求心理的升级。就本案来说，季××没有什么伤，鉴定人应当明确告其：心脏病、原发性高血压是慢性疾病，不是一两天就形成的，它是经过较长时间才形成的，与这次纠纷没有关系。这样就打消了被鉴定人的赔求心理，减少缠诉。

第三节　外伤性肾性高血压的伤残评定

一、案情简介

肖××，男，1962 年 9 月 11 日出生。2013 年 9 月 19 日，肖××在船上干活时，被缆绳击伤。先后在上海市××人民医院、××省××地区医院、中国人民解放军××医院治疗，被诊断为“左侧多发肋骨骨折”“左肾挫伤”。

肖××的上海市××人民医院门诊病历记载：2013 年 9 月 21 日，患者诉：左肩部及左肘、左胸被缆绳打伤 18 h。查体：血压 172/101 mmHg；左肩部左肘关节处肿胀；左胸压痛，左胸背部有明显压痛，左腹部轻压痛，左肾区叩击痛(+)；右前臂石膏托固定中，活动无受限。骨科检查：右腕肿胀，压痛(+)。X 射线片检查提示：右桡骨远端骨折。予以石膏托固定等治疗。CT 检查提示：左侧多发肋骨骨折，双侧胸腔积液，左肾挫伤。

2013 年 9 月 25 日行肾动态显像检查：左侧肾小球滤过功能中度受损，左肾血流灌注延迟，左肾图曲线呈水平延长型。2013 年 10 月 16 日，双肾动脉 B 超检查：左肾实质回声稍增高。出院诊断：左侧多发肋骨骨折，双侧胸腔积液，左肾挫伤，高血压，右桡骨远端骨折。

2013 年 12 月 9 日，肖××以左侧多发肋骨骨折、双侧胸腔积液、左肾挫伤和左肾动脉损伤后狭窄等诊断，再次住入该医院。检查：血压 140/85 mmHg。同年 12 月 20 日，生化检验：尿素氮 5.53 mmol/L；肌酐 87.2 μmol/L。同年 12 月 23 日，B 超检查提示：左肾动脉起始处血流未显示，考虑肾动脉狭窄，左肾内血流分布减少。经检查：左肾动脉阻力增高。同月 25 日，在局部麻醉下行左肾动脉内支架置入术。B 超复查提示：左肾体积较右肾缩小，左肾动脉阻力指数增高。

2014 年 12 月 24 日，生化检查：内生肌酐清除率 158.2 mL/min；肌酐 90.6 μmol/L；尿量 1.95 L/d。

2015 年 2 月 4 日和 2016 年 1 月 21 日，肖××在该医院核医学科进行肾动态显像检查：左肾萎缩，左肾小球滤过功能重度受损；右侧肾小球滤过功能代偿偏高；左肾血流灌注减低，左肾图曲线呈低水平延长型。2015 年 9 月 22 日，血液生化检验：尿素氮 9.29 mmol/L，肌酐 90.2 μmol/L。

2016 年 1 月 28 日，生化检查：内生肌酐清除率 168.4 mL/min。

2016 年 1 月 28 日—2 月 7 日，肖××在该医院门诊测血压，每天 3 次，共测 11 d，收缩压 132～168 mmHg，舒张压 82～102 mmHg（在服抗高血压药的情况下）。

二、伤情分析

（一）外伤史

2013 年 9 月 20 日，在船上干活时，被缆绳击伤左肩、胸、肘部。

（二）医院门诊查

左胸背部有明显压痛，左腹部轻压痛，左肾区叩击痛（+）；右前臂石膏外固定。

（三）辅助检查

CT 检查：左（侧）多发肋骨骨折，双侧胸腔积液，左肾挫伤。2013 年 9 月 24 日 8 时 3 分，CT 检查：两肾肾盏可见点状低密度影，增强后左肾强化比右肾低，左肾皮髓质分界模糊，密度不均，肾周间隙模糊伴液体渗出，左肾动脉起始段不规则狭窄。2013 年 10 月 11 日 10 时 15 分，MRI 检查：左肾体积较右侧稍增大，肾实质内信号强度不均。T_2WI 显示：左肾见多发斑片状稍低信号灶。增强后，左肾动脉起始段未见显影，肾皮髓质分界不清；肾皮质局部见斑点状和小斑片状低信号影；左肾实质信号明显低于右肾。左肾动脉起始段损伤，左肾实质信号异常。

2013 年 12 月 23 日，B 超检查：左肾动脉起始处血流未显示，考虑左肾动脉狭窄，左肾内血流分布减少。2013 年 12 月 25 日，在局部麻醉下，行左肾动脉内支架置入术。B 超复查：左肾体积缩小，左肾动脉阻力指数增高。

2014 年 12 月 24 日，肖××做了肾功能检查，其中：内生肌酐清除率为 158.2 mL/min（参考值：85～125 mL/min）。

2015 年 2 月 4 日与 2016 年 1 月 21 日，肖××在上海市××人民医院核医学科，进行肾动态显像检查：左肾萎缩，左肾小球滤过功能重度受损；右侧肾小球滤过功能代偿偏高；左肾血流灌注减低，左肾图曲线呈低水平延长线型。

2016 年 1 月 28 日，肖××再次检查肾功能，其中内生肌酐清除率为 168.4 mL/min。

据以上所述的外伤史、临床症状和体征、辅助检查结果分析，患者肖××于 2013 年 9 月 20 日，在船上干活时，被缆绳击伤肩、背、胸部等处，说明外伤史明确，不存在异议。损伤近 20 h 后到医院诊查(受伤当时在船上，远洋)，查及伤处疼痛、肿胀，肋骨骨折等临床症状与体征。说明被缆绳击打后，身上被击打过的部位有损伤。X 射线片、CT、MRI 和 B 超等现代技术手段检查，证实肖××左侧第 4 ~ 8 肋骨骨折(对位对线可)；右前臂骨折；左肾挫伤：左肾起始段动脉损伤、左肾实质也存在损伤(2013 年 10 月 11 日 MRI 检查：左肾体积较右侧稍增大，即损伤性肿大)。因此，左肾挫伤的诊断是成立的。

由于左肾起始段动脉损伤，在愈合过程中，此段动脉逐渐狭窄，使得左肾内血流量分布减少，左肾也逐渐纤维化，即萎缩。肾功能也部分出现障碍，其标志性表现为内生肌酐清除能力降低，同时血压升高。这些经过肾功能检查、测血压及 B 超和 CT 检查，都得到了证实。因此，肖××在船上干活时，缆绳击伤肩、背、胸部后，导致肋骨骨折、右前臂骨折、左肾挫伤，并发了左肾部分功能障碍、肾性高血压等症。

三、法医临床司法鉴定

患者肖××为了请求赔偿需要，于 2016 年 1 月 26 日，向法医临床司法鉴定机构提出委托鉴定。1 周后，法医临床司法鉴定机构发出了司法鉴定意见书。

(一)鉴定意见

肖××被缆绳击伤致左肾挫伤、左肾动脉损伤伴狭窄、左第 4 ~ 8 肋骨(共 5 根)骨折。经治疗后，目前遗留肾性高血压的伤残等级为七级。

(二)出具鉴定意见的理由

1. 有明确的外伤史　2013 年 9 月 19 日，被告方认可患者在船上干活时被缆绳击中的事实。

2. 临床症状与体征　医院检见外伤，伤处有轻度肿胀，尤其是左胸背明显压痛，左腹部轻压痛，左肾区叩击痛(+)等。

3. CT、MRI 检查　左胸多发肋骨骨折、左肾挫伤等；左肾体积比右肾体积稍增大。动态显像检查：左肾肾小球滤过功能中度受损害；左肾血流灌注延迟；左肾图曲线呈水平线型延长。2013 年 12 月 23 日，B 超检查：左肾动脉起始处血流未显示，左肾内血流分布减少。2016 年 1 月 21 日，左肾动态显像检查：左肾萎缩。

4. 并发症　左肾功能检查发现有部分肾功能障碍，如内生肌酐清除功能下降：158. 2 mL/min。血压升高，在服抗高血压药时，收缩压为 132 ~ 168 mmHg，舒张压为 82 ~ 102 mmHg。

四、外伤性肾性高血压的评残策略

外伤性肾性高血压的评残策略主要有两点。

(1)鉴别和确定肾性高血压是否与赔偿对象有因果关系。

(2)分析肾性高血压的程度。

肾性高血压多为继发性高血压，通常是肾实质病变引起的。如急、慢性肾小球肾炎，糖尿病性肾病，慢性肾盂肾炎，多囊肾和肾移植后的多种肾脏病变等。此类高血压一般与评残(职业病除外)、赔偿无关。还有一种肾血管性高血压，大多也是疾病引起的，如多发性大动脉炎、肾动脉纤维肌性发育不良和动脉粥样硬化。肾血管性高血压是由肾血管狭窄，导致肾缺血，激活肾素-血管紧张素-醛固酮系统(RAAS)而引起的。此种情形与评残和赔偿也无关系。

本案中的患者肖××有明确的外伤史，伤后通过 CT、MRI、B 超等检查发现：左肾挫伤、左肾的血管损伤、左肾血管狭窄等变化。而引起肾血管狭窄有明确外伤史证据(肾血管伤后引起肾血管供血减少，直至演变为肾血管狭窄)。因此，肖××的肾性高血压与赔偿对象存在因果关系。

由肾血管狭窄引起的高血压，如果是早期的，在解除血管狭窄后，可恢复正常。在此种情况下，肾性高血压是评不上残疾等级的。长期或有高血压基础的肾动脉狭窄，在解除狭窄后，血压一般也不能恢复正常。持久严重的肾动脉狭窄会导致患者一侧，甚至整体肾功能的损害。本案中的患者肖××，曾行支架置入术，以解除肾动脉的狭窄。但是效果不甚理想，在服抗高血压药的情况下，血压仍升高，收缩压高的在 168 mmHg，舒张压高的在 102 mmHg。据此，肖××的肾性高血压符合评定残疾的条件。

第四节　外伤致肾功能障碍的伤残评定

一、案情简介

木××，男，1965 年 11 月 17 日出生。2014 年 10 月 15 日，因车祸到医院治疗。主诉：因车祸，全身多处疼痛 5 h 余。检查：头部敷料包扎，清洁干燥，无渗血。右示指、环指、小指缺如。骨盆挤压(+)。CT 检查示：右侧少量气胸，右侧胸腔少量积液；左侧胸部分肋骨骨折；胰周、双肾周及肠系膜多发条片状密度增高影，考虑后腹膜血肿可能；腹盆腔积液/积血；左侧部分胸腰椎附件骨折；左耻骨下支骨折，耻骨联合分离。腰背部广泛肌肉挫伤，考虑挤压综合征，引起急性肾衰竭。予连续性肾脏代替疗法(CRRT)治疗，替代肾功能，后改为间断床边血液净化治疗。

2014 年 11 月 6 日，木××血压下降，B 超检查提示腹腔大量积液，抽出大量不凝血。数字减影血管造影(DSA)示肠系膜下动脉分支破裂出血。予以栓塞后返回 EICU 治疗。

2014 年 11 月 8 日，木××的××第二医院病历记载：气管插管带入，接呼吸机辅助通气；右侧颈内静脉穿刺置管带入；腹部膨隆，叩诊呈鼓音，左下腹引流管一根，可见暗血性引流液引流出；右股静脉双腔及脉鞘管导入，局部稍红。CT 检查示：两肺散在炎性渗出水肿，两侧胸腔积液，两肺下节段膨胀不全；考虑左下腹后腹膜血肿形成；左侧第 1～4 后肋骨改变，左侧第 9、11 后肋骨骨折，左锁骨外侧段骨折，左腰椎多发横突骨折，耻骨联合、左侧骶髂关节内固定术后，左耻骨下支骨折。给予对症治疗。

2015 年 7 月 23—30 日，木××至××大学附属医院治疗。患者，男，49 岁，体重为 80 kg，身高为 170 cm。被诊断为慢性肾脏病 4 期、高血压、车祸复合伤后急性肾损伤。检查肾功能，入院时：血肌酐 274 μmol/L、尿酸 517 μmol/L、血尿素氮 14.6 mmol/L。出院时：血肌酐 281 μmol/L、尿酸 357 μmol/L、血尿素氮 9.8 mmol/L。

血肌酐 274 μmol/L，血尿素氮为 14.6 mmol/L，血白蛋白为 40 g/L，24 h 尿量为 2.5 L，尿肌酐为 1.93 μmol/24 h，体重指数(BMI)为 27.681 66 kg/m^2，其内生肌酐清除率，据 C-G 公式为 29.804 62 mL/min；据肾病饮食改良(MDRD)公式，为 22.891 05 mL/min；据 CKD-EPI 公式，为 22.412 55 mL/min，患者处于慢性肾衰竭 4 期。

二、法医临床司法鉴定

2015 年 8 月 12 日，木××委托法医临床司法鉴定机构进行伤残等级评定。法医临床司法鉴定意见：木××因车祸致双肾损伤，遗留左肾功能重度障碍，右肾功能中度障碍的伤残等级为四级伤残；致左侧第 1 ~ 4 肋骨及第 9、11 肋骨（共 6 根）骨折的伤残等级为十级伤残；致骨盆多发骨折，经手术治疗后，目前遗留骨盆畸形愈合的伤残等级为十级伤残。上述鉴定意见的理由如下。

（1）车祸复合伤后急性肾损伤：2015 年 8 月 14 日，木××的××医院核医学科单光子发射计算机断层成像术（SPECT）检查报告记载：肾小球滤过率（GFR）示，左侧 5.990 mL/min，右侧 12.0 mL/min（正常 39.0 ~ 62.0 mL/min）；左肾滤过功能重度减退，排泄基本正常。2015 年 9 月 21 日，再次核医学检查 GFR 示，左侧 8.975 mL/min，右侧 13.3 mL/min，双肾功能重度减退，左肾更明显。

（2）2014 年 11 月 12 日的 CT 片：左侧第 1 ~ 4 肋骨及第 9、第 11 肋骨骨折。2014 年 12 月 7 日，××第二医院 X 射线片：骨盆多发骨折。2015 年 3 月 1 日，××医院 X 射线片：骨盆多发骨折，畸形愈合。

三、伤情分析

木××于 2014 年 10 月 15 日车祸后，先后到多家医院治疗。根据对先后各家医院病历记载的内容分析，木××为车祸后复合伤：胸腔积气、积液；左侧部分胸腰椎附件骨折、肋骨骨折、左耻骨下支骨折、耻骨联合分离；胰周、双肾周及肠系膜根部损伤；腰背部广泛肌肉挫伤等。2014 年 11 月 26 日，血压下降，查出肠系膜下动脉分支破裂出血，予以栓塞治疗。2014 年 11 月 28 日—12 月 31 日，木××至××第二医院住院治疗 1 个月余，出院时诊断：胸部外伤，肺挫伤，胸腔积液，肋骨骨折；腹部外伤，肠系膜下动脉破裂栓塞术后，后腹膜血肿，肾挫伤；骨盆骨折，左侧耻骨下支骨折，耻骨联合分离；右侧髂内动脉栓塞术后；左锁骨骨折术后，右手示指、环指、小指远端缺如。并发症：肺部感染，急性肾衰竭。

上述原发性损伤有临床症状和体征，有 X 射线片、CT 片、核医学检查技术支持，有实验室检查阳性报告支持。根据《道路交通事故伤残等级鉴定标准》有关条文规定，上述原发性损伤治愈后，遗留双肾损伤导致的肾功能障碍、肠系膜动脉破裂修补、肋骨骨折、骨盆骨折畸形愈合等，均可以评定伤残等级。

四、对鉴定意见的分析

从鉴定意见中可以看出,木××的损伤后果只有3处评了伤残等级,即肾损伤后导致的肾功能障碍评了四级伤残;骨盆骨折畸形愈合和肋骨骨折都评了十级伤残。肠系膜血管破裂栓塞术后未给予评定伤残等级。按《道路交通事故伤残等级鉴定标准》第4.10.6.c规定,肠系膜损伤修补,应当评定十级伤残。本案被鉴定人木××的肠系膜下支血管破裂,经过栓塞术治疗,属肠系膜损伤之范畴,亦应当评定十级伤残。可是,鉴定人未给予评定,如证据充足,亦应补充鉴定。

怎样评定肾功能障碍的伤残等级,这是法医临床司法鉴定人需要研究的问题。就本案木××肾功能障碍的评残来说,鉴定人对木××肾功能障程度的判断,仅以GFR指标作为肾功能障碍程度的判断依据是不全面的。《道路交通事故伤残等级鉴定标准》宣传材料中,对肾功能障碍程度的判断有这些指标要求:内生肌酐清除率(mL/mim)、血肌酐(μmol/L)、血尿素氮(mmol/L)、肾浓缩稀释试验、自由水(HO)清除率(mL/h)、GFR(mL/mim)。根据这些指标的具体数据来确定肾功能是否存在障碍以及障碍的程度(轻度、中度、重度)。本案例的被鉴定人,就肾功能障碍程度问题,在鉴定时,只做过GFR的检查,其他指标均未做检验。因此,鉴定意见中“肾功能障碍程度确定为重度,评定为四级伤残”的意见,缺乏足够证据。

五、肾损伤导致肾功能障碍的评残策略

关于肾损伤导致肾功能障碍的鉴定策略,笔者认为应考虑下列问题。

(1)肾损伤的诊断是否明确:如损伤的部位是否在肾周围或肾本身,损伤的表现是水肿、出血还是肿胀等。仔细审查病历记载的临床表现内容,分析实验室检查结果。

(2)进行肾功能检验:关于肾功能的指标,在鉴定时,应再次检验被鉴定人的肾功能,不能以临床检验的肾功能指标作为鉴定依据。将临床检验情况与鉴定时检验所得结果进行综合分析,才能得出比较正确的答案。

(3)根据肾功能障碍程度,适用《道路交通事故伤残等级鉴定标准》相对应的条文,给出鉴定意见。

第五节　胰腺损伤的伤残评定

一、案情简介

海××，女，1967 年 10 月 30 日出生，浙江省宁波市人。2015 年 9 月 12 日，因车祸致腹部受伤。主诉：车祸致腹痛 4 h 余。现病史：患者 4 h 前驾面包车与小汽车相撞，腹部抵于方向盘后，出现上腹部疼痛，呈阵发性加剧。当时伴呕吐，呈非喷射性，为胃内容物，伴血性液体，伴头痛。当即叫"120"送县级人民医院，CT 检查胸腹部及查血常规、凝血功能后，转送市级三甲医院诊查。查体：血压 90/60 mmHg，双下肺可闻及少量湿啰音。腹部压痛、反跳痛，叩诊呈鼓音，移动性浊音阳性。辅助检查：2015 年 9 月 13 日 CT 检查：胰腺弥漫性肿大伴周围积液，胰腺密度不均，提示胰腺损伤；腹主动脉及下腔静脉部分层面显示不清，腹腔、盆腔积液，胃内多发高密度影；两肺下叶渗出性改变。

2015 年 9 月 13 日，市级三甲医院 CT 检查：胰腺体颈部密度减低，考虑为胰腺挫伤伴渗血、盆腔积液；双侧少量胸腔积液，两下肺肺挫伤；胆囊底部环形强化灶，分隔胆囊或胆囊憩室。剖腹探查：腹腔内红色血性液体，量约 500 mL；横结肠系膜血肿，小网膜有血凝块；胰体断裂，十二指肠球部后壁少量挫伤，予修补。继续探查：胰腺的胰颈部位于椎体左侧断裂，伴活动性出血，胰体尾部多处挫伤。行胰体尾部切除。术后予抗炎、止血、抑制胃酸、补液、营养支持治疗。2015 年 9 月 29 日，出院诊断：十二指肠挫伤，胰体挫裂伤伴出血，盆腔积液，肺挫伤。

二、法医临床司法鉴定

为了提起赔偿诉讼，海××于 2015 年 12 月 2 日委托法医临床司法鉴定机构，进行伤残等级评定。

2015 年 12 月 8 日出具了法医临床鉴定意见：海××因交通事故致胰腺损伤，经行胰尾切除的伤残等级为九级伤残。海××因交通事故致十二指肠挫伤，经修补后的伤残等级为十级伤残。出具鉴定意见的理由如下。

（1）海××有车祸外伤史。

（2）伤后即出现腹部压痛、反跳痛，叩诊呈鼓音，移动性浊音阳性。

（3）CT 检查：胰腺弥漫性肿大伴周围积液，胰腺密度不均，提示胰腺损伤;腹主动脉及下腔静脉部分层面显示不清,腹腔、盆腔积液;胃内多发高密度影;两肺下叶渗出性改变。

(4)剖腹探查:腹腔内有血红色液体,量约500 mL。横结肠系膜有血肿;小网膜内有血凝块;胰体部断裂。十二指肠球部后壁少量挫伤,用4号线行浆膜层间断缝补。胰腺的胰颈部位于椎体左侧斜行部分断裂,伴活动性出血,胰体尾部多处挫伤。将脾高抬,连同胰体尾抬高,在胰颈部分断裂处切除胰体尾部。胰断面处找出血管,5号线仔细缝扎。胰腺断面仔细U形缝合。沿尾侧段断面向尾端逐渐分离结扎、止血,游离胰腺体尾部,同时保护脾动静脉。腹腔内其他脏器未见损伤。

三、伤情分析

海××车祸伤后,据其外伤史、临床症状和体征、辅助检查结果、剖腹探查所见,经分析认为,其原发性损伤就是胰腺的胰颈部位于椎体左侧斜行部分断裂,伴活动性出血。小网膜腔内血凝块为胰腺断裂伴出血所致,小网膜腔内未查到出血源。横结肠系膜有损伤,其血肿就是证明。同时,十二指肠球部后壁少许挫伤。据术者描述,其被挫伤后,导致浆膜层裂开,用缝合手段进行治疗。手术探查发现,除两下肺、胰腺、十二指肠球部后壁、横结肠系膜在此次车祸中有外伤外,其他脏器和组织未查及损伤之痕迹。

四、胰腺损伤的评残策略

(1)重点掌握胰腺损伤类型。

(2)确定是手术治愈还是保守治愈;用手术治愈的,还要鉴别损伤的胰腺是修补治愈还是切除后治愈。

就胰腺来说,它体积小,固定在腹膜后,背靠脊柱。其实胰腺损伤较少见,仅为腹部损伤的1%~2%。胰腺被损伤,说明暴力大。胰腺损伤在目前临床上分为以下3种类型。

1. 轻度挫伤　仅引起胰腺组织的水肿和少量出血,有时少量胰腺泡及小胰管也可遭到破坏,这些损伤不引起严重后果,能自行愈合。

2. 严重挫伤　一般是指有部分胰腺组织被挫灭,可出现胰液外溢,出现挫伤处自行消化,导致大量出血,或出现更多的胰组织坏死。有时可引起胰腺炎。

3. 胰腺部分完全断裂　如果胰管断裂,大量胰液外溢,刺激腹膜,引起腹膜炎或溢出机体外,可形成胰腺瘘。海××车祸后,查见的就是胰腺部分完全断裂。庆幸的是未引起胰液外溢。

作为法医临床鉴定人,胰腺损伤后评残的关键点就是:胰腺损伤的治疗方法和愈合后果。

《道路交通事故伤残等级鉴定标准》第4.10.6.a条规定，胃、肠、消化腺等破裂修补可评定为十级伤残。也就是说，在治疗时，在胰腺损伤部位用手术修补过的，应评定十级伤残。《道路交通事故伤残等级鉴定标准》第4.9.6.a条规定，胃、肠、消化腺等部分切除的，可以评定为九级伤残。对于海××的胰腺损伤，在治疗时，有部分腺体被切除掉，按照规定，可以评定九级伤残。《道路交通事故伤残等级鉴定标准》第4.8.6.a条规定，胃、肠、消化腺等部分切除，影响消化吸收功能的，可以评定为八级伤残。这条规定的要点在于如何掌握消化功能障碍的问题。消化功能障碍，通常是指消化不良和吸收不良。消化、吸收不良，可导致营养不良。判断营养不良时，可测血总蛋白和血胆固醇。血总蛋白低于60 g/L，血胆固醇低于3.12 mmol/L(120 mg/dL)，就可认定为营养不良。消化吸收障碍的，可做如下检验。

(1)粪脂苏丹染色镜检阳性。

(2)粪脂化学定量测定：平均排泄量超过6～7 g/d，为粪脂排泄量过多。

(3)平均试验标准餐法测定：每日含脂量50～80 g的标准试餐5 d，留粪便测定3 d，粪脂量超过6～7 g/d或吸收率低于90%的为阳性。

《劳动能力鉴定职工工伤与职业病致残等级》规定：胰腺挫伤，保守治疗治愈的，十级致残；手术修补的九级致残；部分切除的七级致残；1/3切除的七级致残，1/2切除的六级致残，2/3切除的五级致残，次全切除有胰岛素依赖的三级致残；次全切除胰腺移植术后的二级致残；全胰切除的一级致残。

××省人民法院发文规定，人身损害赔偿案件，适用《人体损伤程度鉴定标准》。该标准第2.9.35条规定：胰腺损伤后，经修补治疗的，可评九级残疾；胰腺被切除1/3以下的，评八级残疾；胰腺被切除1/3以上的，可评七级残疾；胰腺被切除1/2以上的，可评六级残疾；胰腺被次全切除的，胰岛素依赖的，可评四级残疾；胰腺全切除的，可评三级残疾。

从以上标准条文规定情况可以看出，手术治疗情况对胰腺评定伤残等级是十分重要的。

第六节　肠破裂的伤残评定

一、案情简介

林××，男，1966 年 10 月 20 日出生。2014 年 3 月 1 日 20 时 30 分许，林××在镇骆东路附近，因交通事故受伤。在医院诊治时主诉：外伤致右小腿及腹部疼痛 2 h 后就诊。查体：腹平软，右下腹压痛存在，无反跳痛。右小腿中上段肿胀，压痛存在，骨擦感存在。辅助检查：X 射线片显示右胫骨粉碎性骨折。初步诊断：右胫骨粉碎性骨折，腹部闭合性损伤。入院后，完善相关检查，急症行"剖腹探查术+回肠修补术"。术中见回肠的回盲部约 50.0 cm 处有一大小约 1.0 cm 破裂口，予以缝合。术后进行抗感染及补液等对症治疗。2014 年 3 月 21 日，在连续硬膜外麻醉下行右下肢清创缝合术。2014 年 3 月 27 日出院，住院治疗 25 d。出院诊断：腹部外伤（回肠破裂），弥漫性腹膜炎，双下肢外伤。

二、法医临床司法鉴定

2014 年 7 月 24 日，林××因事故处理需要，起动法医临床司法鉴定。

（一）首次法医临床司法鉴定

1. 法医学活体检验　被鉴定人林××，自行入室，精神可，行走呈跛态，查体合作。自诉：时有腹胀、腹痛。右小腿肿痛，行走及负重时为甚。检查见：腹部正中可见长为 15.0 cm 纵行手术瘢痕；腹部压痛弱阳性；右小腿下段可见 3 处 1.5 cm 纵行瘢痕；右膝前可见长为 5.0 cm 纵行手术瘢痕；右下肢纵向叩击痛阳性；右下肢各关节活动可。

2. 阅片所见　2014 年 7 月 22 日，林××的××医院 X 射线片示：右胫骨粉碎性骨折内固定术后改变，骨折线明显可见。

3. 鉴定意见　林××因交通事故致回肠破裂，经医院修补治疗的伤残等级为十级。

4. 出具上述鉴定意见的理由

（1）外伤史明确：2014 年 3 月 1 日 20 时 30 分许，林××在镇骆东路附近因交通事故受伤，有××市公安局××分局交警大队的《道路交通事故认定书》为佐证。

（2）损伤后诊断明确：医院对林××检查后，诊断为回肠破裂、弥漫性腹膜炎、感染性休克、双下肢外伤、切口感染等。有影像学检查、手术记录等为证。

（二）重新司法鉴定

案件进入诉讼阶段，被告方认为原告提供的鉴定意见是“单方委托鉴定机构出具的意见书”，鉴定时也未通知被告方，故被告方对这一鉴定意见不认可。由此，被告方向法院提出申请，要求对林××的伤残等级进行重新鉴定。

1. 法医临床检验　被鉴定人林××步行入室，一般情况可。神清语利，对答切题，检查合作。头面部无特殊，颈软，活动可，胸部无殊。腹部正中见1条17.0 cm×1.0 cm纵行手术瘢痕（绕过脐部右侧）；右小腿见4处短小手术瘢痕。右膝关节、右踝关节活动功能尚可，四肢肌力、肌张力正常，其余（－）。

2. 阅片所见　2014年7月22日，林××的××医院X射线片可见右胫骨中下段粉碎性骨折内固定术后，骨折线可见，局部见骨痂形成；右腓骨下段骨折，骨折线模糊（损伤当天影像学片未提供）。

3. 鉴定意见　林××因交通事故致回肠破裂，经修补术治疗后的伤残等级为十级伤残（依据《道路交通事故伤残等级鉴定标准》）。

4. 出具上述意见的理由

（1）外伤史明确：佐证的依据同首次鉴定。

（2）伤后出现了明显的临床症状和体征：林××外伤后主诉“外伤致右小腿及腹部疼痛2 h”。医院检查发现：右下腹压痛存在；右小腿中下段肿胀、压痛存在、骨擦感存在。X射线片显示：右胫腓骨粉碎性骨折。剖腹探查发现：回肠距回盲部约50.0 cm长处，有一大小约1.0 cm破裂口，进行了破口的修补术。

综上说明，林××在此次车祸中，导致回盲部附近的回肠破裂、右胫腓骨粉碎性骨折等损伤后果。

三、伤情分析

2014年3月1日，林××因车祸受伤。其伤后即感右小腿及腹部疼痛。经医院检查，右下腹压痛阳性；右小腿中上段肿胀，压痛阳性，可及骨擦感。X射线检查显示：右胫腓骨中段粉碎性骨折。急诊剖腹探查，发现在距回盲约50.0 cm处，有一个大小约1.0 cm的破裂口，将其进行了修补。从上述情况分析，此次车祸导致了林××回肠破裂，右小腿胫腓骨粉碎性骨折。说明医院的检查和诊断是符合损伤客观事实的。根据标准的规定：回肠破裂，经过修补治疗的可以评定为十级伤残；右胫腓骨中段粉碎性骨折，经过治疗愈合后,双下肢没有缩短(超过2.0 cm)、神经没有损伤的,通常不会遗留明显的功能障碍,据《道路交通事故伤残等级鉴定标准》的有关规定,构不上伤残等级。

四、对鉴定意见的分析

林××受伤后,经过治疗,步入事故理赔阶段。在理赔前,林××进行了两次法医临床司法鉴定。首次鉴定是林××单方起动的。他向法庭提供的鉴定意见,被告方有异议,不认可,并向法庭申请,要求重新鉴定。这样,在法庭上,有两份法医临床司法鉴定意见书。对比两次鉴定意见,其内容和观点基本相同,均为十级伤残。

出具鉴定意见的理由有差异。首次鉴定意见的理由中,对剖腹探查中所见没有具体描述,只做"剖腹探查术+回肠修补术""术后予以对症支持治疗"这样空泛的描述。对回肠破裂状态,破裂口大小、形态均未做叙述,使人对回肠破裂状况、是否存在破裂等无法产生印象,使人难以相信。而重新鉴定的意见书中,在病历摘录时,做了"术中见回肠距回盲部约50.0 cm处,有一大小约1.0 cm破裂口"的具体状态描述,令人印象深刻并信服。在意见书的分析说明部分,再次提及术中所见,使人加深了对回肠破裂状态的印象,使人觉得这一损伤确是客观事实。

两份法医临床司法鉴定意见书中的"鉴定意见"表述得不够规范。按常规,鉴定意见存在5个要素:人、事、伤后后遗症、标准条文、伤残。但是,在这两份鉴定意见中,看不到标准条文的内涵。

五、肠破裂的评残策略

据《道路交通事故伤残等级鉴定标准》第4.10.6.a条规定,胃肠、消化腺等破裂修补,可评定为十级伤残;第4.9.6.a条规定,胃、肠、消化腺等部分切除的,可以评定为九级伤残。《人体损伤致残程度分级》(以下简称《分级》)第5.10.4.3条规定,胃、肠或胆道修补术后,可以评为十级致残;第5.9.4.6条规定,肠部分切除后,可以评为九级致残。从上述规定可以得到非常明确的评残策略就是肠破裂需手术治疗的就可以评定伤残等级。

为什么肠破裂需手术治疗的才能评定伤残等级呢?笔者认为,肠破裂口如果较小,肠内容物从破裂口中流出到腹中的机会就会减少。同时,肠破裂口周围的肠系膜会把肠破裂口裹牢,使得肠内容物不能从肠破裂口中继续流出。在这种情况下,很少会发生弥漫性腹膜炎及腹腔内感染等,用保守的方法就可以治愈。因此,减少了剖腹治疗的机会,也就是减少了再次伤害的可能。如果肠破裂口较大,肠内容物就很容易从破裂口中流到腹腔中,导致弥漫性腹膜炎腹腔内的严重感染可以威胁生命。在此种情况下，手术修补或肠的部分切除，是唯一的选择。因此，手术治疗肠破裂，是创伤严重性的一个重要标志，同时手术本身也是一种创伤。为此，标准规定，手术治疗肠破裂的，可以评定伤残等级，并作为评残等级的起点。

第七节 外伤致腹沟疝的伤残评定

一、案情简介

黄××，男，1968 年 6 月 23 日出生。2015 年 5 月 27 日，在工地上干活时，从高处跌落，拿在手中的电锤击中腰部，致腰部肿胀、气喘、恶心、小便困难。初步诊断为“小肠破裂”。住院病历记载：昨日下午 1 时许，手持电锤下梯时，打滑摔倒，手中的电锤抵于右下腹部。当时感到右下腹疼痛，能忍受，继续干活。半小时后觉疼痛加剧，难忍，疼痛向腰骶部放射。同时，觉右下腹出现鸡蛋大小肿块，质地软，推之可移动，平卧时消失，站立则出现。专科检查发现，右下腹轻压痛，无反跳痛，右腹股沟可触及一鸡蛋大小肿块，压之有不适感，平卧回纳可消失。B 超检查提示“右腹股沟斜疝”，双侧淋巴结肿大。6 月 1—10 日，黄××到另一家医院住院治疗。经明确诊断后，行“右腹股沟斜疝疝囊高位结扎术+无张力修补术”。术中见疝囊颈大小约 2.0 cm，位于腹壁下动脉外侧，予无张力修补术。出院诊断：右侧腹股沟斜疝。8 月 21 日，黄××委托××法医临床司法鉴定机构，要求评定伤残等级。

二、法医临床司法鉴定

××法医临床司法鉴定机构接受了黄××的委托要求，并于 2015 年 9 月 29 日，出具了司法鉴定意见书。鉴定意见为：黄××外伤后腹股沟斜疝，经行开腹探查及无张力修补术后的致残等级为九级。得出这一意见的理由如下。

（1）右下腹存在撞击外伤史。

（2）腹股沟斜疝的存在。

（3）多数腹股沟斜疝的发生，有腹膜鞘状突未闭的先天发育因素，在遭受腹腔压力增高时，易导致腹股沟疝。

（4）外伤与腹股沟疝刚好在同一部位。故黄××的腹股沟疝与外伤存在一定的因果关系。

三、伤情分析

本案一个主要特点就是,腹股沟斜疝与外伤的因果关系。要认定黄××的腹股沟斜疝与外伤是否存在因果关系,必须对黄××的损伤情况进行仔细分析。

(一)损伤部位问题

从病历资料记载看,黄××对其损伤部位有两种不同的说法。

(1)根据黄××的门诊病历记载,黄××在门诊时就损伤部位,对医师是这样描述的:“工地的楼上掉下,拿在手中的电锤击中腰部,被击中部位肿大,呼吸不畅、恶心、小便困难”。

(2)黄××的住院病历对损伤部位又是这样主诉的:“昨日下午1时许,从工地的楼上下梯时滑倒,拿在手中的电锤抵于右下腹部,当时感右下腹疼痛,能忍受,继续干活……”

应当说,从主诉的时间上分析,门诊病历记载的主诉,应当早于住院记载的主诉。那么,这两种主诉内容哪一种较为客观、真实和可靠呢?笔者认为,门诊病历记载的主诉内容,比住院病历记载的主诉内容要客观、真实和可靠,具体依据如下。

(1)门诊病历记载的主诉内容,在时间上比住院病历记载的内容要早。在门诊主诉时,目的是治伤,还未考虑到赔偿问题,思想单纯,没来得及考虑到利益的得失。

(2)在门诊、住院病历记载中,均没有右下腹受伤痕迹的描述,没有证据能证明右下腹受过损伤。

(3)2015年6月3日,黄××在腰硬联合麻醉下,做了“右腹股沟斜疝疝囊高位结扎+无张力修补术”。仔细审查该手术记录,疝囊颈部无新鲜裂伤痕迹,也无新鲜出血情况等。

根据上述情况,有理由说明,黄××的右腹股斜疝的发生与本次外伤没有因果关系。

(二)发病机制问题

《外科学》中描述了腹股疝的发病机制。腹股沟斜疝有先天性和后天性之分。先天性腹股沟斜疝是指胚胎发育早期,睾丸位于腹膜后第2~3腰椎旁,随着胚胎的发育,逐渐下降至腹股沟管内环处,带动腹膜、腹横筋膜以及各肌经腹股沟管逐渐下移,并推动皮肤形成阴囊。腹膜后来会形成鞘突,睾丸紧贴鞘突后壁。婴儿出生不久,有多余鞘突会成为睾丸固有鞘膜,其余部分自行萎缩、闭锁成为纤维索带。如闭锁不全,就为先天性斜疝的疝囊。后天性腹股沟斜疝是由于腹横筋膜或腹横肌发育不全,不能在腹内斜肌深面关闭腹股沟内环而引起的。

《损伤与疾病》一书的第十六节中，论述了“损伤与膈疝”，在病因与发病机制中，叙述了外伤性膈疝的有关问题，其主要意思是：创伤是形成膈疝的原因之一。仔细阅读其每一章节，却未见创伤可导致腹股沟斜疝的发生。可以说，至目前为止，未见与外伤性腹股斜疝有关的报道与论文发表。

综上所述，既没有客观依据，也没有理论依据能支持黄××此次外伤与腹股沟斜疝存在因果关系，更不用说外伤导致腹股沟斜疝了。

四、鉴定意见存在的问题

前面已提到过鉴定意见和出具鉴定意见的理由。明眼人一看就能看出，这个鉴定意见是有问题的。黄××存在外伤的同时，还查及腹股沟斜疝；在治疗外伤的同时，也进行了剖腹探查和无张力修补腹股沟斜疝疝囊。在此条件下，能否评定致残等级，是值得探讨的。

问题1：外伤能否并发腹股沟斜疝？目前的教科书、法医临床专著、论文都没有有关这方面的论述和报道，也没有有关这方面的鉴定案例。因此，关于外伤并发腹股沟斜疝的问题，目前没有定论。况且，从本案例的病历记载的内容中，也不能得出外伤并发或后遗腹股沟斜疝的依据。

问题2：腹股沟斜疝经手术治疗，能否评定致残等级？这就涉及法医临床的伤病关系问题。联系本案例分析，患者门诊主诉的伤处与住院主诉伤处不同，右腹股沟斜疝部位无外伤，以及新鲜损伤的临床症状与体征都充分说明：黄××的右腹股沟斜疝与外伤不存在因果关系。

因此，法医临床司法鉴定机构对黄××作出九级致残等级的鉴定意见，是没有原发性损伤作为鉴定依据的，是明显存在瑕疵的。

五、外伤致腹股沟疝的评残策略

评残策略：首先确定原发性损伤，其次分析因果关系。

作为法医临床司法鉴定人，在鉴定类似案件时，首先要仔细审查病历资料记录情况，特别是要着重审查损伤部位的门诊主诉和住院主诉的内容异同。其次要确定或概括出原发性损伤主要内容。本案例患者就不存在明确的原发性损伤。再考虑和分析伤病关系。本案中，因为不存在明确的原发性损伤，就无从谈及伤病关系了。最后，考虑能否进行评致残等级和适用哪些标准的问题。本案由于无明确的原发性损伤与后遗症，也不存在伤病关系，就不能进入评残和适用标准的程序。

第八节　神经源性膀胱的伤残评定

一、案例简介

关××，男，1966 年 4 月 26 日出生。2014 年 10 月 6 日，关××因“重物砸中致多处疼痛伴双下肢麻木 5 h”求医。检查：左肩背部肿胀、压痛，可及骨擦感及骨擦音；左肩关节活动受限；右胸部压痛，胸廓挤压征（+）；腰背部肿胀明显，压痛（+），活动受限；腹股沟平面以下感觉减退，双下肢肌力 2 级；病理反射未引出。2014 年 10 月 7 日，X 射线片提示：腰 1 椎体压缩性骨折，腰 1 棘突骨折，腰 2 右侧横突骨折，左肩胛骨骨折。同日，CT 检查示：左肩胛骨粉碎性骨折，腰 1 椎体爆裂骨折，椎管狭窄，腰 1 右侧横突骨折及椎板骨折，右侧第 11 肋骨骨折。2014 年 10 月 14 日，行 L1 复位、椎管减压、植骨融合内固定术。术中见：L1 椎体处脊髓膨隆。术后予以预防感染、活血消肿及营养神经等对症治疗。

2014 年 10 月 29 日，出院诊断：腰 1 椎体骨折伴不全瘫；腰 1、2、3 右侧横突骨折，腰 1 棘突骨折；左肩胛骨、右第 11 肋骨、左侧多发肋骨骨折；双侧胸腔积液；双肺部分不张。同日，关××以“重物砸着致双下肢运动、感觉功能障碍及二便失禁 22 d”入住康复医院治疗。2015 年 1 月 7 日出院时，双下肢肌力较入院时改善，辅助下可站立及短距离平地行走；自腰 3 平面以下感觉减弱，腰 4 以下感觉消失；鞍区感觉消失；二便失禁，留置导尿管在位，通畅，尿色黄。2015 年 3 月 16 日，关××以“尿排不出，行留置导尿 5 个月余”在××镇医院住院治疗。体检：留置导尿管引流通畅，尿液较混浊，耻骨上膀胱区不充盈，轻度压痛。2015 年 3 月 17 日，行耻骨上膀胱造瘘术。术后给予抗炎、止血、输液等对症治疗。2015 年 3 月 19 日出院，诊断：神经源性膀胱，尿路感染。2015 年 4 月 15 日，关××在门诊检查：肛门括约肌弹性差，收缩力差。泌尿科动力学检查：充盈期膀胱本体感觉敏感，顺行性稍低，可见不稳定收缩，最大膀胱测压容积 234.0 mL；排尿期，逼尿肌收缩无力，腹压协助排尿，插管状态，未能解出小便。检查意见：膀胱过度活动症（OAB），膀胱顺行性稍低，逼尿肌收缩无力。2015 年 7 月 22 日，更换导尿管。

二、法医临床司法鉴定

因赔偿需要，关××于 2015 年 4 月 15 日委托法医临床司法鉴定机构，进行伤残等级评定。

（一）首次评残意见

1. 评残意见 关××因故致腰1椎体压缩性粉碎性骨折伴脊髓神经损伤，双侧多发肋骨骨折等。经手术治疗，目前遗留小便失禁、大便控制部分障碍、双下肢肌力下降，评定其伤残等级为五级伤残。

2. 出具评残意见的理由 因重物砸伤导致。

（1）腰1椎体压缩性粉碎性骨折伴脊髓神经损伤，经手术治疗，遗留小便失禁（属重度排尿障碍范畴），伴大便控制部分障碍，可评为五级伤残。

（2）腰1椎体压缩性粉碎性骨折伴脊髓神经损伤，经手术治疗，目前遗留双下肢肌力下降（左下肢肌力4+级，右下肢肌力4级）、鞍区感觉减退等，可评为八级伤残。

（3）因左侧第4～8肋骨骨折，右侧第11肋骨骨折（共6根肋骨骨折）等，可评为九级伤残。

依照《人体损伤程度鉴定标准》标准总则1.3.4条规定，综合评定关××的伤残等级为十级伤残。案件诉至法院，在庭审中，被告方对鉴定意见有异议，并向法院提出重新鉴定的申请。2015年10月8日，法院合议庭经讨论，决定委托另一家法医临床鉴定机构，对关××的残疾等级重新进行鉴定。

（二）重新鉴定

1. 重新鉴定的鉴定意见 关××因外伤致腰1椎体压缩性粉碎性骨折伴脊髓损伤，经治疗后，遗留神经源性膀胱（膀胱造瘘管仍在位）的重度排尿障碍为五级伤残。

2. 出具鉴定意见的理由 事故致伤。

（1）X射线、CT检查：左肩胛骨粉碎骨折，腰1椎体爆裂骨折，椎管狭窄。临床上出现左肩背部肿胀、压痛，可及骨擦感和骨擦音，左肩关节活动受限；右胸部压痛，胸廓挤压征（+）；腰背部肿胀明显，压痛（+），活动受限；腹股沟平面以下感觉减退，双下肢肌力2级。

（2）诊断：腰1椎体骨折伴不全瘫，腰1～3右侧横突骨折，左肩胛骨骨折，左侧第4～8肋骨骨折等。

（3）法医学检验：左肩关节上举受限，上举80°，前屈后伸有不同程度受限。下腹部正中可见切口中留置导尿管，有尿液从管中流出。下腹部及双下肢感觉存在，双下肢肌力5-级，肌张力正常。

三、伤情分析

据上述病历资料记载，关××于2014年10月6日，被重物砸伤，当时感伤处疼痛，伴双下肢麻木。医院对其检查：左肩背部肿胀、压痛，骨擦感、骨擦音(+),左肩关节活动受限;右胸廓挤压征(+);腰背部肿胀明显,压痛(+),腰部活动受限;腹股沟平面以下感觉减退,双下肢肌力 2 级;病理反射未引出。从以上临床症状与体征分析:

(1)左肩部有明确的外伤史。

(2)临床上检查及伤处有肿胀,有骨擦感和骨擦音,说明有骨折伤情在;左肩关节活动受限,可由疼痛或局部解剖结构改变而引起。

(3)右胸压痛(+),胸廓挤压征(+),可能由胸部软组织损伤或肋骨骨折所致。

(4)腰背部肿胀、压痛明显,腰部活动受限,说明腰背亦有外力直接作用过;腹股沟平面以下感觉减退,双下肢肌力 2 级,说明脊髓存在损伤。上述情况经 X 射线、CT 检查,得到了完全的证实。2014 年 10 月 29 日,对关××查体时,查及左下肢的髂腰肌、股四头肌、腘绳肌肌力 4 级;右下肢髂腰肌、股四头肌、腘绳肌肌力 3 级;双下肢小腿三头肌、胫前肌、趾屈肌肌力均为 0 级。说明经 20 多天治疗,肌力下降的问题有所改善。

腰 3 平面以下感觉减弱,腰 4 以下感觉消失,鞍区感觉消失,说明腰 3 平面以下感觉神经损伤后,经过治疗,不但没有好转,反而比损伤初期还严重起来。说明损伤的神经失去作用,代偿期还未产生。

当时还查及:二便失禁,无法独立翻身、坐起、站立及行走,日常生活活动大部分依赖别人帮助。上述情况表明,脊髓损伤比较严重。经治疗,至 2015 年 1 月 7 日出院时,双下肢肌力较前改善,在辅助下,可站立及短距离平地行走;感觉神经好转不明显;二便仍失禁。

2015 年 3 月 19 日,医院诊断关××为“神经源性膀胱”,至鉴定时检查,神经源性膀胱仍未好转。但残余尿量未测。

法医临床司法鉴定人从评残角度考虑,依据肩关节活动情况、肋骨骨折数量、双下肢肌力下降程度,按照标准有关规定要求,评出了各自相对应的残疾等级。

四、对鉴定意见的分析

关××被重物砸中,伤情严重,为赔偿需要,进行过两次伤残等级鉴定。第一次鉴定,以腰 1 椎体压缩性粉碎性骨折伴脊髓损伤、双侧多发肋骨骨折、损伤后遗留小便失禁及大便控制部分障碍、双下肢肌力下降等为由,评定为五级残疾。第二次鉴定的鉴定意见与第一次鉴定意见基本相同,内容不再赘述。

五、神经源性膀胱的评残策略

本案鉴定策略就是神经源性膀胱的鉴定,应当掌握以下几点。①要明确诊断。②通过尿动力学检测。③确定是否存在膀胱逼尿肌过度收缩和尿道括约肌过度松弛。

本案受害人关××在车祸后,解剖结构方面遭受的损害有:肩胛骨粉碎骨折、腰1椎体粉碎性骨折伴脊髓损伤、肋骨骨折等。经治疗,遗留的主要症状和体征为神经源性膀胱的表现。根据《人体损伤程度鉴定标准》第2.5.27条规定,神经源性膀胱残余尿量≥50 mL;第2.5.26条规定,永久性膀胱造瘘;第2.5.25条规定,重度排尿障碍。除第2.5.26条规定(永久性膀胱造瘘)外,重度排尿障碍与神经源性膀胱,都必须进行尿动力学检查,才能明确神经源性膀胱的残余尿量与重度排尿障碍的原因和客观状况。排尿障碍多指排尿动作、排尿量、排尿次数等出现障碍的统称。在病理情况下,泌尿、贮尿和排尿的任何异常,都可表现为排尿障碍。包括多尿、频尿、少尿、无尿、尿闭、尿淋漓、尿失禁、排尿痛苦、排尿困难和尿潴留等。明确上述排尿障碍,须进行无创性动力学检查和常规尿动力学检查。

第十章　上肢损伤的伤残评定

第一节　臂丛神经损伤的伤残评定

一、案情简介

郑××，男，1939年10月24日出生。2016年1月3日18时49分，郑××在××城区的檀记路115号处，因交通事故受伤。主诉：撞致右肩部畸形、肿痛、活动受限3 h余。现病史：3 h前被车撞倒，伤及右肩、左手、右胸部等处，即出现右肩部畸形、肿胀、疼痛。右肘关节以远感觉麻木，右上肢活动障碍。左手背局部渗血、肿胀、疼痛轻。右胸部疼痛。感头晕、胸闷。无其他肢体肿痛，无头、颈、腹、腰、背部痛。否认有昏迷、头痛、气促、恶心、呕吐、腹胀和腹痛；无大小便失禁、大汗淋漓、四肢厥冷。检查：神志清晰，精神软，痛苦面容；双瞳孔等大、等圆，直径2.5 mm，对光反射灵敏；双耳听力障碍；心率77次/min，心律失常，未闻及明显的病理性杂音；双肺听诊未闻及明显异常；腹平软，未及压痛与反跳痛；肌紧张力(-)；右胸部压痛(+)，右胸廓挤压征(+)；骨盆挤压征(-)。脊柱居中，生理弯曲存在，未及压痛与叩击痛。右肩部方肩畸形，关节盂空虚；右肩前下方可及肱骨头，肿胀明显，压痛阳性；右肩弹性固定，活动限检，搭肩试验(+)（肩关节脱位时，患侧肘部紧贴胸壁时，手掌无法搭到健侧肩部；或手掌搭在健侧肩部时，肘部无法紧贴胸壁的，称为Dugas征阳性）。右肘关节以远肢体感觉障碍、活动障碍；右上肢肌张力基本正常，肌力1级；肢端血运好，右桡动脉搏动可及；左手背局部皮肤擦伤、渗血，肿胀轻，压痛轻；左手活动基本如常，指端感觉正常、血运好；余肢体未见明显异常。2016年1月4日，X射线片示：右侧肩关节脱位，右侧肱骨头向内下方移位。在明确诊断后，实施臂从麻醉下行右肩关节前脱位手法复位术。术后完善相关检查及CT和(或)MRI检查，维持右上臂内旋、前出、内收位;右肘屈曲位绷带固定制动,逐步予以功能锻炼、吸氧、心电图监护等治疗。住院1个月出院,诊断:右肩关节脱位,右肩丛神经损伤,左手挫伤,右胸部挫伤等。

二、法医临床司法鉴定

(一)首次法医临床司法鉴定

2016年10月24日,为了处理事故的需要,郑××启动了法医临床司法鉴定,以个人的名义委托法医临床司法鉴定机构,进行了伤残等级评定。

1. 体格检查　被鉴定人郑××步行入室,神清语明,发育正常,营养中等,查体合作。右肩外形正常。右肩关节主动、被动活动功能丧失。右肘关节活动功能正常,右腕关节活动可。右手指活动功能完全丧失,不能握拳,呈猿形手。余未见异常。

2. 阅片所见　2016年1月4日,郑××的××医院X射线片示:右侧肩关节脱位,右侧肱骨头向内下方移位;未见明显骨折征象;右胸第7前肋骨骨折。2016年10月18日,郑××的××医院X射线片示:右肩关节复位,肩关节在位,关节内骨质增生,关节面粗糙不平,关节腔狭窄明显,肩锁关节退行性改变。

3. 鉴定意见　被鉴定人郑××因交通事故致右臂丛神经损伤,现遗留右手指活动功能完全丧失,已构成七级伤残。被鉴定人郑××因交通事故致右臂丛神经损伤、肩关节内骨性结构破坏,现遗留右肩关节活动功能完全丧失,已构成八级伤残。

4. 出具上述鉴定意见的理由

(1)外伤史明确,系交通事故致伤,有交警队的《道路事故认定书》为佐证。

(2)伤后的临床症状和体征明显。撞伤后诉右肩部畸形、肿痛、活动受限。查及右肩部方肩畸形,关节盂空虚;右肩前下方可及肱骨头,肩关节肿胀明显,压痛(+);右肩关节呈弹性固定;活动限检,Dugas征(+);右肘关节以远肢体感觉障碍、活动障碍;右上肢肌力1级。X射线片显示:右侧肩关节脱位,右侧肱骨头向内下方移位。

(3)法医临床检验及阳性体征:右肩关节主、被动活动功能丧失;右手指活动功能完全丧失。

(二)重新鉴定

2016年11月30日,郑××以车祸导致残疾等赔偿为诉讼请求,将本案诉至法院。在诉讼中,被告方认为原告的肩关节活动功能应不会受限,“三期”评估也不合理,向法院申请,要求重新鉴定。

1. 体格检查　被鉴定人郑××步行入室，神清，检查合作。自诉：右侧肢体不适。头面部、颈部、胸腹部未查及明显阳性体征。右肩背部肌肉萎缩，右肩关节、肘关节、腕关节主动功能丧失。右上肢肌力4级，肌张力增高。右手呈五指向内屈曲畸形，五指活动功能基本丧失，不能握拳等。余肢体无殊。

2. 阅片所见　2016年1月4日，郑××的××医院X射线片示：右肩关节脱位，肱骨头向内下方移位；未见明显骨折征象；右第7前肋骨折，未见骨痂生长。2016年10月18日，郑××的××医院X射线片示：右肩关节脱位手法复位后改变。2017年3月15日，郑××的××医院MRI示：右肩关节诸组成骨骨质信号未见异常，关节软骨和关节间隙未见异常信号，关节囊和关节腔内未见积液，岗上肌腱附着处局部信号异常；周围软组织未见肿胀。

3. 鉴定意见　郑××右肩关节前脱位、右臂丛神经损伤均与本次道路交通事故之间存在直接的因果关系。郑××因道路交通事故致右肩关节前脱位伴右臂丛神经损伤，经治疗后，目前遗留右上肢肌力4级，右上肢主动活动功能丧失，右手指功能基本丧失的伤残等级为七级伤残。

4. 出具上述鉴定意见的理由

(1)外伤史明确：2016年1月3日18时49分许，郑××在××城区的檀记路115号处，发生车祸受伤。有交警队的《道路交通事故认定书》为佐证。

(2)伤后出现临床症状和体征：郑××伤后主诉：撞伤后右肩部畸形、肿痛、活动受限。查体见：右胸部压痛(+)，胸廓挤压征(+)；右肩方肩畸形，关节盂空虚；右肩前内下方可及肱骨头，肩关节肿胀明显，压痛(+)；右肩关节呈弹性固定；活动受限；Dugas征(+)；右肘关节以远肢体感觉障碍、活动障碍；右上肢肌力1级。左手背局部皮肤擦伤、渗血，肿胀轻，压痛轻。

(3)影像学片显示异常信号：2016年1月4日，郑××的××医院X射线片示：右肩关节脱位，肱骨头向内下方移位；未见明显骨折征象；右第7前肋骨骨质断裂，未见骨痂生长。

(4)法医临床检验及阳性体征：在鉴定时查及郑××的右肩背部肌肉萎缩；右肩关节、肘关节、腕关节主动活动功能丧失；右上肢肌力4级，肌张力增高。右手五指向内屈曲畸形，五指活动功能基本丧失。

(5)肌电图显示异常：2016年10月18日，郑××做过肌电图检查，右臂丛神经支配肌未见自发电活动；肌皮神经、腋神经支配肌运动单位电位(MUP)形态宽大，部分肌主动募集反应减弱。神经传导检查：右侧正中神经运动神经传导速度(MECV)减慢，潜伏期延长，AMP明显降低，感觉神经动作电位(SNAP)未引出。右侧肌皮神经支配肌之二头肌复合肌肉动作电位(CAMP)潜伏期延长，波幅降低。右侧桡神经浅支SNAP波幅较对侧降低30%以上。

三、伤情分析

据病历记载，郑××于2016年1月3日18时49分许，车祸受伤后，当时主诉“右肩部畸形、肿痛，活动受限3 h余”。说明其车祸伤及的主要部位在肩部。医师体检时，发现郑××的主要症状与体征也在肩部。如右肩方肩畸形，关节盂空虚，右肩前内下方可及肱骨头，右肩关节肿胀明显，活动受限，Dugas征(+)；右肘关节以远肢体感觉障碍、活动障碍；右上肢肌力1级。当然，右上肢损伤同时，左手背局部皮肤擦伤、渗血、肿胀明显；还有右胸部压痛、挤压痛等损伤存在。经X射线片、肌电图、MRI等辅助检查，明确了右肩关节脱位、右臂丛神经损伤等解剖结构的改变。经过治疗与康复，郑××的右肩关节脱位已复位。但是，其臂丛神经损伤的恢复并不理想。法医临床检验，发现右肩部软组织、右肩关节、右肘关节、右腕关节和右手五指等部位的肌张力明显增高，肌力下降，右上肢各关节功能明显障碍等，应该是右肩丛神经损伤的后遗症。

从上述损伤的后果看，就左手背擦伤无导致明显的功能障碍；右第7前肋骨骨折，恢复尚可，肋骨骨折的数量未达4根以上。因此，以上损伤后果，依照《道路交通事故伤残等级鉴定标准》标准的有关规定，是评不上伤残等级的。只有右臂丛神经损伤后，导致的右上肢肌力下降至4级，并伴有肩、肘、腕关节功能障碍，手指功能严重障碍，依照《道路交通事故伤残等级鉴定标准》标准的有关规定，是能评定伤残等级的。

四、对鉴定意见的分析

被鉴定人郑××车祸后，被诊断为“右肩关节脱位”“右臂丛神经损伤”等。为了损害赔偿处理需要，郑××曾做过两次法医临床司法鉴定。鉴定结果显示，两家鉴定机构出具的鉴定意见有些不同。

（一）首次鉴定的鉴定意见

(1)车祸致臂丛神经损伤，现遗留右手指活动功能完全丧失，已构成七级伤残。

(2)车祸致臂丛神经损伤，肩关节内骨性结构破坏，现遗留右肩关节活动功能完全丧失，已构成八级伤残。从上可以看出郑××这一损伤的部位与性质问题，即出现在同一条肢体上，并且评了两处伤残等级。在庭审中，被告方认为，这一鉴定意见反映的损伤情况不符合实际情况，同时认为其“三期”评估的期限也过长，并提出了重新鉴定的申请。

（二）重新鉴定的鉴定意见

车祸致右肩关节脱位伴右臂丛神经损伤，目前遗留右上肢肌力4级、右上肢主动活动功能丧失、右手五指功能基本丧失的伤残等级为七级伤残。从上述鉴定意见的表述可以看出，鉴定人是以被鉴定人的右臂丛神经损伤为病理基础，以右上肢肌力下降以及右上肢各关节功能和手指活动功能障碍为后遗症来评定伤残等级的。

根据首次鉴定的鉴定意见的表述，对照《道路交通事故伤残等级鉴定标准》有关条文规定，分析该鉴定意见中的符合标准条文的情况。上面已提到，郑××车祸伤及右臂丛神经。全臂丛神经是支配、营养上肢及三大关节和手指的。《道路交通事故伤残等级鉴定标准》5.1条规定：遇有本标准以外的伤残程度者，可根据伤残的实际情况，比照本标准中最相似等级的伤残内容和附录A的规定，确定其相当的伤残等级。同一部位和性质的伤残，不应采用本标准条文两条以上或者同一条文两次以上进行评定。在本案例中，应当依照上述条文后一句规定执行。上述规定的实质是指损伤部位与性质均相同的残疾情形，仅可综合鉴定一处伤残，不能重复鉴定。联系到本案，郑××在车祸中，虽然有臂丛神经损伤，同时也存在肩关节脱位。但是，经检验，肩关节脱位经治疗后，没有后遗症。只有臂丛神经损伤经治疗，还是后遗右上肢肌力下降，肩、肘、腕、手指等存在功能障碍。这些残情是臂丛神经损伤后导致肌张力和肌力障碍所致。因此，依照《道路交通事故伤残等级鉴定标准》5.1条后一句的规定，只能适用标准一个条文来评定伤残等级。所以，首次的鉴定意见明显违反了《道路交通事故伤残等级鉴定标准》5.1条后一句规定。用《道路交通事故伤残等级鉴定标准》5.1条后一句规定来衡量重新鉴定的鉴定意见，这一意见基本符合其要求。

五、臂丛神经损伤的评残策略

臂丛神经损伤的评残策略：以临床症状和体征为基础，结合肌电图显示情形，综合分析；确诊肌力等级，适用相对应的标准条文，给出鉴定意见。

本案被鉴定人郑××车祸后，导致右臂丛神经损伤、右肩关节脱位。右肩关节脱位经手法复位后，肩关节已在位。同时，经MRI检查，肩袖损伤较轻。因此，以右肩关节脱位作为损伤病理基础，却没有后遗症作为评残的依据，是不能评定伤残等级的。右臂丛神经损伤的诊断是明确的，因为临床上出现了右上肢各关节活动功能障碍、感觉功能障碍，尤其是右上肢肌力下降等临床症状和体征，并且有肌电图检查及异常波型作为佐证。且臂丛神经损伤经过7个月以上时间的治疗，神经功能恢复不明显。经法医临床检验，右肩背肌肉萎缩，右上肢肌力下降，右肩、肘、腕关节主功活动功能丧失，右手五指活动功能丧失。因此,右肩丛神经损伤后,有明显的后遗症,按照《道路交通事故伤残等级鉴定标准》有关条文规定,应当是可以评上伤残等级的。

右臂丛神经损伤后遗留的肌力下降、关节功能障碍同时存在时,是以肌力下降评残呢,还是以关节功能障碍来评定伤残等级呢?在本案中,法医临床司法鉴人是存在分歧的。根据《法医临床检验规范》和《道路交通事故伤残等级鉴定标准》有关规定,颅脑、脊髓及周围神经损伤,在法医临床上,通常是以肌力下降来评定伤残等级的。本案中,郑××是右臂丛神经损伤,而臂丛神经是周围神经。因此,按照规定,郑××的右上肢肌力4级,同时存在右上肢各关节活动功能障碍的情形,应当以肌力下降的级数来评伤残等级。因为其右上肢各关节以及手指功能障碍,是由肌力下降所致。

综上,首次鉴定人在给郑××评定伤残等级时,以右上肢各关节和手指功能障碍来评定伤残等级,这不仅在适用标准条文方面不妥当,而且在鉴定方法上也存在较大争议。

第二节　肩胛骨损伤的伤残评定

一、案情简介

关××,女,1977年1月7日出生。2014年10月29日,关××因车祸受伤。关××伤后至医院诊治时,主诉:车祸致胸部、肩部疼痛,活动受限2 h。查体:右肩部及腰部皮肤擦伤;双侧锁骨处肿胀,皮下淤血、局部压痛;胸部压痛(+);左侧胸间压痛(+)。CT检查示:两肺挫伤,两侧胸腔少量积液;两侧肋骨、两侧锁骨、右肩胛骨多发骨折。予胸腔闭式引流。2014年11月7日,颈丛麻醉下,行双侧锁骨骨折切复内固定术。术后予抗炎、消肿、镇痛等对症治疗。

出院诊断:双侧锁骨骨折、多发肋骨骨折、肺挫伤、气胸及右侧肩胛骨骨折。

二、法医临床司法鉴定

2015年6月5日,关××因赔偿需要,以右肩胛骨等多发骨折,影响右肩关节活动功能为由,启动法医临床司法鉴定。

(一)首次鉴定意见

1. 鉴定意见　关××因车祸致右锁骨、右肩胛骨等多发骨折,经治疗后,目前遗留右上肢活动功能丧失的伤残等级为十级伤残。

2. 出具上述鉴定意见的理由　鉴定人认为,右锁骨外侧端骨折、右肩胛骨多发骨折,可以影响右肩关节活动功能。法医活体检验时,查得右肩关节前屈上举90°,外展上举70°,后伸30°,内收25°,贴臂位内旋40°,贴臂位外旋45°;明显低于正常肩关节活动功能的活动度数。经对比计算,右肩关节活动功能丧失达上肢活动功能的10%以上,按《道路交通事故伤残等级鉴定标准》第4.10.10.i条规定,应当评定伤残等级。

(二)重新鉴定意见

法院在办理关××与被告车祸赔偿纠纷一案时,被告方对首次鉴定意见有异议。经合议庭讨论,决定重新鉴定。2015年9月18日,法院对外委托办公室委托另一家法医临床司法鉴定机构,对关××的伤残等级进行重新鉴定。

1. 鉴定意见　关××因车祸致右锁骨外段骨折、右肩胛骨骨折,经治疗后,目前遗留右上肢活动功能丧失达10%以上的伤残等级为十级伤残。

2. 出具鉴定意见的理由

(1)关××车祸后,致右锁骨外段骨折、右肩胛骨骨折,存在致残的病理基础。

(2)法医临床检验:右肩关节活动时,前屈上举115°,外展上举105°,内收25°,后伸35°,水平位外旋70°,水平位内旋70°。比照对侧肩关节的活动数,经计算,右肩关节活动功能丧失活动度达上肢活动功能的10%以上,按《道路交通事故伤残等级鉴定标准》第4.10.10.i条规定,应当评定十级伤残。

三、伤情分析

据送检材料记载,关××于2014年10月29日因车祸受伤。有交警队的《道路交通事故认定书》为凭。说明关××的外伤史是明确的。

据关××的病史记载,诉车祸致胸部、肩部疼痛,活动受限。医院查及其右肩部皮肤擦伤,右锁骨处肿胀、皮下淤血、局部压痛。说明右锁骨、右肩部有过外力作用,并留下伤痕。CT检查显示锁骨外侧端骨折,右肩胛骨多发骨折。2014年11月4日X射线片提示,右锁骨外段1/3处骨折,骨折线锐利,断端错位。上述辅助检查,明确了锁骨、肩胛骨骨折的状态、损伤程度及对以后愈合情况的判断,为评残提供了依据。

对能否评上伤残等级的依据,法医临床司法鉴定人都会首先考虑伤者的损伤病理基础。本案伤者损伤后的病理基础是右锁骨外段1/3处骨折、右肩胛骨骨折,以及其周围的软组织损伤。从解剖结构看,肩胛骨、锁骨、肱骨是构成肩关节的支架,并由周围的软组织连接、包裹起来。其中肩胛骨与锁骨共同组成肩胛带。肩胛带是用来支持肩胛骨和锁骨的活动的。胸锁关节和肩锁关节使肩胛带运动。肩胛带的运动有上提、下降、伸、后旋、上旋和下旋6种运动类型。有斜方肌、肩胛提肌、菱形肌、前锯肌、胸小肌5块肌肉附着于肩胛骨和锁骨,并协助肩胛带运动。

因此,只要锁骨外端、肩胛骨及其附着的5块肌肉的其中1块有损伤,均可导致肩关节活动功能障碍。本案的伤者关××,右锁骨外端、肩胛骨均存在骨折,而且肩胛骨为多发骨折,其周围软组织不可能不损伤。这些都是导致肩关节活动功能障碍的病理基础,也是评定伤残等级的客观依据。

四、对鉴定意见的分析

从首次鉴定的意见与重新鉴定的意见及其分析意见看,其分析的方法、得出的鉴定意见和理由基本相同,只是首次鉴定的分析方法更为简单。

按照司法鉴定书规范的要求,在鉴定书的分析说明部分,有对原发性损伤的分析与认定,后遗症、并发症有无的判断与确定,标准条文正确适用的说明。这个三部曲,在两次鉴定的鉴定书中都有体现。但存在的问题是分析说明比较简单。这体现在:一般对原发性损伤认定时,要对临床症状的描述、检见体征的记录、辅助检查的结果等做出评价,然后做出是否认定。在两份鉴定书中,鉴定人只对病历资料进行了摘录,接着就进行了认定。这样,可以认为对原发性损伤的认定过于简单。

五、肩胛骨损伤的评残策略

关于肩胛骨等损伤的鉴定策略:明确原发性损伤的解剖结构,正确认定后遗症。

锁骨外侧端骨折与肩胛骨多发骨折,在原发性损伤的解剖结构方面进行诊断是不难的。只要根据临床症状和体征,辅助X射线或CT检查就能明确。关键问题是正确认定后遗症或并发症。在认定后遗症或并发症时,需要注意以下两点。

(1)确定后遗症或并发症是否存在。

(2)确定后遗症或并发症的严重程度,这是比较麻烦的。同样的后遗症或并发症,在不同的鉴定人眼中,可以得出不同的严重程度。例如,本案中肩关节活动功能,由不同的鉴定人检查,就会检查出不同的活动度数。这是由不同鉴定人掌握的检验方法是否正确造成的。解决方法:只能要求每个鉴定人熟练地掌握法医临床检验操作规范，准确按照操作规范进行检验。

第三节　肩锁关节脱位的伤残评定

一、案情简介

关××，男，1935 年 1 月 3 日出生，浙江省岱山县人。2015 年 2 月 9 日，跌倒致左肩部肿痛 1 d 就诊。检查：左肩关节肿胀，左肩锁关节处压痛（+），琴键征（+）。X 射线片检查显示：左肩锁关节脱位。初步诊断：左肩锁关节脱位。住院期间，医师检查：左肩局部肿胀、畸形，压痛明显，可及琴键感。自觉左手臂麻木。重读 X 射线片：左肩锁关节脱位。CT 检查提示：左侧第1 肋骨骨折。2 月 23 日，在臂丛麻醉下行“左肩锁关节脱位切开复位内固定术”。术中暴露：肩锁韧带撕裂，锁骨肩峰端向上、向后翘起。用按压方式复位关节，2 枚 AO 克氏针固定关节，1 枚 3.5 mm 锚钉修复、加强肩锁韧带，并活动左肩关节，脱位的关节固定牢固。术后予以消肿、止痛、化瘀和预防感染等对症治疗。

二、法医临床司法鉴定

2015 年 10 月 21 日，关××为处理事故需要，委托法医临床司法鉴定机构，进行伤残等级评定。

（一）法医临床司法鉴定意见

关××因跌倒致左肩锁关节脱位，经治疗后，目前遗留左上肢活动功能丧失达 10% 以上（未达 25%）的伤残等级为十级伤残。

（二）出具鉴定意见的理由

鉴定意见的依据有以下 4 点。

（1）左肩部有外伤史。

（2）伤后即查及左肩部肿胀、畸形，压痛阳性，可及琴键感等阳性体征。

（3）X 射线片显示：左肩锁关节脱位。CT 扫描提示：左胸第 1 肋骨骨折。

（4）法医学检验：目前左肩锁关节活动功能丧失 33%。

三、伤情分析

据病史资料记载,关××跌倒后,医师查体即见左肩部肿胀、畸形,压痛明显,可及琴键感。自觉左手臂麻木。影像学检查:左肩锁关节脱位;左侧第1肋骨骨折。手术见:肩锁韧带撕裂,锁骨肩峰端向上、向后上方翘起。据上述情况,经分析,可以明确的是:关××的肩锁关节脱位,由此次外伤所致,这是损伤后的客观事实。

有原发性损伤,不等于能够评上残疾等级。能够上评定残疾等级的,必须要在原发性损伤基础上,后遗或并发功能障碍,或肢体缺失。不仅要有功能障碍,而且这个功能障碍的程度,必须要达到标准条文的规定。

关××跌伤后导致的左肩锁关节脱位,经手术治疗与康复锻炼已达半年余。法医学检验:左侧肩部见长7.0 cm的横行手术瘢痕。左肩锁关节处外突畸形,局部压痛(+),仍见轻度肿胀。左肩关节活动度:前屈上举100°(健侧170°),外展上举100°(健侧170°),后伸30°(健侧40°),内收15°(健侧30°),水平位内旋50°(健侧70°),水平位外旋50°(健侧60°)。左肘、腕关节活动度正常,肌力5级。据上述检验结果,经计算,左肩关节活动度丧失达33.8%,换算成左上肢活动功能丧失已达10%以上,符合《道路交通事故伤残等级鉴定标准》有关条文规定要求,可以评定十级伤残。

四、对鉴定意见的分析

对法医临床检验结果进行分析,关××左肩关节因外伤,虽然经治疗,但仍丧失活动功能33.8%,经换算,左上肢已丧失活动功能达10%以上,可以评定十级伤残,这没有错。经分析,出具此鉴定意见的4点理由均可成立。但是,从原发性损伤的角度考虑,鉴定人还应该考虑肩关节的解剖结构问题。在肩锁关节中,只有锁骨的两端由比较表浅的韧带固定着,易受损伤。锁骨的内侧端与胸骨柄相关节,外侧端与肩峰相关节,其两端都由韧带连接;其下方由喙锁韧带、肩峰韧带连接。如果锁骨的外侧端骨折或脱位,就会损伤肩锁关节韧带、喙肩韧带、喙肱韧带、肩峰等。其邻近又有冈上肌、肩胛肌、冈下肌,都会波及。在一定时间内,这些组织的损伤,都会导致肩关节的活动功能障碍。

五、肩锁关节脱位的评残策略

鉴定策略:仔细分析、确定被鉴定人的肩峰端解剖结构变化情况。

高东和王雷老师在《工伤与职业病致残等级鉴定指南》一书的第十章第

二节“关节功能障碍”中说：“正常活动基本条件有5个方面，只要其中之一失常，均可引起关节功能障碍。①关节之间的骨端正常关系：如关节脱位、半脱位以及软组织嵌入关节内等，必然会影响关节的正常运动。②关节中的软骨面的平整：关节中的软骨面损伤后，相对应的关节面在运动过程中受到磨损，久之可形成创伤性关节炎，继而影响关节的正常运动。③滑膜与滑液的作用：滑膜的损失与滑液中混入大量血液或其他异物而发生创伤性滑膜炎时，则渗液增加，由于渗液中含有纤维素，因而晚期易发生关节内粘连。④韧带的制约：韧带损伤，特别是完全断裂后，影响关节的稳定性，甚至出现异常活动，亦可继发粘连或创伤性关节炎。⑤肌肉的控制：肌肉是关节运动的动力，强有力的肌肉常可代偿韧带的功能，以保持关节的稳定性；肌肉麻痹或断裂，则关节失去不同程度的主动活动的能力。”

关××因故导致左肩锁关节脱位，手术中发现肩锁韧带被撕裂，这就是上面所说的韧带制约问题。由于肩锁韧带的撕裂所导致的制约，出现了肩关节活动功能障碍。当然，关××除肩锁韧带撕裂，还有左侧第1肋骨骨折，还可能存在其他软组织损伤，只是未做MRI检查，未予证实而已。

第四节　肩峰端两次损伤的伤残评定

一、案情简介

秦××，男，1967年11月25日出生。2015年4月12日14时29分许，秦××因车祸受伤。至医院诊治时，主诉：外伤致头痛伴左侧肩背部疼痛1 h余。检查：左侧头顶部见一“C”形创口，流血。左眉肿，轻压痛。左肾区轻叩痛。辅助检查：左肩胛区X射线检查显示左侧锁骨肩峰端骨折。诊断：左侧锁骨肩峰端骨折。处理：清创，骨科会诊。骨科会诊后，建议手术治疗，患者拒绝。后在门诊治疗。

2015年7月22日，秦××去××中医院就诊。主诉：摔伤致左肩及左胸部疼痛1 d。检查：患者神志清；腹平软，压痛(-)，反跳痛(-)；脊柱、骨盆未及畸形；左侧肩部及胸胁压痛(+)，胸廓挤压征(+)；未及明显皮下捻发音；左肩部活动受限，左肘、掌关节活动可，左肩后侧少量皮肤青紫；双肢感觉正常，肌力正常，四肢末端血运、感觉正常。X射线检查显示：①左锁骨外侧端骨折。②左侧第2~7肋骨骨折。诊断：左锁骨外侧端骨折；左侧第2~7肋骨骨折。

收住院后，完善各项检查并确定无手术禁忌证，于2015年7月24日，在臂丛麻醉下，行左锁骨骨折切复内固定术，手术过程顺利。术后予以预防感染、活血化瘀等对症支持治疗。住院10 d后出院，出院诊断同前。

2016年7月29日，秦××为拆内固定，再次住院。完善各项检查，确定无手术禁忌证后，于2016年8月5日，在臂丛麻醉下，行左锁骨内固定拆除术，术程顺利。术后予活血化瘀及对症支持治疗。术后X射线片显示：左锁骨骨折处位置好；术区无明显疼痛，无红肿渗出，患肢远端感觉及血运、活动可。

二、法医临床司法鉴定

2016年9月19日，秦××为了交通理赔需要，委托法医临床司法鉴定机构，进行伤残等级评定。

（一）首次伤残等级评定

1. 法医临床检验　被鉴定人秦××，步行入室，对答切题，查体合作。左锁骨区见一长9.0 cm愈合瘢痕，无红肿，局部轻压痛。左肩关节活动功能部分受限，活动度：前屈上举120°（对侧170°），后伸40°（对侧45°），外展上举120°（对侧170°），内收30°（对侧40°），水平位外旋70°（对侧80°），水平位内旋70°（对侧80°）。左肘关节及腕关节活动尚可。余肢体肌力、肌张力正常，各大关节活动可。

2. 阅片所见　2015年4月13日，秦××的××医院X射线片示：左锁骨肩峰端骨折，断端移位。2015年6月1日，秦××的××医院X射线片示：左锁骨肩峰端骨折后改变，骨痂形成，骨折线模糊。2015年7月22日，秦××的××医院X射线片示：左锁骨肩峰端再次骨折，断端错位明显，断端位置和第一次骨折位置一致。2015年7月26日，秦××的××医院X射线片示：左锁骨肩峰端再次骨折，内固定术后改变。2016年8月6日，秦××的××医院X射线片：左锁骨肩峰端骨折内固定拆除术后改变。

3. 鉴定意见　被鉴定人秦××于2015年4月12日在交通事故中受伤，致左锁骨肩峰端骨折等。经治疗后，其目前遗留的左上肢丧失功能10%以上（未达25%）的后遗症，构成道路交通事故十级伤残。

4. 出具上述鉴定意见的理由

（1）外伤史明确。秦××于2015年4月12日，在交通事故中受伤，有《道路交通事故认定书》、病历资料等为佐证。

（2）伤后出现临床症状和体征。秦××伤后，左头痛伴左肩背疼痛1 h余。医院查见左侧头部有“C”形创口，渗血，左肩胛轻压痛等。左肩胛区平片显示:左侧锁骨肩峰端骨折。

(3)法医临床检验及左肩关节功能异常。左肩关节活动功能丧失达10%以上。

(二)重新鉴定

2017年1月16日,秦××以××司鉴所道路交通事故伤残鉴定书为依据,提起诉讼。在诉讼期间,被告方以申请人秦××单方面委托鉴定、在车祸伤后一段时间自己又跌伤原伤处,并且自己跌伤的伤势比车祸伤还要重等为由,向法院申请重新鉴定。

1. 法医临床检验　被鉴定人秦××步行入室,一般情况可。头面部无殊,颈软,活动可。胸腹部无殊。左锁骨上方下缘可见一长约12.0 cm瘢痕;左肩关节活动度:前屈上举120°(对侧170°),外展上举115°(对侧170°),后伸40°(对侧50°),内收30°(对侧40°),水平位外旋70°(对侧90°),水平位内旋80°(对侧85°)。余肢体无殊。

2. 阅片所见　2015年4月13日,秦××的××医院X射线片示:左锁骨远端骨质断裂,断端稍错位。2015年6月1日,秦××的××医院X射线片示:左锁骨远端骨折后改变,断端骨痂形成,骨折线模糊。2015年7月22日,秦××的××医院X射线片示:左锁骨远端再次骨折,断端错位明显,断端位置与第一次骨折位置一致。2015年7月26日,秦××的××医院X射线片示:左锁骨骨折内固定术后改变,断端对位较差。2016年7月30日,秦××的××医院X射线片示:左锁骨骨折内固定术后改变,断端已基本愈合。

3. 鉴定意见　被鉴定人秦××的左锁骨骨折,经治疗后,遗留左上肢活动功能丧失10%以上(未达25%)的伤残等级为十级伤残,系交通事故与秦××摔跤共同作用导致,参与度各为50%。

4. 出具上述鉴定意见的理由

(1)外伤史明确。2015年4月12日,秦××因交通事故受伤,有交警队《道路交通事故认定书》为佐证。

(2)伤后出现临床症状和体征。秦××在车祸伤后,自觉头痛、左肩部肿痛等。医院查及左头顶部有“C”形创口,流血,左肩部肿胀、压痛等。

(3)辅助科室查及异常信号。左肩胛部平片显示“左侧肩峰端骨折”的异常信号。

(4)法医查及阳性体征。左锁骨上方下缘有12.0 cm瘢痕;左肩关节活动功能丧失达29.5%。

三、伤情分析

根据病历资料记载,秦××在2015年4月12日—7月22日有过两次损伤。第一次损伤的时间定格在2015年4月12日14时29分许,系车祸所致,有交警大队的《道路交通事故认定书》为证。这一点,原被告双方都未持异议。第二次损伤是在2015年7月22日,原告方诉述是自己摔伤。

按照病史记载,秦××在车祸后,自觉头痛、左肩部肿痛。医院检查发现,左侧头顶部有创口、流血。左肩肿胀、压痛。X射线片显示,左侧锁骨肩峰端骨折。2015年4月13日、6月1日,两次X射线检查均显示左肩峰端骨折。而6月1日的检查显示骨折端有骨痂形成、骨折线模糊。上述描述,可以明确的是:在2015年4月12日车祸中,秦××确实有较严重的损伤,具体表现在左头顶部头皮裂伤、左肩部软组织伤,同时伴有左肩峰端骨折和移位。损伤后,一直在医院门诊治疗。

按照病史记载,同年7月22日,秦××曾自己摔倒过。经医院检查,秦××的左侧肩部及胸部压痛(+),胸廓挤压征(+),左肩关节活动受限,左肩后侧有少量皮肤青紫。受伤当天,X射线检查:左锁骨外侧端骨折,左侧第2~7肋骨骨折。受伤当天,秦××住院,接受内固定手术及对症支持治疗。

据上,可以确定,秦××的左锁骨外侧端及第2~7肋骨骨折是此次摔跌所致的新损伤。从X射线片显示看,左锁骨外侧端骨折,位置刚好在原先车祸伤的同一部位处。而且骨折的形态亦完全相同。不同的是,此次损伤的骨折端移位,比车祸伤较明显一些。

四、对鉴定意见的分析

从上述两家鉴定机构出具的鉴定意见看,虽然评定的伤残等级相同,但依据的损伤病理基础是不同的。首次鉴定意见的损伤病理基础,是依据车祸所致的左肩峰端骨折等损伤。2015年7月22日,秦××自己摔伤,致左肩峰端骨折而引起的损伤病理基础,鉴定人未予考虑。重新鉴定的鉴定意见中的损伤病理基础,鉴定人认为,是车祸伤与摔伤共同作用的结果。

上述两家鉴定机构的鉴定人,对秦××的损伤病理基础的认识,谁对谁错?关于这个问题,笔者认为,应当予以认真分析。

首家鉴定机构的鉴定人在表述鉴定意见时,毫不犹豫地认定:秦××左肩峰端骨折,遗留左上肢活动功能丧失10%以上,构成十级伤残。仔细分析,确有不足之处。例如,秦××在同年7月22日摔伤,致左肩峰端再次骨折,并进行住院手术治疗。在此种情况下,是否会加重原先车祸的伤情呢?可能车祸伤很轻,不会导致功能障碍;而这次摔伤损伤病理基础严重,左肩关节功能障碍可能完全是这次摔伤所引起。这些问题，首次鉴定的鉴定人在鉴定书的分析说明中，未予分析说明。因此，被告方有理由认为，首次鉴定的鉴定意见存在瑕疵。重新鉴定的鉴定人，在鉴定意见中认为：秦××的左上肢活动功能障碍，是由交通事故伤与摔伤共同作用的结果。对于这一表述，应从形象思维和逻辑推理两个方面综合考虑，不可顾此失彼。

另外，两家鉴定机构对鉴定意见的表述并不规范。例如，首次鉴定机构对鉴定意见是这样表述的："交通事故，致左锁骨肩峰端骨折等，遗留左上肢丧失功能10%以上"。这一表述使人理解为：秦××左上肢丧失活动功能，主要是左肩峰端骨骨折引起的。有临床常识的人都知道，锁骨只是支持肩胛骨，使上肢骨与胸廓保持一定距离，利于上肢的灵活运动。2016年7月30日X射线片显示，秦××左肩峰端骨折，已基本愈合。从这一情况推断秦××左锁骨已能支持左侧肩胛骨，使左上肢骨与胸廓保持一定距离，不会影响左上肢的灵活运动。可是经检验，秦××左肩关节是存在功能障碍的。这就说明，单独肩关节组成骨有损伤，其愈合后不一定有功能障碍。因此，首次鉴定的鉴定人，对鉴定意见的表述是不太确切的。重新鉴定的鉴定人，将鉴定意见表述为"秦××的左锁骨骨折，经治疗后，遗留左上肢活动功能丧失10%以上的伤残等级为十级伤残"，犯了与首次鉴定的鉴定人同样的错误，而且缺失了致伤因素，并对损伤参与度的表述过于烦琐。

五、锁骨同一部位两次损伤的评残策略

锁骨同一部位两次损伤，怎么评定伤残等级？笔者认为，不同的鉴定人会有不同的评定方法，给出不同的鉴定意见。本案例中两家鉴定人的鉴定方法和出具的鉴定意见就是例证。

本案例中，首家鉴定机构的鉴定人在对秦××进行法医学活体检验之后认为，秦××的左上肢丧失活动功能，应归因为车祸伤。重新鉴定鉴定人在对秦××进行活体检验后认为，秦××的左上肢活功能障碍，应当是车祸伤与摔伤共同作用的结果。这两种意见的出具都有充分的理由。采信哪一种鉴定意见？不同的人会有不同的选择。笔者认为，对评定类似伤残等级的策略，应当是：具体问题，具体分析，找出主要矛盾，做出决定。

秦××左肩峰端在3个月零9 d的时间里，有两次骨折损伤。在第二次骨折后1年零2个月缺3 d时，进行第一次鉴定，被评为十级伤残。第二次骨折损伤的部位，亦在第一次骨折的部位。我们来分析一下两次损伤的程度问题：第一次左肩峰端损伤，经医院检查发现左肩肿胀，轻压痛。X射线片显示左肩峰端骨折，骨折端有移位，对位对线不佳。医师建议手术治疗，患者拒绝。后来，X射线片复查显示，断端对位对线欠佳，有骨痂形成。据上得出

结果：

（1）损伤部位在肩峰端。

（2）损伤处愈合欠好。从损伤部位看，可能在骨折的同时，存在肩袖损伤（虽然未做MRI检查，根据临床常识可做出推断），何况骨折处愈合不好。第二次骨折等损伤后，医院检查见：左侧肩部压痛，左肩部活动受限。X射线片显示左锁骨外侧端骨折，断端移位。手术内固定治疗。从秦××的两次左肩峰端骨折后检查结果看，第一次骨折损伤程度比第二次略微重一些。理由：首先，第一次左肩部的软组织损伤比第二次严重。因为第一次损伤，左肩部有肿胀的记述，第二次损伤后，没有查到软组织肿胀的情况。其次，第一次损伤是有手术指征的，是患者拒绝而未手术。第二次损伤后，行手术内固定治疗，原因不在于损伤程度重，而是因为手术有利于愈合。

前面提到过，锁骨只是支持肩胛骨，使上肢骨与胸廓保持距离，利于上肢活动。秦××左肩峰端损伤，经过治疗已愈合，就意味着已恢复原有的作用，对肩关节的活动不存在影响。鉴定时查出的左肩关节功能障碍，不是锁骨损伤的缘故，而是左肩峰端周围软组织损伤的缘故。

从病史资料记载分析，秦××第一次左肩峰端损伤的同时，其周围软组织损伤就存在，左肩部肿胀就是软组织损伤的表现。第二次左肩峰端损伤是否同时存在软组织损伤？不好说。因为，第二次左肩峰端损伤后，医院在检查时，没有左肩部肿胀的记载，不能证明左肩部软组织损伤的存在。法医临床司法鉴定，是在第二次左肩部损伤后1年余进行的，而且评上十级伤残。第一次左肩部损伤的情况与第二次损伤的情况相类似。第二次左肩部损伤后，能评上伤残等级；第一次左肩部损伤情况比第二次损伤情况还要严重，应当更加能评上伤残等级。

在没有依据显示秦××第二次左肩部损伤比第一次损伤严重的情况下，做出左上肢活动功能障碍是由两次损伤共同作用的意见，显然是不对的。因此，笔者认为，秦××车祸致左上肢活动功能障碍在10%以上，评为十级伤残是应当的，不考虑参与度。

第五节　肱骨骨折的伤残评定

一、案情简介

由××，男，1964年11月21日出生。2014年1月22日18时29分许，由

××在当地街上被他人的汽车撞伤。至医院诊查时，主诉：车祸伤后，右肩畸形，活动受限3 h。检查：右肩部多处皮肤挫裂伤，创缘不整，污染严重。肩部肿胀明显，外观畸形。肱骨近端处压痛明显，可及骨擦感，有反常活动，右肩活动不能。右下肢多处皮肤挫裂伤，踝关节稍受限。2014年1月23日的X射线片显示：右肱骨近端粉碎性骨折，移位明显。2014年1月27日，行“右肱骨近端骨折切复内固定术”。术后予以相关对症支持治疗。由××住院13 d出院，被诊断为：右肱骨近端粉碎性骨折，右下肢皮肤挫伤，右肩胛喙突骨折。

2014年2月28日，由××因“右肩僵硬，活动受限37 d”再次住院。查体：右肩关节僵硬、肿胀。右肩部见一长约15.0 cm手术瘢痕。右肩、肘关节活动受限。右肩主动屈曲约65°，外展160°，后伸40°；右肘关节主动屈曲约95°，伸-15°。完善相关检查后，予以肩周部位推拿、促进肩肘关节血液循环等相关对症支持治疗。住院20 d出院，诊断：右肱骨近端粉碎性骨折术后，右肩关节粘连。

2015年6月8日，由××因“右上臂外伤术后1年半，骨折已愈合，要求拆除内固定”住院。查体：右上臂局部无手术瘢痕。完善相关检查，排除手术禁忌证后，于2016年6月10日行右肱骨骨折拆内固定术。术后予以相关对症支持治疗。出院诊断：右上肢外伤术后，肱骨骨折愈合。

二、法医临床司法鉴定

2015年7月14日，由××因处理事故需要，委托法医临床司法鉴定机构，进行伤残等级评定。

（一）首次鉴定

1.法医临床检验　被鉴定人由××步行入室，神志清，查体合作，一般情况可。被鉴定人自述：“右肩关节常有肿痛，上抬困难，不能提重物，不能从事体力劳动。”查体：右肱骨近端见一条长18.0 cm条状手术瘢痕，瘢痕周边肿胀较明显，右肩关节压痛较明显。右肩关节前屈上举100°，后伸40°，外展上举95°，内收35°，贴臂位内旋55°，贴臂位外旋40°（对侧：前屈上举180°，后伸60°，外展上举180°，内收40°，贴臂位内旋60°，贴臂位外旋50°），右肩关节功能丧失25%以上（即一肢功能丧失17.5%以上），余无特殊。

2.阅片所见　2014年1月24日，由××的××医院CT片示：右肱骨近端粉碎性骨折，骨折端明显错位，成角畸形，大块骨碎片分离位移，局部嵌顿明显，多条骨折线累及关节面。2015年1月21日，由××的××医院X射线片示：右肱骨近端骨折内固定术后，钢板螺钉内固定在位，对位对线欠佳。骨痂形成，骨折线已模糊。2015年7月8日，由××的X射线片示：右肱骨拆内固定术后。

3. 鉴定意见　由××因交通事故致右肱骨近端粉碎性骨折，目前遗留右肩关节活动受限、功能障碍的伤残等级评定为十级。

4. 出具上述鉴定意见的理由

（1）外伤史明确。2014 年 1 月 22 日 18 时 29 分许，在××县××镇的渔港路附近因车祸受伤，有《道路交通事故认定书》（简易程序）为佐证。

（2）由××的病史资料记载：右肩部多处皮肤挫裂伤，创缘不整，污染严重。肩部肿胀明显，外观畸形。肱骨近端压痛明显，可及骨擦感，有反常活动。右肩活动不能。右下肢多处皮肤挫裂伤等外伤后的临床症状和体征。说明车祸后，由××右肩附近造成了损伤。

（3）2014 年 1 月 24 日，CT 检查显示，右肱骨近端粉碎性骨折，骨折断端明显错位，成角畸形，大块骨碎片分离位移，局部嵌顿明显，多条骨折线累及关节面。

（4）法医学活体检验。被鉴定人自述，右肩关节常有肿胀，上抬困难，不能提重物，不能从事体力劳动。检见：右肱骨近端见一条长 18.0 cm 条状手术瘢痕，瘢痕周边肿胀明显；右肩关节压痛较明显。右肩关节前屈上举 100°，后伸 40°，外展上举 95°，内收 35°，贴臂位内旋 55°，贴臂位外旋 40°（对侧：前屈上举 180°，后伸 60°，外展上举 180°，内收 40°，贴臂位内旋 60°，贴臂位外旋 50°），右肩关节功能丧失 25% 以上（即一肢功能丧失 17.5% 以上）。

案件进入诉讼程序后，被告方认为原告单方面申请委托鉴定对被告方不公平、不公正，对其提供的鉴定意见不服，向法院提出申请，要求委托重新鉴定。

（二）重新鉴定

1. 法医临床检验　被鉴定人由××步行入室，一般情况可。颜面部无特殊，颈软，活动可。胸腹部无特殊。右肩峰经右肩内侧至右上臂中段内侧见一长 20.0 cm 瘢痕，右肩胛背部局部隆起，右肩关节活动度：前屈上举 100°（对侧 170°），外展上举 100°（对侧 170°），后伸 40°（对侧 50°），内收 35°（对侧 40°），水平位外旋 45°（对侧 80°），水平位内旋 50°（对侧 80°）。余无特殊。

2. 阅片所见　2014 年 1 月 23 日，由××的××医院 X 射线片示：右肱骨近端粉碎性骨折，断端错位明显；右肩胛骨喙突骨折。2014 年 2 月 26 日，由××的××医院 X 射线片示：右肱骨近端骨折内固定术后，骨折线可见；右肩胛骨喙突骨折。2015 年 6 月 11 日，由××的××医院 X 射线片示：右肱骨近端骨折内固定已拆除，对位对线可。

3. 鉴定意见　由××因交通事故致肱骨近端粉碎性骨折、右肩胛骨喙突骨折，经手术治疗后，目前遗留右上肢活动功能丧失达 10% 以上（未达

25%)的伤残等级为伤残十级(《道路交通事故伤残等级鉴定标准》)。

4. 出具上述意见的理由

(1)外伤史明确:2014 年 1 月 22 日 18 时 29 分许,在××县××镇渔港中路附近因车祸受伤。有××县公安局交警大队《道路交通事故认定书》为证。

(2)伤后出现临床症状和体征明显:由××车祸伤后当即经医院查及右肩部皮肤多处挫伤,局部肿胀明显,外观畸形;右上臂近端压痛明显,有骨擦感,有反常活动;右下肢多处皮肤挫裂;右踝关节活动略受限等。

(3)影像学检查显示右肱骨近端骨折:2014 年 1 月 23 日 X 射线片显示右肱骨近端粉碎性骨折。2014 年 1 月 23 日 CT 片显示右肱骨近端粉碎性骨折。

(4)手术记录:……手术中充分暴露肱骨近端,见肱骨外科颈、解剖颈呈粉碎性骨折,远端向内、前上方移位,胸大肌部分断裂。

(5)法医学活体检验:有活动功能障碍。被鉴定人步行入室,一般情况可。右肩峰经右肩内侧至右上臂中段内侧见一长 20.0 cm 瘢痕,右肩胛正中有隆起。右肩关节活动度:前屈上举 100°(对侧 170°),外展上举 100°(对侧 170°),后伸 40°(对侧 50°),内收 35°(对侧 40°),水平位外旋 45°(对侧 80°),水平位内旋 50°(对侧 80°)。

三、伤情分析

据两份鉴定书记载,由××于 2014 年 1 月 22 日因车祸致右肩多处损伤,当时自觉伤处疼痛、畸形、活动受限。医院查及右肩有皮肤挫伤,局部肿胀明显,伤处外观畸形,有骨擦感,有反常活动;右下肢多处皮肤挫裂,踝关节活动略受限。从上述情况看,由××车祸后,右肩、右下肢近踝部等处既有皮肤缺损,又有肿胀、畸形等临床症状和体征。这些说明,其在车祸后,确实存在较严重的损伤。而且这些损伤由影像学检查显示和手术中所见而得到证实。在客观上,由××的右肩部及右踝部的解剖结构的破坏,是导致关节功能障碍的损伤的病理基础。由××右肩部车祸伤已近 2 年,经法医学检验证实,其右肩关节活动功能丧失是客观存在的。

四、对鉴定意见的分析

从第二节所叙述内容可以看出,首次法医临床鉴定意见与重新鉴定的鉴定意见的观点基本相同。这就说明,由××车祸后,右肱骨近端粉碎性骨折。经过努力治疗、功能恢复锻炼,其右肩关节还是遗留一定程度的功能障碍。同时说明,两家鉴定机构出具的鉴定意见均是正确的。

当然,从整个鉴定过程看,虽然鉴定意见是正确的,但是在鉴定操作上存在不足。首家鉴定机构在对由××鉴定时，存在如下问题：①在法医临床检验时，针对性比较强，即伤哪里就检查哪里。②检验方法不正确。如肩关节前屈上举100°，外展上举95°。在此种情况下，正确的检验方法应是水平位检查内、外旋的度数，而首次鉴定人对由××做了贴臂位的内、外旋度数的检查，这是明显不对的。从中可以看出，鉴定人对肩关节的水平位、贴臂位检查的意义不甚了解。重新鉴定的鉴定机构存在如下问题：①解剖结构描述不规范。如“右肩胛背部局部隆起”这样的描述，就使人费解。这个“肩胛背部”是否指肩胛冈中部？②读片比较简单。如“右肱骨近端粉碎性骨折”，这实际上是影像学上的诊断语言，对骨折的显影情况未做具体描述。

两家鉴定机构共同存在的不足有：①病历摘录方面，手术记录未做摘录。②分析说明部分比较简单。具体表现是：在损伤病理基础与适用标准条文方面未做充分分析说明。

五、肱骨上端骨折的评残策略

肱骨上端骨折的伤残评定策略在于：判断其骨折的严重状况、周围软组织的损伤严重程度，以及预后情况；同时判断肱骨骨折经过治疗后，骨折处是否恢复到正常的解剖结构。

从解剖学上来说，肱骨头的前方是肩胛下肌腱，上方是冈上肌腱，后方是冈下肌腱和小圆肌腱。这些肌腱的运动导致肩关节的旋内、旋外和上举运动。更重要的是这些肌腱将肱骨头稳定在肩胛盂中，对于维持肩关节的稳定和活动起着极其重要的作用。

肱骨上端骨折，特别是粉碎性骨折、骨折端明显移位，或者有碎骨片分离等，势必导致附着在肱骨上端的肩胛下肌腱、冈上肌腱、冈下肌腱和小圆肌腱撕裂、断裂等情况的出现。也就是说，肱骨上端骨折会同时导致肩袖的损伤。如果肱骨上端损伤时，肩袖损伤比较轻、愈合比较良好，肩关节活动功能的丧失就比较少。但是，笔者在法医临床上碰到的肱骨上端骨折案例，几乎都是肩关节活动功能后遗障碍。就本案例来说，由××在车祸后，经影像学检查显示：右肱骨上端粉碎性骨折，并有碎骨片分离。手术治疗中，发现肱骨外科颈、解剖颈粉碎性骨折，而且远端向内、向前上方移位，胸大肌也有部分断裂。经过手术和对症支持治疗一段时间后，右肩关节仍肿胀，同时出现僵硬，右肩、肘活动受限。再次入院检查，被诊断为“术后右肩关节粘连”。出现上述情况后，虽然予以对症治疗、康复治疗等，但由于肩关节粘连的出现，预后一定不理想。经两次法医临床检验，由××的右肩关节活动功能还是丧失达22.9%。

上述事实说明，肱骨上端骨折，尤其是比较严重的骨折，都可能伴随其周围肌腱的严重损伤,预后不良,导致肩关节的活动功能障碍。这就是鉴定人在鉴定此类案件时,需要了解的所谓损伤后的病理基础,也就是鉴定此类案件的鉴定策略。

第十一章　下肢损伤的伤残评定

第一节　膝部软组织损伤的伤残评定

一、案情简介

林××，男，1949 年 5 月 23 日出生。2015 年 10 月 28 日，林××因车祸受伤。至医院诊治时，主诉：右膝、右足部等多处外伤半小时。检查：右膝以下及左足背部擦伤，左足背第一、二趾之间近侧见 2.0 cm 伤口，深达皮下，渗血，足趾活动好。初步诊断：右膝擦伤、扭伤（内侧副韧带损伤），右足皮裂伤。予以清创、缝合等对症处理。

2015 年 11 月 4 日，门诊复查。查体：右膝内侧肿胀、压痛（+）。11 月 11 日至××市第六医院门诊行 MRI 检查：右股骨下段及胫骨、腓骨上端挫伤；右膝内侧副韧带、前后交叉韧带损伤，内侧半月板后角撕裂；右膝关节腔内积液。之后，林××以"右膝肿胀、疼痛"为由，定期在门诊复查。

2016 年 6 月 29 日，林××到××市第二医院行 MRI 检查，提示：右膝半月板撕裂，右膝韧带损伤。医师建议：住院手术治疗。

二、法医临床司法鉴定

2016 年 6 月 30 日，林××为理赔需要，启动了法医临床司法鉴定。

（一）首次鉴定

1. 法医临床检验　被鉴定人林××神志清，一般情况可，步行入室，行走稍跛，检查合作。头面部及胸腹部外观无特殊。右股四头肌萎缩，右膝部压痛（+），右膝关节活动功能部分受限，活动范围 0°～85°（健侧 0°～140°）。经计算，右膝关节活动度丧失 39%，右膝关节稳定性欠佳，抽屉试验（+），右下肢承重能力下降。余未见明显异常。

2. 阅片所见　2015 年 11 月 10 日，林××的 MRI 片示：右股骨下段及胫腓骨近端骨挫伤，右膝内侧半月板后角撕裂，内侧副韧带、前后交叉韧带撕裂。2016 年 6 月 29 日，林××的 MRI 片示：右侧股骨下段及胫腓骨上段骨挫伤，右侧半月板体部及后角撕裂，右膝前交叉韧带不全撕裂，右膝髌韧带、股四头肌腱、后交叉韧带、内外侧副韧带损伤，右膝关节腔及周围滑膜囊积液。

3. 鉴定意见　林××因交通事故致右膝外伤，右膝半月板、韧带多发损伤等，目前遗留膝关节不稳、活动功能部分受限伴右下肢承重能力下降，评定其伤残等级为十级伤残。

4. 出具上述鉴定意见理由

(1)外伤史明确。2015 年 10 月 28 日，交通事故致右膝部损伤。

(2)伤后出现症状和体征。右膝部及左足背部擦伤，左足背第一、二趾之间近侧见伤口。

(3)影像学检查提示：右股骨下段及胫腓骨近端骨挫伤，右膝内侧半月板后角撕裂，内侧副韧带、前后交叉韧带撕裂。

(4)检验及右膝关节功能部分障碍。右膝关节活动范围：0°～85°(健侧 0°～140°)；右膝关节承重能力下降；右膝关节抽屉试验(+)等。

(二)重新鉴定

2016 年 8 月 11 日，本案进入诉讼程序后，被告方以原告林××个人委托鉴定，属程序不合法为由，提出重新鉴定。

1. 法医临床检验　被鉴定人林××一般情况可，步行入室。自诉：右膝部疼痛，不能长时间行走。头颅部无特殊。颈软，活动可。胸腹部无特殊。右股四头肌轻度萎缩，右膝部压痛(+)，右膝关节稳定性差，抽屉试验弱阳性，右膝关节活动度：伸 0°(对侧 0°)，屈曲 85°(对侧 140°)。余肢体无特殊。

2. 阅片所见　2015 年 11 月 10 日，林××的××医院 MRI 片示：右股骨下端及右胫腓骨上端骨挫伤，右膝内侧半月板后角撕裂，内侧副韧带、前后交叉韧带损伤，右膝关节腔积液。2016 年 6 月 29 日，林××的××医院 MRI 片示：右股骨下端及右胫腓骨上端骨挫伤，右膝内侧半月板后角撕裂后改变，内侧副韧带、后交叉韧带损伤，右膝关节腔及周围滑膜囊积液。

3. 鉴定意见　林××因道路交通事故致右膝关节韧带、半月板损伤伴关节腔积液，经治疗后，目前遗留右下肢活动功能丧失 10% 以上(未达 25%)的伤残等级为十级伤残。

4. 出具上述鉴定意见的理由

(1)外伤史明确。2015 年 10 月 28 日，林××因车祸致右膝部，左足第一、二趾等处损伤。有交警队《道路交通事故认定书》、法院的立案案由可以佐证。

(2)医院查及明显的阳性症状和体征。车祸后,林××即到当地卫生院和市第六医院、第二医院诊查。林××主诉:右膝、右足部等多处外伤半小时,疼痛。当时查及右膝部肿胀、活动障碍,并有外伤创口。

(3)多次 MRI 检查,显示阳性信号。MRI 片显示:右股骨下段、胫腓骨近端骨挫伤;右内侧半月板后角撕裂,内侧副韧带、前后交叉韧带损伤;右膝关节腔、滑膜囊积液等。

(4)活体检验及阳性体征。右股四头肌轻度萎缩;右膝关节稳定性差,抽屉试验(+);右膝关节活动度:伸 0°(对侧 0°),屈曲 85°(对侧 140°)。自诉:右膝冷痛,只能短距离行走。

三、伤情分析

林××于 2015 年 10 月 28 日,在车祸中受伤。伤后主诉为:右膝、左足等处肿痛。医院检查见右膝以下右足背部擦伤;左足第一、二趾之间近侧见 2.0 cm 伤口,深达皮下、渗血。据上述描述,车祸时,林××的右膝部确实与车有过触碰。由于右膝部肿胀疼痛,多日不见好转,故到市第六医院、第二医院做过 2 次 MRI 检查,均显示右膝内侧副韧带、前后交叉韧带损伤。同时存在右股骨下段、胫腓骨上端骨挫伤。由于两家医院 MRI 检查均显示相同的信号,这一显示应为客观事实。而且,法医临床检验也查及右膝关节的抽屉试验弱阳性,说明右膝关节活动时不稳定。同时查及右膝关节活动功能也存在明显障碍。据此,林××的车祸伤导致右膝关节韧带损伤,后遗功能障碍,应当予以认定。

四、对鉴定意见的分析

林××车祸伤,后遗右膝关节功能障碍,于 2016 年 6 月 30 日启动法医临床司法鉴定。首次鉴定意见出来后,被告方不认可,向法庭申请重新鉴定。因此,林××先后经过两次法医临床司法鉴定。两次鉴定的意见基本相同,出具的鉴定意见理由也基本相同。不同点在于首次鉴定在分析中说:“右膝半月板、韧带多发损伤,导致右膝关节不稳,关节功能部分受限,伴右下肢承重力下降”,重新鉴定的意见书在分析中说:“车祸致右膝外伤,使其右股四头肌轻度萎缩,右膝抽屉试验阳性,右膝关节不稳,导致右膝关节功能障碍”。

从上述两家鉴定人对林××的右膝关节损伤后遗症的检查分析看,笔者认为重新鉴定的鉴定意见和出具的鉴定意见理由比较具有客观性和逻辑性。

五、膝关节软组织损伤的评残策略

在鉴定膝关节软组织伤时，其鉴定策略在于：正确认定软组织损伤的部位及后遗症的严重情况。

本案中，林××因车祸伤及右膝部。经 MRI 检查，其右膝内侧副韧带、前后交叉韧带都有损伤；同时，右膝内侧半月板亦有撕裂。上述损伤虽然经过治疗，但恢复不理想。最后，在重新鉴定时，经活体检验，发现林××的右股四头肌有轻度萎缩；右膝抽屉试验时，关节不稳定；活动功能检查时，右膝伸 0°（对侧 0°），屈曲 85°（对侧 140°），经计算，右膝关节活动功能丧失达 39%，能否评上伤残等级呢？我国《道路交通事故伤残等级鉴定标准》第 4.10.10.1 条规定，一肢丧失功能 10% 以上的，才构成十级伤残。据此条规定，林××的右膝关节活动功能丧失 39%，还需换算成右下肢活动功能丧失的度数，才能确定是否能够评上伤残等级。

据《道路交通事故伤残等级鉴定标准》“C.8.2 肢体丧失功能的计算”规定，肢体丧失功能的计算是用三大关节丧失功能的度数，分别乘以三大关节相应的权重指数。其中膝关节的权重指数为 0.28，再用它们的积分别相加，算出各肢体的丧失功能的比例。那么，林××的右膝关节活动功能丧失为 39%×0.28=11%。据以上计算结果看，林××右膝部伤后，其右下肢活动功能丧失达 10% 以上，按照《道路交通事故伤残等级鉴定标准》的规定，已构成十级伤残。

第二节　膝部软组织损伤的伤残评定

一、案情简介

巾××，男，1953 年 5 月 20 日出生。2014 年 11 月 22 日 16 时许，在船上作业时，被缆绳击中左膝部受伤。巾××伤后先到当地卫生院求诊，后到××山市中医骨伤科联合医院治疗。据该院住院病历记载：主诉“缆绳击伤左膝部，疼痛、活动受限 2 d”。现病史：左膝外伤后，经拍片提示“左髌骨骨折”。门诊以“左髌骨骨折、左膝内侧副韧带损伤、左臀部软组织挫伤”收入院。专科检查：左膝部内侧略肿胀，股骨内侧髁有压痛，膝盖处及胫骨平台内侧无明显压痛，膝外侧侧方应力试验（+）。因疼痛，抽屉试验及髌骨研磨试验检查不理想，浮髌试验（+）。局部未及骨擦音及异常活动，足跟纵向叩痛（-），足趾活动、感觉正常。左臀部肿胀,局部压痛(+)。骨盆挤压分离试验(-)。辅助检查:左膝关节 CT 检查报告(2014 年 11 月 25 日)显示,左膝关节腔积液,左髌骨骨折,左膝关节内侧软组织挫裂伤。左膝关节 MRI 检查(2014 年 11 月 26 日)显示:左膝半月板后角损伤;左膝前交叉韧带及内侧副韧带可能损伤;左膝关节腔少量积液;左膝关节周围软组织挫裂伤。左膝关节 X 射线检查(2014 年 11 月 27 日)显示:左膝关节内侧间隙增宽,提示内侧副韧带断裂,膝关节退行性改变。2014 年 11 月 27 日行"左膝关节内侧副韧带损伤修补术,左膝内交叉韧带重建术"。术中见:左膝内侧副韧带在左股骨内侧髁处断裂,关节囊破裂,股内侧肌肉部分断裂,暴露关节腔,流出约 40 mL 血性液体。见内侧半月板完整,前交叉韧带在股骨侧止点处撕裂。予冲洗关节腔后,在股骨内侧髁韧带止点处旋入 2 枚缝合锚钉,固定撕裂的交叉韧带和内侧副韧带,缝合撕裂关节囊。术后予以抗感染等对症处理。2014 年 12 月13 日出院诊断:左膝关节内侧副韧带损伤,左髌骨骨折,左臀部软组织挫伤,左膝关节半月板、前交叉韧带损伤。

2015 年 6 月 9 日,巾××因"左膝部疼痛不适伴活动受限半年,加重 3 个月",再次入住××山市中医骨伤联合医院。现病史:3 个月前,行走时出现"打软腿",左膝关节疼痛加重,行走不便。曾在门诊复查时予以玻璃钠针关节内注射。疼痛稍好转,但仍有打软腿现象。查及左膝前交叉韧带及内侧副韧带部位处轻压痛,侧方应力试验弱阳性,抽屉试验(+),过屈试验(+),浮髌试验(-);膝关节活动度 0 ~ 130°。股四头肌萎缩明显,左下肢轻度跛行。2015 年 6 月 12 日行"左膝关节镜探查术,取自体腘绳肌腱重建前交叉韧带、半月板成形术"。术中见左膝前交叉韧带在股骨侧断裂吸收,残端瘢痕黏附在后交叉韧带上,后交叉韧带松弛,但连续性存在。内侧半月板后角破裂,外侧半月板轻度退变。股骨滑车软骨三度损伤,损伤面积为 2.0 cm×3.0 cm。行内侧半月板成形术、软骨修整术。取右侧腘绳肌腱,建前交叉韧带,后交叉韧带皱缩加强。术后采用抗感染、活血化瘀、行气止痛等治疗措施。2015 年 7 月 3 日,出院诊断:左膝前交叉韧带损伤(断裂),左膝半月板损伤,左膝内侧副韧带断裂术后,左膝骨性关节炎。

二、法医临床司法鉴定评定

(一)委托鉴定的启动

2015 年 9 月 16 日,巾××以赔偿医疗费、误工费等为理由,将被告孙××诉至宁××海事法院。在诉讼中,被告对巾××主张的第二次住院治疗所产生的医疗费用有异议,认为与第一次在船上作业时受伤无关。为搞清事实,故向法院申请,进行法医临床司法鉴定。

（二）法医学检验

巾××轻度跛行入室，对答切题。头面部无异常；颈部软，活动可；胸、腹部正常。左膝内侧见 13.0 cm 瘢痕；左膝内侧略肿大畸形，局部压痛（+）；左膝关节活动度：屈 130°（对侧 145°），伸-10°（对侧 0°）。右小腿上段内侧见 4.0 cm 瘢痕。余无特殊。

（三）阅片所见

2014 年 11 月 25 日，巾××的××山市中医骨伤联合医院 CT 片示：左膝关节积液、左髌骨骨折、左膝关节内侧软组织挫裂伤。2014 年 11 月 26 日，巾××的××医院 MRI 检查示：左膝内侧半月板后角见条状信号增高影，以 T_2WI 表现明显（提示损伤），左内侧副韧带上段见信号增高影，左膝关节囊内见长 T_2WI 信号积液影，左膝关节周围软组织肿胀增厚，T_2WI 信号增高。2014 年 11 月 27 日 X 射线片示：左膝关节内侧间隙增宽（提示内侧副韧带断裂），髁间隆突变尖，周围软组织肿胀。2015 年 5 月 26 日 MRI 片示：左膝前交叉韧带及内侧副韧带损伤（手术后），左膝内侧半月板后角损伤，关节腔少量积液。

（四）鉴定意见及理由

1. 鉴定意见　巾××因外伤致左膝关节内侧副韧带及前交叉韧带断裂，经手术修补等治疗后的残疾等级为十级伤残（依据《人体损伤程度鉴定标准》）（非分级）。巾××第二次住院治疗与第一次外伤存在因果关系。

2. 理由

（1）外伤史明确。2014 年 11 月 23 日，在船上作业，被缆绳击伤左膝部。

（2）损伤引起的病理基础确凿。巾××伤后即经医院查及左膝部肿胀，股骨内侧髁压痛。膝外侧方应力试验（+），浮髌试验（+）。

（3）X 射线片、CT 片及 MRI 中提示：左膝关节腔积液、左髌骨骨折、左膝内侧软组织挫裂伤、左内半月板后角损伤、左膝前交叉韧带和内侧副韧带撕裂。

（4）手术治疗证实上述损伤事实存在。

三、伤情分析

巾××于 2014 年 11 月 22 日，在船上作业时，被缆绳击伤左膝部。当时伤处疼痛，活动受限，左膝内侧肿胀，股骨内侧髁处压痛，左膝外侧侧方应力试验（+），浮髌试验（+）。影像学检查：左膝关节腔积液、左髌骨骨折、左膝关节内侧软组织挫裂伤、左膝关节前交叉韧带及内侧副韧带撕裂。经手术治疗证实上述损伤导致的病理改变，并发现关节囊破裂。根据临床症状和体征及影像学检查的结果，符合前交叉韧带和内侧副韧带损伤的如下临床特点。

(1)新鲜前交叉韧带损伤，可导致关节腔内出血，使关节肿胀、疼痛，不能从事原来的工作或运动，膝关节伸直和过屈活动受限。据最近的检查，巾××左关节的情况就是如此。

(2)查体时的浮髌试验阳性，抽屉试验检查松弛，无抵抗。

(3)膝关节 MRI 检查显示：关节内积血，前交叉韧带肿胀或连续中断，可看到残端；股骨髁间窝外侧壁或股骨外髁后方和相对应的胫骨平台有挫伤信号。

四、膝部软组织损伤的评残策略

评残策略：首先熟悉膝关节解剖结构，其次了解膝关节损伤情况，然后对关节功能、膝关节有关结构损伤情况进行综合考虑，确定能否评上伤残等级。

膝关节部位表浅，关节面积最大，杠杆作用最强，负重较多，容易损伤。膝关节由股骨下端、胫骨上端、髌骨和周围的肌肉、肌腱与韧带组成。膝关节的稳定性主要依靠十字韧带、内侧副韧带和关节囊来维持。膝关节的伸屈活动主要依靠股四头肌、髌韧带、十字韧带、侧副韧带的牵引、维稳，半月板、关节囊的润滑等。因此，上述提到的这些组织损伤，均可导致膝关节的功能障碍和膝关节的不稳定。本案当事人巾××因故致左髌骨骨折，左膝关节内侧软组织挫裂伤，左膝关节前交叉韧带及内侧副韧带撕裂，致使左膝关节功能有一定程度障碍，存在潜在的膝关节稳定性问题。因此，从巾××左膝关节损伤、多根韧带断裂、膝关节伸屈功能障碍及稳定性下降等综合考虑，应当评上残疾等级。

第三节 交叉韧带损伤的伤残评定

一、案情简介

成××，男，1994 年 12 月出生。2016 年 7 月 2 日 12 时 29 分许，成××在××地附近因车祸受伤。伤后至医院诊查时，主诉：车祸致左膝肿痛、活动障碍 4 h 余。检查：双肘、左膝、左小腿前方均见皮肤挫伤痕迹，有渗血；左膝部肿胀明显，压痛明显，抽屉试验及麦氏试验因疼痛无法检查；浮髌试验阳性；左膝主动活动功能明显受限。X 射线片显示：左胫骨后侧平台骨折、左腓骨小头骨折。MRI 中显示：左侧胫骨髁间隆突处及腓骨小头骨折；左膝外侧副韧带及前、后交叉韧带损伤；左膝关节腔积液；左膝周围软组织肿胀。住院期间，完善相关检查，于 2016 年 7 月 8 日行“左胫骨后侧平台骨折切复螺钉内固定术”。术中见：后交叉韧带止点撕脱、分离移位明显。清理骨折断端积血和损伤软组织。先复位骨折块，并予克氏针固定，再拧入带尾帽加压螺钉。术后给予对症治疗。住院治疗 18 d，出院诊断：左胫骨后侧平台骨折、左腓骨小头骨折、四肢多处皮肤软组织挫伤、左膝关节前后交叉韧带及外侧副韧带损伤。

二、法医临床司法鉴定

2016 年 10 月 10 日，成××在伤情稳定、左膝关节功能部分受限的情况下，委托法医临床司法鉴定机构，进行伤残评定。

（一）首次鉴定

1. 病史摘要　略。

2. 法医临床检验　被鉴定人成××神志清，一般情况可，步行入室，行走跛行，对答切题，查体合作。头面部未见明显异常。左腘窝至小腿内侧见长 13.0 cm 手术瘢痕；左小腿前侧中段见长 3.0 cm、下段见长 1.0 cm 瘢痕。左膝关节活动功能部分受限：伸屈范围-5°～95°（右侧伸屈范围 0°～145°），不能伸直，左膝关节欠稳定。经计算，左膝关节活动功能丧失达 38%，伴左下肢承重能力下降。双下肢基本等长。

3. 鉴定意见　成××因交通事故致左胫骨后侧平台骨折，左膝后交叉韧带止点撕脱，左膝关节前后交叉韧带及外侧副韧带损伤等。经手术治疗，目前遗留左膝关节活动功能部分受限，伴左下肢承重能力下降，评定其伤残等级为十级伤残。

4. 出具上述鉴定意见的理由

（1）外伤史明确，由交通事故致伤，可由交警队的《道路交通事故认定书》、病历记载等予以佐证。

（2）成××被医院明确诊断为：左胫骨后侧平台骨折，左腓骨小头骨折，四肢多处皮肤软组织挫伤，左膝关节前后交叉韧带及外侧副韧带损伤。

（3）法医临床检验：成××伤后，由于骨折线累及关节面，其左膝关节正常结构被破坏，前后交叉韧带、外侧副韧带损伤等。虽经手术治疗，但恢复欠佳，目前左膝关节活动功能丧失达 38%，并伴有左下肢承重能力下降、左膝稳定性下降等。

2016 年 11 月 21 日，被告保险公司方以病历记载的“治疗结果好转，感觉、血供可；目前查体：活动度-5°～145°”与鉴定时所见严重不相符，鉴定程序有问题等为由，向法院申请重新鉴定。

（二）重新鉴定

1. 病历摘录　略。

2. 法医临床检验　被鉴定人成××一般情况可，步行入室。头面部无殊，颈部软，活动可，胸腹部无殊。左腘窝部见一长 11.0 cm 瘢痕。左膝关节活动度：屈 140°（对侧 150°），伸-5°（对侧 0°）。左膝抽屉试验阳性。

3. 鉴定意见　成××因道路交通事故致左膝关节后交叉韧带损伤，经手术治疗后的伤残等级为十级伤残（依据《道路交通事故伤残等级鉴定标准》）。

4. 出具上述鉴定意见的理由

（1）外伤史明确，系交通事故致伤，有交警队的《道路交通事故认定书》、医院的病史资料记载为佐证。

（2）医院对成××检查后，明确诊断为：左胫骨后侧平台骨折，左腓骨小头骨折，四肢多处皮肤软组织挫伤，左膝关节前后交叉韧带及外侧副韧带损伤。

（3）手术记录摘录：……贴近骨膜剥离达骨胫骨平台髁间尖后方，见后交叉韧带止点骨块呈 V 形撕脱，分离移位明显。清理骨折端积血和软组织，先复位骨折块，并予克氏针临时固定，再拧入一枚带尾帽加压空心螺钉……说明后交叉韧带撕脱，经手术治疗。

（4）《浙江省司法鉴定协会关于伤残程度鉴定若干规范》（下称《协会规范》）的相关规定：膝关节交叉韧带损伤经手术治疗的，可视为一肢功能丧失 10% 以上。这一规定，可作为交叉韧带损伤构成伤残等级的依据。

三、伤情分析

成××于 2016 年 7 月 2 日 12 时 29 分许，在××地因车祸受伤。当时主诉：车祸致左膝肿痛，活动障碍。医院检查发现，患者左膝部疼痛明显，性质为持续性锐痛，且左膝活动障碍，无法站立及行走。无足趾麻木感，左膝是逐渐肿胀的。右膝及双肘多处皮肤挫伤，少许渗血，关节活动可。专科检查情况：双肘、右膝、左小腿前方均见皮肤挫伤痕迹，有渗血。左膝部肿胀明显，皮肤完整，无张力性水疱；压痛明显，抽屉试验（-）；左膝主动活动明显受限。左足趾感觉、活动及血供可，足背动脉搏动可及。X 射线片显示：左胫骨后侧平台骨折；左腓骨小头骨折，位置可。手术中发现后交叉韧带止点骨块呈 V 型撕脱，分离移位明显，清理骨折端积血、软组织、复位骨折块，并用克氏针固定，再拧入带尾帽加压空心螺钉。

综上，据成××的主诉、医院检查情况、辅助科室检查结果和手术所见，说明成××在此次车祸中遭受了损伤。仔细分析成××伤后所出现的临床症状和体征，以及现代医疗检查结果和手术中所见，医院对成××的伤情诊断是正确的，即：左胫骨后侧平台骨折，左腓骨小头骨折，四肢多处皮肤软组织挫伤，左膝前后交叉韧带及外侧副韧带损伤。由于左胫腓骨近端骨折和前后交叉韧带损伤，虽经治疗，终究还是遗留膝关节的活动功能障碍。

四、对鉴定意见的分析

两家鉴定机构出具的鉴定意见可以看出，两家鉴定机构所出具的鉴定意见虽然表述不一样，其意思是一致的：均为十级伤残。

两家鉴定机构在对成××损伤后的病理基础的认定上，其意见也是一致的。但是出具鉴定意见的依据是不同的。首家鉴定机构出具鉴定意见的依据是：成××车祸伤后，致左胫骨后侧平台骨折，骨折线累及关节面；左膝关节前后交叉韧带及外侧副韧带损伤，使左膝关节正常结构破坏。虽然经过手术治疗，但恢复不佳，导致左膝关节活动功能丧失达38%，伴左下肢承重能力下降，左膝关节稳定性下降等。同时，还引进了《协会规范》中的“膝关节交叉韧带损伤经手术治疗的，可视为一肢功能丧失10%以上”的规定。这一依据有3个方面的内容。

(1)关节活动功能丧失达38%，就可评定为十级伤残。

(2)交叉韧带损伤，经手术治疗的，按《协会规范》规定，也可评定为十级伤残。

(3)因胫骨后侧平台骨折，前后交叉韧带、外侧副韧带损伤，导致膝关节不稳定，承重能力下降，带来日常生活不便的，也可评定为十级伤残。首家鉴定机构的鉴定人的意图是：为成××能评上伤残等级，或者为自己的鉴定意见不在重新鉴定时被改掉，将上述3个方面的损伤情况捏在一起，作为鉴定依据，评为十级伤残。

重新鉴定的鉴定机构出具的鉴定意见依据概括起来也有以下3点内容。

(1)成××的左膝关节活动功能经检验，其结果是基本恢复正常。

(2)成××已能行走，也不存在所谓的承重能力下降之说。

(3)左膝关节的交叉韧带损伤，已经手术治疗，抽屉试验阳性。因此，其评残依据只有《协会规范》规定的这一条了。

从成××损伤的病理基础考虑，左膝交叉韧带损伤，虽然经过治疗，但其预后是欠佳的，这在法医临床检验中得到了证实。因此，两家鉴机构给其评定伤残等级的措施，应当是符合标准规定精神的。

五、交叉韧带损伤的评残策略

在《道路交通事故伤残等级鉴定标准》中，无交叉韧带损伤评残的条文规定，而《分级》中的第5.10.6.6条规定：一侧膝关节交叉韧带、半月板伴侧副韧带撕裂伤，经手术治疗后影响功能。评为十级伤残。在此之前《协会规范》《道路交通事故伤残等级鉴定标准》中关于肢体丧失功能的伤残评定做了如下规范：依照《道路交通事故伤残等级鉴定标准》附则5.1条，遇有本标准以外伤残程度者，可根据伤残的实际情况，比较本标准中最相似等级的伤残内容和附录A的规定，确定其相当的伤残等级。

损伤后遗留肢体功能障碍的，可视为一肢功能丧失10%以上，比较《道路交通事故伤残等级鉴定标准》4.10.10.i条及附录A.10条之规定：膝关节半月板破裂经手术治疗的；膝关节交叉韧带损伤经手术治疗的，评定为十级伤残。

除《道路交通事故伤残等级鉴定标准》外，《分级》《协会规范》就交叉韧带损伤能否评残，是附条件的，《分级》比《协会规范》规定的附加条件要求更严格。因此，在碰到交叉韧带损伤能否评残时，应当结合《分级》规定的要求评残。

第四节　腘窝部损伤的伤残评定

一、案情简介

黄××，男，2002年10月5日出生。2012年7月12日，黄××因车祸受伤。至医院诊治时，主诉：左腘窝疼痛，出血2 h。检查：左腘窝可见裂伤，长约15 cm，形态规则，伴有皮肤缺损；裂缘皮肤油污样组织污染。裂伤附近皮肤多处挫伤。腘窝内可见小腿三头肌不全离断，并伤及胫神经和腓总神经，上述神经损伤明显。左膝活动受限；左足各趾与左踝跖屈良好，背伸受限。急症行左腘窝开放清创+辅助性静脉引流术、左膝关节囊修复术、左三头肌修复术。同月20日行左腘窝清创+负压封闭引流（VSD）术。同月27日行腹部取皮术、左腘窝植皮术。术后予以预防感染及对症治疗。2012年8月6日拆除植皮处VSD，见植皮处所植之皮存活良好。2012年8月10日出院诊断：左腘窝开放伤（左腘窝皮肤缺损），左腓深神经损伤，左小腿三头肌不全离断伤。2012年9月5—14日，黄××再次住院（另一家医院），查体见：左腘窝皮肤存活良好；左下肢肌肉萎缩，左小腿外侧、左足背感觉减退；左膝关节活动范围，屈伸在30°～100°；左踝、左足各趾背伸受限，左踝外翻受限。康复科行左膝被动屈伸、跟腱牵伸、经皮神经电刺激等治疗。出院诊断：左腘窝开放伤术后，左腓总神经损伤。出院情况：左膝关节活动范围为屈伸在5°～110°；左踝、左足各趾背伸受限，左足外翻受限。2012年10月24—11月5日，黄××再次住院。查体：左腘窝处创口愈合良好，瘢痕增生明显。左膝关节屈曲运动尚可，伸直略受限。左足背伸功能障碍，左足各趾伸直功能障碍，呈内翻畸形；跖屈功能略受限。小腿腓侧及足外侧感觉减退明显。肌电图检查显示：左膝下腓总神经严重损伤，目前未见早期再生征象；胫神经轻度损伤，有恢复征象。2012年10月26日，黄××在脊椎麻醉下行左胫神经探查松解术、腓总神经腓肠神经移植修复术。术后予营养神经及局部换药治疗。出院诊断：左腘窝外伤术后腓总神经严重损伤，胫神经轻度损伤。2013年8月7—19日，黄××入住××解放军医院，查见：左侧大腿下1/3及小腿肌肉轻度萎缩；左膝腱反射、跟腱反射减弱；左足尖下垂，不能背屈；轻触觉、痛温觉稍减退。治疗方法：补液、理疗、康复锻炼等。出院诊断：左腘窝外伤术后，腓总神经严重损伤，胫神经轻度损伤。2013年8月29日，黄××至××大学附属医院做肌电图检查，电生理表现为：左腘窝伤处腓总神经完全损伤，胫神经部分损伤。2013年9月6—13日，黄××至当地医院住院检查，查及：左腘窝处陈旧性手术瘢痕；踝关节及足趾背屈障碍，肌力0级；踝关节、足趾跖屈肌力4级；小腿外侧、足背刺痛感觉减退。2013年9月7日，在脊椎麻醉下行左腓总神经松解术、神经瘤切除术。术中见：腓总神经、胫神经连续性存在；腓总神经瘤明显。松解神经，切除神经瘤。术后予石膏托固定，并予以预防感染等对症治疗。2014年5月15日，黄××至××市××医院做肌电图检查显示：左腘窝处腓总神经极严重损伤，目前未见再生现象；胫神经轻度损害，有恢复征象。

二、法医临床司法鉴定

为解决交通事故人身损害赔偿纠纷，2014年4月24日，黄××在诉讼中，向法院提出申请，要求对自己的损伤后果进行伤残等级鉴定。

（一）法医临床检验

被鉴定人黄××步行入室，一般情况可。自诉：左踝部不能活动。检查：双侧瞳孔等大等圆，对光反射可。颈软，无抵抗。双侧胸廓对称，未见明显畸形，呼吸平稳，腹平软。左腘窝处可见3处瘢痕，分别长19.5 cm、8.5 cm及7.0 cm，另见7.0 cm×4.5 cm不规则瘢痕。左膝关节被动活动功能尚可，左小腿皮肤感觉较对侧敏感，左下肢肌肉较对侧轻度萎缩。左踝关节的活动功能(主动):背伸-55°(健侧10°),跖屈60°(健侧70°)。左足第一至五趾不能背伸,屈曲轻度受限,足趾活动功能丧失达50%以上。

(二)伤残评定意见

黄××因交通事故致左腘窝外伤伴腓总神经完全损伤、胫神经部分损伤及三头肌完全离断,经多次手术治疗后,目前遗留左足下垂(呈跖屈位,不能背伸)、左踝关节活动功能大部分障碍、左足趾活动功能丧失达50%以上的伤残等级为七级伤残。

(三)出具上述鉴定意见的理由

1. 外伤史明确　有《道路交通事故认定书》可以佐证。

2. 原发性损伤清楚　黄××于2012年7月12日因交通事故受伤后,经医院检查并诊断为:左腘窝裂伤伴皮肤缺损,腘窝内小腿三头肌不全离断,胫神经、腓总神经游离。经肌电图检查,腓总神经损伤严重。

3. 活体检验及明显阳性体征　在法医检验时,查见左足下垂于跖屈位,不能背伸;左踝关节活动功能大部分障碍;左足五趾活动功能丧失达50%以上。

三、伤情分析

据黄××的经治医院病历记载:其于2012年7月12日因车祸受伤,当时医院查及左腘窝裂伤,创口长约15.0 cm,形态不规则,伴有皮肤缺损,裂伤边缘油污物质污染,裂伤附近皮肤多处挫伤。上述特点说明,损伤由钝性物体重力作用所致。黄××主张车祸伤,应当可信,因为车轮撞击是可以形成此类损伤的。医院还查及腘窝内小腿三头肌不全离断,胫神经、腓总神经游离,挫伤明显。车撞击腘窝时,腘窝处皮肤裂开,同时导致腘窝内小腿三头肌不全离断,胫神经、腓总神经损伤。这些就是法医临床上所说的原发性损伤。

经过左腘窝开放性清创、VSD、左膝关节囊修补、左三头肌修复和缺损部位的皮肤植皮等治疗,患者仍遗留左下肢肌肉萎缩,左小腿外侧、左足背感觉减退等后遗症,左膝部活动功能部分障碍,左踝关节、左足各趾背伸受限,左踝外翻受限。肌电图检查证实胫神经部分损伤,腓总神经完全性损伤。上述后遗症是神经损伤尚未恢复的表现。

随着时间的流逝,在黄××腓总神经、胫神经损伤的愈合过程中,出现了神经瘤。在此情况下,只能再次手术,松解和修复损伤的神经,并切除神经瘤。2013年8月29日,黄××至××大学附属医院做肌电图检查,查及左腘窝处腓总神经完全损伤、胫神经部分损伤之电生理表现。2014年5月15日,黄××再次做肌电图检查发现:左腘窝腓总神经极严重损伤,目前未见再生现象;胫神经轻度损伤,有恢复现象。上述检查显示:腓总神经损伤后,经过多次治疗,复原不理想,预后恢复的可能性很渺茫。

四、对鉴定意见的分析

从本案鉴定书的鉴定意见中,可以看出鉴定人以交通事故为外伤史,以左腘窝皮肤破裂伤、腓总神经和胫神经挫伤、小腿三头肌断裂伤为原发性损伤,以活体检验中检见的左足下垂、左踝关节和左足趾活动功能大部分障碍为后遗症,适用比照《道路交通事故伤残等级鉴定标准》第 4.9.9.i 条规定,评定为七级伤残,这个评定意见是比较适中的。在《道路交通事故伤残等级鉴定标准》标准中,人体四肢损伤,如果以活动功能障碍为依据进行评残的,其一肢活动功能丧失必须达到 10%以上(25%以下),一足足趾活动功能丧失必须达 40%以上,才能评上伤残等级。按照这一规定,黄××的左踝关节虽有活动功能大部分丧失,但经计算未达到一肢丧失活动功能的 25%以上。因此,踝关节活动功能丧失是评不上九级伤残的。黄××左足趾活动功能丧失 50%以上,按规定是能够评上十级伤残。另外,《道路交通事故伤残等级鉴定标准》第 4.10.1.a 条规定,神经功能障碍、日常活动能力轻度受限,可以评定十级伤残。黄××在此次车祸中,左腓总神经、胫神经损伤后,出现左足下垂、左足趾功能障碍,如果适用《道路交通事故伤残等级鉴定标准》第 4.10.1.a 条规定,将其评定为十级伤残也是没有问题的。从肢体的活动功能障碍,或者从神经功能障碍、日常活动能力轻度受限中,任选一项评伤残都是符合规定的。

《道路交通事故伤残等级鉴定标准》九级伤残的条款中,没有罗列周围神经损伤后遗症或者并发功能障碍的具体条文。因此,黄××的腓总神经、胫神经损伤所导致的功能障碍,没有条款可以适用。如果就以神经功能障碍,或者足趾活动功能障碍,评定十级伤残,显然不符合黄××左下肢损伤的严重性。所以,鉴定人考虑了上述诸多因素后,运用综合评定的条款,比照《道路交通事故伤残等级鉴定标准》第 4.9.9.i 条,评定黄××腘窝裂伤,三头肌断裂伤,腓总神经、胫神经损伤,后遗踝关节功能障碍、足趾活动功能障碍、足下垂的伤残等级为九级伤残,这是比较妥当的。存在问题:鉴定意见的表述还可简明扼要一些。

五、腘窝部损伤的评残策略

鉴定策略：熟悉解剖结构，准确认定原发性损伤，仔细分析、判断后遗症。

腘窝部损伤不如损伤表象或展开那样简单。要做好腘窝部损伤的伤残评定，首先要熟悉腘窝部的解剖结构。据《人体解剖学》的介绍，腘窝部除填充的脂肪、淋巴结外，还有血管、神经。其中胫神经、腓总神经的位置比较表浅。一旦腘窝部损伤，胫神经和腓总神经就会同时损伤。本案中的黄××的腘窝部损伤就是例证。胫神经为坐骨神经的直接延续，沿腘窝的正中线下行，至腘肌下缘，经腓肠肌内、外侧之间，进入小腿后部。据上述解剖的特点，股骨髁上骨折、膝关节脱位、腘窝部暴力作用，均可以引起胫神经损伤。胫神经损伤后，可引起小腿后侧屈肌群及足底内在肌麻痹；出现足跖屈、内收、内翻，足趾跖屈、外展和内收障碍；小腿后侧、足背外侧、足跟外侧和足底感觉障碍。腓总神经在股后部，自坐骨神经分出后，沿肌二头肌腱的内侧下行，至腓骨头外侧，分为腓浅和腓深神经两个终支。从解剖上可以看出，腓总神经也是途经腘窝部位的。腘窝部损伤同时可伤及腓总神经。腓总神经损伤后，在运动方面可以导致小腿伸肌群中的胫骨肌、长短伸肌、趾长短伸肌和腓骨长短肌瘫痪，出现足下垂、内翻。在感觉方面，腓总神经感觉支分布于小腿外侧和足背。腓总神经损伤，上述部位感觉消失。黄××左腘窝部损伤，腓总神经同时损伤。经过多方治疗，肌电图检查显示没有恢复的电生理反应。临床上表现为左足下垂、呈跖屈位内翻，左足五趾也呈跖屈位，不能背伸。这是典型的腓总神经损伤的临床表现。按照解剖结构看，腘窝部损伤，可以同时损伤的主要是腓总神经、胫神经，其次是股三头肌。能够出现后遗症的还是腓总神经和胫神经损伤，并且后遗症比较突出。

第五节　股骨外侧髁损伤的伤残评定

一、案情简介

居××，女，1957年10月3日出生。2013年4月3日8时30分许，居××在××地发生车祸。事后，居××至医院诊治。主诉：车祸致左膝部肿痛，活动受限2 h。检查：左膝部肿胀，压痛(+)，纵向叩击痛(+)，可及明显的骨擦感。X射线片检查示：左外侧髁粉碎性骨折，对位、对线差，骨折线延及关节面,关节面欠光整。2013 年 4 月 11 日,行左股骨粉碎性骨折切开复位内固定术。术后予以抗炎、活血化瘀等对症治疗。2013 年 5 月 4 日出院诊断:左股骨外侧髁粉碎性骨折。

二、法医临床司法鉴定

(一)首次法医临床鉴定意见

2013 年 10 月 15 日,居××委托法医临床司法鉴定机构,要求按《道路交通事故伤残等级鉴定标准》有关规定,对其评定伤残等级。

1. 鉴定意见　2013 年 10 月 18 日,法医临床司法鉴定机构出具了司法鉴定意见:被鉴定人居××因车祸致左股骨外侧髁粉碎性骨折,后遗左膝关节活动功能障碍的伤残等级为十级伤残。

2. 出具上述鉴定意见的理由

(1)据病历资料记载,左股骨外髁粉碎性骨折,原发性损伤诊断明确。

(2)骨折位置欠佳:位于股骨外侧髁,骨折线延及膝关节,关节面欠光整,破坏了正常的解剖结构,存在影响关节活动功能的隐患。

(3)经法医学检验,膝关节活动功能丧失达 43%,经换算,达到一肢丧失活动功能的 10% 以上。

(二)重新鉴定

案件进入诉讼程序后,被告方对首次鉴定意见存有异议,申请重新鉴定。2013 年 12 月 26 日,经办法院委托另一家法医临床司法鉴定机构,对居××的伤残等级进行重新鉴定。

1. 鉴定意见　居××因车祸致左股骨外侧髁粉碎性骨折,经治疗后,目前遗留左下肢活动功能丧失达 10% 以上的伤残等级为十级伤残。

2. 出具上述鉴定意见的理由

(1)外伤史明确:车祸。

(2)原发性损伤诊断准确:左外侧髁粉碎性骨折。

(3)存在后遗症:经治疗和康复,仍出现左膝关节活动功能障碍。

(4)法医学检验,左膝关节活动功能丧失达 43%,经换算,为一肢活动功能丧失达 10% 以上。

三、伤情分析

居××于 2013 年 4 月 3 日 8 时 30 分许,因车祸受伤。当时膝部肿痛,活动受限。检查发现:左膝部纵向叩击痛(+),压痛(+),骨擦感明显。X 射线片显示:左股骨外侧髁粉碎性骨折,对位对线差,而且骨折线延及关节面,关节面欠光整。根据上述外伤史、伤后出现的临床症状和临床体征,以及辅助检查结果来看，居××的左股骨外侧髁粉碎性骨折是客观存在的，从损伤、临床症状和体征的出现、医师检查所见、X 射线片显示到得出诊断，都符合逻辑。问题是鉴定人在鉴定此类案件时，一定会考虑股骨外侧髁骨折后是否能够导致膝关节功能障碍。根据国家卫生健康委员会权威医学科普传播网络平台和百科名医网提供的内容，并参考 27 例股骨外侧髁骨折后患者中已经骨性愈合的 14 例随访结果，发现：膝关节活动度在 100°以上，行走无痛者 4 例；活动范围在 90°以下，行走疼痛者 1 例；大部分病人术后膝关节功能恢复优秀，手术效果满意。

从上述病例报告分析，股骨外侧髁骨折经适宜的手术治疗和功能恢复锻炼，膝关节活动功能能够恢复到比较理想的程度。当然，亦有少数病例的膝关节功能恢复不理想。这种情况出现的原因，可能与伤及的解剖结构有关。从解剖结构看，股骨外侧髁与前交叉韧带、外侧半月板、侧副韧带相连。因此，严重的外侧髁骨折，比如粉碎性骨折，破坏了关节面，就可伤及外侧副韧带、前交叉韧带、外侧半月板。上述解剖结构损伤，导致病理的和生理的变化，可能影响膝关节的活动功能。居××左股骨外侧髁粉碎性骨折，属于严重的股骨外侧髁损伤，是可以同时导致左外侧半月板、前交叉韧带、侧副韧带损伤的。这就存在膝关节活动功能障碍的病理基础，也是评上伤残等级的依据。

四、对鉴定意见的分析

将首次鉴定出具的鉴定意见与重新鉴定出具的鉴定意见进行比较，发现两者基本相同。就出具鉴定意见的理由而言，重新鉴定比首次鉴定出具鉴定意见的理由要简单得多。

就鉴定意见而言，有车祸史，有左股骨外侧髁粉碎性骨折、骨折线延及膝关节面、断端错位等原发性损伤；伤后经过治疗、康复锻炼；鉴定时间已在伤后半年以上；同时法医检验发现左膝关节活动功能丧失达 43%。由此得出的鉴定意见应当是符合规定要求的，也是正确的。

但是，就出具鉴定意见的理由来说是比较苍白的。比如首次鉴定意见的理由说："骨折位置欠佳，位于股骨外侧髁；骨折线累及膝关节，破坏了正常的解剖结构，影响其关节活动功能。"上述理由是否就是评残的理由呢？在伤情分析一节中讲到，绝大多数股骨外侧髁骨折伤者经过治疗，在膝关节活动功能评价中的活动功能恢复都是优秀的。在 14 例股骨外侧髁骨折的骨性愈合中，只有 1 例有可能评上伤残等级。这说明绝大多数股骨外侧髁骨折伤者的膝关节活动功能恢复是比较好的，不像首次鉴定意见的理由所说的那样：骨折位置欠佳、骨折线累及关节面，就会影响关节功能。首次鉴定意见提出的“理由”的实质就是鉴定人的一种想象，一种主观意见。这种意见与法医临床工作性质是相悖的。重新鉴定出具的鉴定意见的理由中，看不出鉴定人有自己的分析说明的理由。

五、股骨外侧髁损伤的评残策略

评残策略：重点考虑原发性损伤严重程度与后遗症的相对应性。

在“伤情分析”部分中已说过，绝大多数股骨外侧髁骨折伤者经过正确的治疗、康复锻炼，膝关节活动功能恢复是良好的。只有那些股骨外侧髁骨折程度严重者，比如粉碎性骨折、骨折端移位明显的、伤及股骨外侧髁周围软组织的（如侧副韧带、半月板、交叉韧带等），其病理、生理变化后，就有可能导致膝关节活动功能障碍。另外，股骨外侧髁的远端就是膝关节组成部分，如果这一部分由于骨折导致关节面的严重破坏，可以造成膝关节活动功能障碍。

因此，碰到股骨外侧髁骨折的评残案例时，鉴定人应当分析、判断其原发性损伤的严重程度，同时还应当分析、判断原发性损伤严重程度与法医临床检验所得到数据的相对应性，这样才能出具比较正确的鉴定意见。

第六节　股骨中段骨折的伤残评定

一、案情简介

黄××，男，1980 年 12 月 11 日出生。2013 年 10 月 10 日 22 时 20 分，黄××因交通事故受伤。至医院诊治时，主诉：车祸伤，四肢多处疼痛 2 h。检查：神清，稍淡漠。双侧大腿肿胀、畸形，反常活动。右膝部两处开放创口，大小分别约为 7.0 cm、3.0 cm；创口污损，少许活动出血。右髌骨可触及粉碎感。左膝部内侧有 1 处开放创口，大小约 6.0 cm。X 射线检查提示：双侧股骨中段粉碎性骨折。先行双胫骨结节骨牵引术，并于 2013 年 11 月 1 日，在全身麻醉下行“双侧股骨干骨折切开复位术+植骨内固定术+右股骨髁间骨折切开复位内固定术”。术后予以常规营养、支持治疗。2013 年 11 月 19 日出院诊断：双侧股骨粉碎性骨折术后，右股骨髁间骨折。

2016 年 3 月 1—11 日，黄××再次住院，行双侧股骨骨折术后愈合拆内固定术。

二、法医临床司法鉴定

(一)首次评残

为了事故处理需要，黄××于2015年9月14日，委托法医临床司法鉴定机构，进行伤残等级鉴定。

1. 活体检验　黄××坐在轮椅上由家属推入活体检查室。神清，精神可，查体合作，对答切题。右大腿中下段外侧可见1条长23.0 cm纵向瘢痕，色暗。右大腿下段内侧可见1条“L”形瘢痕，色淡，压痛(+)。右膝前可见1条长5.0 cm斜行瘢痕，色淡，压痛(+)。右膝关节活动功能部分受限：屈曲70°(参考值135°)。左大腿中下段外侧可见1条长13.0 cm纵向瘢痕，色淡。左膝外侧可见1条长7.0 cm斜行瘢痕，色淡。左膝下内侧可见1条长3.5 cm斜行瘢痕，色暗，压痛(+)。左膝关节活动功能部分受限：屈曲90°(参考值135°)。

2. 阅片所见

(1)2013年10月12日，黄××的××医院X射线片示：双侧股骨干中段粉碎性骨折，骨折端分离、错位，断端可见碎片游成；右股骨内侧髁纵向骨折。

(2)2014年5月30日，黄××的××医院X射线片示：双股骨骨折处内固定在位，骨折端有骨痂形成，骨折线仍可见。

(3)2015年1月18日，黄××的××医院X射线片示：右股骨干中段及内侧髁骨折处内固定术后改变，骨折端可见骨痂生长。左股骨干中段骨折处内固定术后改变，骨折端可见骨痂生长，骨折线可见。

(4)2015年9月20日，黄××的××医院X射线片示：双股骨骨折处骨痂形成，骨折线消失，内固定仍在位。

3. 鉴定意见　黄××于2013年10月10日，因交通事故致左股骨骨折，经治疗后，目前遗留左膝关节功能部分丧失(失去功能达一肢功能的10%以上)的伤残等级为十级；右股骨内侧髁骨折经治疗后，目前遗留右膝关节功能部分丧失(失去功能达一肢功能的10%以上)的伤残等级为十级。

4. 出具上述意见的理由

(1)外伤史明确。系交通事故伤，有交警队《道路交通事故认定书》为证。

(2)原发性损伤客观存在。主诉：车祸伤，四肢多处疼痛2 h。检查：双侧大腿肿胀、畸形，异常活动；双膝部均有创口可见。X射线检查示：双侧股骨中段粉碎性骨折。上述损伤在手术内固定时得以证实。

(3)法医学活体检验。右大腿中下段外侧有23.0 cm纵向瘢痕，右膝前有5.0 cm斜行瘢痕。右膝关节活动度：屈70°(参考值135°)。左大腿中段外侧有 13.0 cm 纵向瘢痕，左膝外侧有 7.0 cm 斜行瘢痕，左膝下内侧有 3.6 cm 斜瘢痕。左膝关节活动度部分受限：屈 90°（参考值 135°）。

（二）重新鉴定

黄××首次鉴定后，曾与对方商量赔偿损失，未果。进入诉讼程序。被告之一的人民财产股份有限保险公司认为，黄××首次鉴定时内固定在位，不符合省首届法医临床鉴定业务研讨会会议纪要的规定；同时认为股骨中段骨折对膝关节活动功能影响不大。据此，被告方提出申请，要求对黄××的伤残等级等有关事项进行重新鉴定。

1. 法医学检验　被鉴定人黄××步行入室，一般情况可，神清，对答切题，略跛。头颅无畸形，双瞳孔等大等圆，对光反射灵敏；胸部无特殊，腹部有手术瘢痕，腹部软，无压痛。左大腿外侧见纵向 15.0 cm 瘢痕，左膝外侧见纵向 6.5 cm 瘢痕，左膝内侧见一横向 4.0 cm 瘢痕；右大腿外侧至右膝外侧见 30.0 cm 瘢痕，右大腿下段内侧至膝内侧见弧向 15.0 cm 瘢痕，右膝外侧见 7.0 cm 瘢痕。左膝关节活动度：伸 0°（参考值 0°），屈曲 100°（参考值 135°）。右膝关节活动度：伸 0°（参考值 0°），屈曲 80°（参考值 135°）。

2. 阅片所见　2013 年 10 月 12 日，黄××的××医院 X 射线片示：左股骨中段粉碎性骨折，断端错位。右股骨中段及内侧髁骨折，断端错位、分离，骨折线累及膝关节面。2014 年 5 月 30 日，黄××的××医院 X 射线片示：双侧股骨中段及右侧内侧髁骨折内固定术后，内固定在位，位线可，骨痂生长可。2015 年 9 月 20 日，黄××的××医院 X 射线片示：双侧股骨中段及右内侧髁骨折内固定术后，内固定在位，位线可，骨痂生长好，骨折线消失，骨折愈合处膨大。至重新鉴定时，双下肢的内固定已拆除。

3. 鉴定意见　黄××因道路交通事故致右股骨中段及外侧髁骨折，经手术治疗后，目前遗留右下肢活动功能丧失 10% 以上（未达 25%）的伤残等级为十级伤残。

4. 出具上述鉴定意见的理由

（1）外伤史明确，系由道路交通事故致伤。

（2）原发性损伤客观存在。车祸伤后，即感四肢多处疼痛。医院查及双侧大腿肿胀、畸形，反常活动；双膝部有多处创口。X 射线检查显示：双侧股骨中段粉碎性骨折，右内侧髁骨折。出院诊断：双侧股骨中段骨折，右股骨髁间骨折。

（3）法医学检验，有明显阳性体征。患者步行有跛态；双侧大腿、膝部等处有多处瘢痕；双侧膝关节有不同程度的活动功能丧失。

三、伤情分析

黄××于 2013 年 10 月 10 日,因车祸受伤。其伤后 2 h 内至医院,主诉:四肢多处疼痛。医院查及其双侧大腿肿胀、畸形,反常活动;双膝附近有多处开放性创口;右膝创口污损,有少许活动性出血;右髌部有粉碎性骨折可触及。上述情况表明,黄××车祸后,其双侧大腿中下段处造成损伤是事实。这可由 X 射线检查及手术治疗得到证实,同时明确双股骨中段及右股骨髁间粉碎性骨折。应当说,原发性损伤的诊断是正确无误的。之后,双股骨骨折采用手术内固定治疗。黄××的 2015 年 9 月 20 日的 X 射线片显示:内固定在位,位线可,骨折线消失,骨折愈合处膨大。并于 2016 年 3 月 1—11 日,行双侧股骨骨折术后愈合拆内固定术。从上述情况分析,黄××的双侧股骨骨折经过治疗和康复锻炼,已完全愈合。

综上所述,黄××的双侧股骨粉碎性骨折,看上去比较严重,但康复还是比较顺利的。

四、对鉴定意见的分析

首次鉴定时间是在 2015 年 9 月 14 日,离受伤日期已 1 年 11 个月。重新鉴定的日期是在 2016 年 5 月 6 日,离受伤日期近 2 年 7 个月。按理说,首次鉴定日期离受伤日期已近 2 年,黄××伤处的伤情已经稳定,符合鉴定时机的选择。但是,两家鉴定机构鉴定的结果不一样。首次鉴定意见中,黄××两下肢均被评为十级伤残。重新鉴定的意见认为,黄××左下肢构不成伤残等级,右下肢评上了十级伤残。为什么会这样呢? 经分析认为:

(1)黄××左下肢损伤,在首次鉴定时尚未完全愈合,功能还在愈合中。到重新鉴定时,已达到完全愈合,左膝关节活动功能也恢复到评不上伤残等级的程度。

(2)首次鉴定时,黄××左膝关节活动度为 0 ~ 90°;重新鉴定时,黄××左膝关节活动度为 0 ~ 100°。按照权重指数计算,重新鉴定时,黄××左下肢的活动功能丧失为 9% 。按照《道路交通事故伤残等级鉴定标准》4. 10. 10. i 条规定,一肢丧失功能 10% 以下是评不上伤残等级的。所以说,重新鉴定时,不给黄××左下肢评伤残等级是正确的。

从两家鉴定机构出具的两份鉴定书看,在"分析说明"这一部分中,对股骨中段骨折为什么能评上伤残等级未做分析说明。被告方当事人就是因此提出了重新鉴定。这就说明,两家鉴定机构的鉴定人,在鉴定书的分析说明中,均存在着分析说明不足的缺点。

五、股骨中段骨折的评残策略

股骨中段骨折的评残策略:观察和分析骨折愈合情形;了解伤肢软组织损伤的严重程度。

根据法医临床实践,一般认为,股骨中段骨折时,由于骨的杠杆作用被破坏,伴有疼痛作用,使股骨两端的髋关节和膝关节的活动功能受限。随着骨折的愈合,伤肢的软组织损伤被修复,股骨的杠杆作用得到恢复,疼痛也消失。这时股骨在其两端的髋关节和膝关节活动时,不起阻碍作用,肢体的活动功能应当正常。上述情况的前提条件是股骨骨折正常愈合。如果股骨骨折严重,导致股骨畸形愈合、短缩愈合,以及同时伴有神经损伤等,就有可能导致肢体活动功能障碍。另外,如果股骨中段骨折非常严重,同时伴有肌肉、肌腱大量断裂撕裂伤,在愈合过程中,由于肌腱挛缩,牵拉膝关节,就会使膝关节活动功能受限。其受限达到一定程度的,可以评上伤残等级。

本案中被鉴定人黄××双侧股骨中段骨折。治疗过程中,经 X 射线拍片跟踪,发现其左侧股骨骨折处愈合良好,不存在畸形愈合、短缩愈合等情形;同时,也不存在神经损伤、肌腱挛缩等现象。因此,左股骨中段骨折之损伤不存在明显的后遗症,这就失去了评定伤残等级的客观依据。黄××的右膝关节活动功能丧失比较严重,两家鉴定机构都评定了伤残等级。这是因为,黄××右股骨中段骨折的同时,还存在右侧髌粉碎性骨折。右内侧髌是膝关节重要组成之一,其粉碎骨折直接破坏了膝关节的结构,这是右膝关节功能障碍的主要原因。

第七节　胫骨近端骨折的伤残评定

一、案情简介

黄××,男,1965 年 11 月 12 日出生。2015 年 2 月 12 日 18 时许,黄××在甬临线东侧 76 km+800 m 处被车撞伤。至医院诊治时,主诉:左小腿疼痛、出血,活动受限半小时。检查:左小腿肿胀明显,压痛(+),皮肤张力高;左小腿下段局部皮肤小片缺损(表浅)。予以清创、消毒、包扎及左下肢石膏托固定等对症治疗,并收入院观察。入院后,住院医师检查:左面部皮肤擦伤、肿胀、压痛(+)。左下肢石膏外固定。左小腿中段前侧创口敷料包扎干燥。左小腿肿胀、压痛(+)。左膝、左踝关节活动限检。X 射线片显示:左胫骨上段粉碎性骨折，断缘骨块分离，骨折线累及平台。左腓骨小头骨折，位置好。继续予以石膏外固定、抬高患肢制动、预防感染、消肿、制酸等对症治疗。出院诊断：左胫骨上段粉碎性骨折，腓骨小头骨折，多处软组织挫伤。出院第二天，黄××因左小腿肿痛、出血、活动受限 13 h 为由，转至××市第六医院治疗。检查：左小腿肿胀明显、畸形。左小腿中段外侧不规则皮肤挫裂伤口约 7.0 cm，少量出血，约 50.0 mL，压痛明显、叩击痛，存在反常活动，伴骨擦音和骨擦感。左小腿主、被动伸屈活动明显受限。X 射线片显示：左胫骨上端粉碎性骨折，腓骨小头骨折。诊断明确后，2015 年 2 月 27 日，在脊椎麻醉下行左胫骨平台骨折切开复位内固定术、骨髂植骨术。住院治疗 17 d，出院诊断：左胫腓骨上端粉碎性骨折，左膝关节紊乱。

二、法医临床司法鉴定

为了车祸理赔需要，黄××在车祸后 7 个月提起法医临床司法鉴定。

（一）首次评残

2015 年 10 月 17 日，黄××委托法医临床司法鉴定机构，进行了伤残等级评定。

1. 法医临床检验　被鉴定人黄××步行入室，对答切题，检体合作。左小腿皮肤分别见 16.0 cm×0.3 cm、27.0 cm×0.3 cm 手术瘢痕。膝关节活动功能检查：左膝关节伸屈 0°～80°（右 0～150°）。余无殊特。

2. 阅片所见　2015 年 2 月 13 日，黄××的××医院 X 射线片示：左胫骨平台粉碎性骨折，骨折线累及关节面；左腓骨小头骨折，骨折线清晰锐利。2015 年 2 月 15 日，黄××的××医院 CT 片示：左胫骨平台粉碎性骨折，左腓骨小头骨折，骨折线清晰锐利。2015 年 7 月 15 日，黄××的××医院 X 射线片示：左胫骨平台粉碎性骨折，内固定在位；左膝关节面粗糙不平，关节腔狭窄；左腓骨小头骨折。

3. 鉴定意见　被鉴定人黄××因道路交通事故致左胫骨平台粉碎性骨折，现遗留左膝关节活动功能部分丧失，已构成十级伤残。

4. 出具上述鉴定意见的理由

（1）外伤史明确：有交警大队的《道路交通事故认定书》、医院的病历为证。

（2）出现临床症状和体征：左小腿肿胀明显，畸形；左小腿中段外侧有不规则创口 7.0 cm；X 射线片提示左胫骨上段、左腓骨小头粉碎性骨折，骨折线累及关节面。

（3）留有后遗症：左小腿可见多处手术瘢痕；左膝关节活动度：左膝伸 0°（对侧 0°），屈 80°（对侧 150°）。

(4)影像片显示异常信号:2015年7月15日,黄××的X射线片显示,左膝关节面粗糙不平,关节腔狭窄;左胫骨平台粉碎性骨折,内固定在位。

(二)重新鉴定

2016年8月18日,被告方对黄××提供的法医临床司法鉴定意见,在程序方面有异议,认为:黄××是单方委托鉴定的,被告方不在场,故对鉴定意见的真实性、有效性存疑,向法院申请重新鉴定。

1. 法医临床检验　被鉴定人黄××跛行入室,精神可,查体合作。自诉:伤处仍有疼痛,活动不利。头面部、颈部、胸腹腰背部未查及明显阳性体征。左膝外侧至左小腿下段前侧可见1条长24.0 cm的手术瘢痕;左小腿中段内侧可见1条长13.0 cm的手术瘢痕;左膝关节活动度:伸0°(对侧0°),屈曲80°(对侧140°)。左踝关节及左足五趾活动可。

2. 阅片所见　2015年2月13日,黄××的××医院X射线片示:左胫骨上端粉碎性骨折,骨折线累及关节面,膝关节腔变窄。2015年2月15日,黄××的××医院CT片(片号:CT-720826)示:左胫骨平台粉碎性骨折,骨折线累及关节面,骨折断端略错位,关节面紊乱。

3. 鉴定意见　黄××因交通事故致左胫腓上端粉碎性骨折,经治疗后,目前遗留左下肢活动功能丧失达10%以上(未达25%)的伤残等级为十级伤残。

4. 出具上述鉴定意见的理由

(1)外伤史明确:有交警队的《道路交通事故认定书》、两家医院的病历资料为证。

(2)伤后出现了临床症状和体征:黄××伤后即到医院诊查,查及左小腿肿胀明显,皮肤张力高;左小腿下段局部皮肤小片缺损。经住院检查,左胫腓骨上段粉碎性骨折,骨折线累及关节面。

(3)手术治疗证实骨折的存在。

(4)法医学检验及后遗症:左膝至左小腿有两处手术瘢痕,分别为24.0 cm、13.0 cm。左膝关节活动度:伸0°(对侧0°),屈曲80°(对侧140°)。

三、伤情分析

黄××于2015年2月12日车祸伤后,即诉左小腿疼痛、出血、活动受限。检查其左小腿见明显肿胀,触压痛,皮肤张力高,并有左小腿局部皮肤缺损。左膝、左踝关节活动限检。X射线片显示左胫骨上端粉碎性骨折。从当事人的主诉、医师检查结果、阳性体征、影像学片显示等情况看,黄××在此次车祸中,显然是受伤了。左下肢虽然外表看起来损伤较轻。但是,影像片显示,左胫骨平台是粉碎性骨折,骨折线还延及膝关节面,致膝关节正常解剖结构被破坏。临床医师在治疗时，先是石膏外固定及对症治疗。在疗效不理想的情况下，改用钢板螺钉内固定，同时进行对症治疗及康复锻炼。黄××在第一次法医临床司法鉴定时，查及其左膝关节活动度、功能存在一定程度障碍。这些说明，黄××左胫骨粉碎性骨折后，虽然经过正规治疗，但是左膝关节活动功能尚未恢复到正常的范畴。

四、对鉴定意见的分析

首次鉴定与重新鉴定的鉴定意见一致，均对黄××的胫骨骨折、左小腿软组织损伤导致左膝关节功能障碍，评定为十级伤残（依照《道路交通事故伤残等级鉴定标准》有关规定）。这说明，两家法医临床司法鉴定机构出具的鉴定意见相对正确，法庭也采纳了鉴定意见。但是，两家鉴定机构在得出鉴定意见的理由方面是有些不同的。主要表现在左膝关节功能障碍的病理基础方面。一方面，首次鉴定的鉴定机构认为：黄××在车祸中，左胫骨平台粉碎性骨折，骨折线累及关节面；伤后骨痂形成，致左膝关节面粗糙不平、关节腔狭窄。另一方面，因长期固定、限制，关节周围部分肌腱和神经挛缩、粘连、变硬。这就导致左膝关节活动功能障碍。导致左膝关节活动功能障碍的这两个理由，乍一看似乎有点道理。但是仔细分析，好像是鉴定人强加给被鉴定人的。理由如下：从首次鉴定意见书中，看不到黄××左膝关节周围有部分肌腱和神经挛缩、粘连、变硬的检查结果的记录。那么，黄××左膝关节周围部分肌腱和神经挛缩、粘连、变硬的出处在哪里呢？笔者认为，这只能是鉴定人的主观臆测和推断。因此，黄××左膝关节周围部分肌腱和神经挛缩、变硬、粘连的说法不能被认定为黄××左膝关节功能障碍的依据。还有“左胫骨平台粉碎性骨折，骨折线累及关节面，骨折的骨痂形成致关节面粗糙不平、关节腔狭窄”这一说法，也是鉴定人杜撰的。因为骨折处骨痂形成，只是骨折愈合的一个动态过程。在骨痂形成鼎盛期，有可能导致关节面粗糙、关节腔狭窄。通常情况下，这一过程随着骨折愈合的进展、骨痂的塑形，会逐渐消失。另外，骨痂不可能导致整个关节面粗糙不平，甚至导致关节腔狭窄。

从上述分析可以看出，首次鉴定所出具的鉴定意见的理由，有部分是不符合客观实际的，按照这样的理由推论出来的鉴定意见真实性与客观性有待求证。

五、胫骨近端骨折的评残策略

胫骨近端骨折，包括胫骨平台骨折、髁隆突骨折及胫骨中段以上部分骨组织的正常解剖结构的破坏。法医临床上，大多数胫骨近端骨折经过正规的治疗及功能锻炼,是能够达到或接近正常功能的。只有少数伤者,其胫骨近端骨折会将膝关节的正常解剖结构破坏,如膝关节的股骨端关节面与胫骨端关节面正常对应关系被破坏;连接膝关节的股骨端与胫骨端的前后交叉韧带、两侧侧副韧带损伤后,愈合不良;髌韧带、股四头肌腱的损伤后,愈合不良;半月板损伤后,愈合不良等。在法医临床实践中,能评上伤残等级的,大多是存在如上述所列举的损伤病理基础的。因此,在法医临床上,碰到胫骨上段骨折案例时,法医鉴定人的评残策略:首先,了解和确定膝关节的组成结构、损伤的病理基础,即膝关节的骨组织损伤严重性,关节面骨组织破坏的情况,治疗后愈合情况,半月板、软组织损伤的严重程度、愈合情况,是否有并发症的存在等。其次是检查膝关节的活动功能情况。还要考虑:①鉴定时机的选择。大多数标准对鉴定时机的选择规定为3~6个月。笔者的实践经验是:评定膝关节损伤的伤残等级,鉴定时机最好选择在伤后6个月。②检查骨结构损伤是否导致关节功能障碍的,以被动方式进行;检查软组织、神经损伤是否导致关节功能障碍的,以主动方式进行。③膝关节功能障碍能否评上伤残等级,应按标准规定的要求执行。

第八节　胫腓骨下段骨折的伤残评定

一、案情简介

秦××,女,1971年9月2日出生。2014年2月27日18时许,秦××在××地发生车祸,被人送至当地医院诊治。主诉:遇车祸,致左小腿剧烈疼痛、渐肿胀,活动受限,不能站立2 h。检查:神志清,无恶心呕吐,无胸闷、气促,无腹痛,无昏迷史。左小腿肿胀,触压痛(+),主、被动活动受限。X射线片显示:左胫腓骨中下段骨折。入院后,完善相关检查,处以输液、患处冷敷、石膏制动。2014年3月10日行左胫腓骨骨折切开内固定术。术后对症支持治疗。出院诊断:左胫腓骨骨折。

2016年3月16日—4月6日,秦××再次住院。完善相关检查,于2016年3月18日行左胫腓下段骨折术后取内固定术。术后予以预防感染、退肿等对症治疗。

二、法医临床司法鉴定

为了事故后赔偿,秦××于2016年4月18日,启动了对其损伤后的伤残等级的法医学鉴定。

（一）首次评残

1. 法医临床检验　秦××跛态入检查室，神清，对答切题，检验合作。左胫前至左小腿外侧外踝分别见一处纵向瘢痕，左踝部压痛（+）。左踝关节活动大部分受限，活动度10°，右踝关节活动度75°。左下肢肌肉未见明显萎缩，肌力5级，肌张力正常。皮肤触痛觉可。

2. 阅片所见　2014年2月28日，秦××的××医院X射线片及CT片示：左胫腓骨下段骨质碎裂，断端错位，部分骨折线累及内踝和后踝，提示左胫腓骨下段粉碎性骨折伴内踝及后踝骨折。2014年3月23日，秦××的××医院X射线片示：左胫腓骨下段骨折伴内踝及后踝骨折内固定术后，未见明显骨痂形成。2016年3月22日，秦××的××医院X射线片示：左胫腓骨下段骨折伴内踝及后踝骨折拆内固定术后，骨折愈合。

3. 鉴定意见　被鉴定人秦××于2014年2月27日因交通事故致左胫腓骨下段粉碎性骨折伴内踝及后踝骨折，现遗留左下肢丧失活动功能10%以上，已构成道路交通事故十级伤残。

4. 出具上述鉴定意见的理由

（1）外伤史明确：2014年2月27日，秦××因交通事故受伤后，有××交通警察大队《道路交通事故认定书》、××县钱氏骨伤医院出院记录等为证。

（2）伤后出现了临床症状和体征：秦××伤后约2 h就住院治疗。当时主诉：左小腿剧烈疼痛、渐肿胀、活动受限。查及：左小腿肿胀明显，触压痛（+），活动受限。

（3）影像学检查显示异常信号：左胫腓骨下段高密度影。

（4）手术证实左小腿下段粉碎性骨折：2014年3月10日，行左胫腓骨下段粉碎性骨折切复内固定术；2016年3月18日，行左胫腓骨下段骨折术后取内固定术。以上情况均证明秦××左胫腓骨下段骨折的存在。

根据外伤史、临床症状与体征、影像学片显示与法医临床检验所见，综合分析认为秦××车祸伤后，虽然经过正规治疗和康复，但仍遗留左下肢丧失活动功能达10%以上，构成了十级伤残。

（二）重新鉴定

理赔进入诉讼阶段，被告方对首次鉴定意见有异议，提出了重新鉴定。理由：①原告单方面启动鉴定程序，缺乏公正性。②原告仅有左胫腓骨下段骨折、左踝关节活动一般，不构成伤残等级。

1. 法医临床检验　被鉴定人秦××跛行入室，一般情况可。自述：左足背及左小腿外侧感觉麻木，左踝关节背伸乏力。头面部无特殊，颈软，活动可，胸腹部无特殊。左小腿前侧见24.0 cm瘢痕，下段外侧可见15.5 cm瘢痕，上述瘢痕局部增生，呈淡红色。左踝未见畸形。左踝关节被动活动度：背伸-15°，跖屈35°；主动活动度：背伸-20°，跖屈35°；右踝关节被动活动度：背伸20°，跖屈50°。余无特殊。

2. 阅片所见　2014年2月28日，秦××的CT片示：左胫腓骨下段骨折断裂，断端错位明显；左内、后踝可见透亮骨折线影，骨折线累及关节面，位置可。2016年3月22日，秦××的X射线片示：左胫腓骨骨折内固定拆除术后，骨折线仍可见。

3. 鉴定意见　秦××因交通事故致左胫腓骨下段及左内、后踝骨折伴腓总神经损伤，经治疗后，目前遗留左踝关节活动功能障碍、日常生活能力受限的伤残等级为十级伤残（依据《道路交通事故伤残等级鉴定标准》）。

4. 出具上述意见的理由

（1）外伤史明确：2014年2月27日，秦××在××地因车祸受伤，有交警队的《道路交通事故认定书》、医院病历记载内容为证。

（2）伤后，秦××主诉和医师查及临床症状和体征。主诉：左小腿剧烈疼痛、渐肿胀、活动受限。查及：左小腿中下段肿胀，压痛（+），可触及骨擦音及异常活动，活动不利。

（3）影像学片显示高密度影：影像学中显示左下肢有高密度影，提示左胫腓骨下段粉碎性骨折，断端错位，碎骨片分离。手术内固定时，证实影像学片显示情况。

（4）法医临床检验及阳性体征：2016年9月26日，对秦××进行了活体检验，其左下肢活动情况为：左踝关节被动活动度：背伸-15°（对侧20°），跖屈35°（对侧50°）。说明秦××的左踝关节确实存在活动功能障碍。

三、伤情分析

2014年2月27日18时许，秦××在××地发生车祸，自诉左小腿剧烈疼痛、渐肿胀、活动受限，不能站立。急症影像学检查显示：左胫腓骨下段骨折。2014年3月10日，在腰硬联合麻醉下，行左胫腓骨折切复内固定术。术后诊断：左胫腓中下段骨折。据上述病历资料记载分析，秦××车祸伤明确，并有交警队《道路交通事故认定书》为佐证，外伤史不存在争议。据主诉、临床症状和体征分析，左胫腓骨中下段粉碎性骨折之诊断成立，不应怀疑，而且有影像片结果、手术内固定术所见等证明。在重新鉴定时，又查出了左腓总神经损伤。据临床症状和体征，以及其病历资料分析，这应当是此次车祸伤的并发症。活体检验时，秦××的左踝关节存在足下垂的状态：背伸困难。被动检查：左踝关节背伸-15°；主动检查时：左踝关节背伸为-20°。这说明左足背伸障碍，即足下垂。

四、对鉴定意见的分析

将首次鉴定意见与重新鉴定意见进行比较发现，两次鉴定的意见基本一致。大家都认为，虽然秦××的左胫腓骨中下段骨折经过治疗已愈合。但是遗留有左踝关节活动功能障碍，符合《道路交通事故伤残等级鉴定标准》第4.10.10.i条“一肢丧失功能10%以上”的规定，应当评为十级伤残。笔者也同意评定秦××因车祸致左胫腓骨下段粉碎性骨折，并发腓总神经损伤，后遗功能障碍的伤残等级为十级伤残。问题是：以什么样的损伤病理基础为依据，科学地、客观地从胫腓骨中下段粉碎性骨折推论出左踝关节活动功能丧失，使其损伤程度达到了标准规定要求？

先看首次鉴定的活体检验：左踝部压痛，左踝关节活动大部分受限，活动度为10°。这样的检验与描述实在太笼统，使人觉得检验态度不够严肃与认真，好像是在估计。重新鉴定的活体检验看起来比较认真。对秦××的左踝关节背伸、跖屈都有活动度的测量与记录，并且进行了主动活动、被动活动的测量。说明重新鉴定时，鉴定人对秦××的活体检验是规范、认真与严肃的，其检验结果从程序与形式上看是客观与公正的。重新鉴定的检验结果显示：秦××在此次车祸伤后，遗留有左足下垂状态，并有肌电图检验显示，为左腓总神经损伤予以佐证。

五、胫腓骨下段、内后踝骨折的评残策略

从解剖学上看，胫腓骨下端的关节面与距骨滑车组成了骨性踝关节。单就骨性踝关节，只能起一支架的作用。踝关节还有胫侧副韧带、腓侧副韧带，它们起到连接、限制踝关节的作用。胫侧副韧带为一强韧的三角形韧带，位于关节的内侧，起自内踝，呈扇形向下止于距、跟、舟三骨。因附着部位不同，从后向前，可分为4个部位：距胫后韧带、跟胫韧带、胫舟韧带和距胫前韧带。这些韧带主要限制足的过度背屈，前部纤维则限制足的过度跖屈。腓侧副韧带位于踝关节的外侧，从前往后排列有：距腓前韧带、跟腓韧带和距腓后韧带。这三部分韧带连接外踝、跟骨，距腓后韧带可防止小腿骨向前脱位。从理论上讲，踝关节的骨性组成部分遭受损伤可导致踝关节的活动功能障碍；踝关节的韧带组成部分因损伤而破坏了其应有功能，也可以导致踝关节的活动功能障碍。所以，判定胫腓骨下段骨折是否导致踝关节功能障碍的关键是要掌握踝关节的骨性关节是否受损，附着于骨性关节的胫侧副韧带、腓侧副韧带是否有损伤或断裂。这就是法医临床专家所说的损伤病理基础。这个基础存在，就有可能评上伤残等级。这是法医临床工作者应当掌握的评残策略。

本案的被鉴定人秦××车祸伤后，经检查，确定为胫腓骨下段粉碎性骨折。这一损伤，从解剖结构上分析，踝关节的骨性关节损害不大，就算有骨折线累及关节面，对关节功能没有什么影响。因骨性关节面有骨折线累及，在愈合过程中，会有骨痂形成，可能导致关节面粗糙。但是，随着骨折的愈合，骨痂会被塑形。最后关节面因塑形而恢复原状。所以，秦××的胫腓下段粉碎性骨折，骨折线累及关节面，经过治疗和功能恢复锻炼，对踝关节的活动功能不会造成障碍。但是，胫腓骨下段骨折，附着在骨折处及附近的肌肉、肌腱也会损伤。这些肌肉、肌腱离踝关节有一段距离，对踝关节活动影响不是很大。秦××车祸伤后，虽然经过治疗，还是遗留足下垂。这个损伤的病理基础在哪里呢？经过影像学、肌电图检查，发现胫腓骨粉碎性骨折的同时存在腓总神经损伤。腓总神经损伤是胫腓骨粉碎性骨折的并发症。腓总神经损伤的临床体征之一就是足下垂。因此，足下垂的病理基础就是胫腓骨粉碎性骨折并发的腓总神经损伤。

第十二章　其他损伤的伤残评定

盆部及会阴部位于躯干的下部。上界为两侧髂嵴大约第5腰椎平面，下界为男性阴囊或女性女阴平面。盆部主要有骨性骨盆及盆腔内脏器膀胱、尿道、输尿管、直肠和男女内生殖器官输精管、子宫、输卵管、卵巢等组成。骨盆由左右髋骨(耻骨、坐骨和髂骨)和骶、尾骨以及其间的骨连接构成的一完整的闭合骨环，并通过髋臼与下肢骨连接，起传导重力和支持、保护盆腔脏器的作用。骨盆前半部(耻、坐骨支)称为前环，后半部(骶骨、髂骨、髋臼和坐骨结节)称为后环。两侧髂骨与骶骨构成骶髂关节，并借腰骶关节与脊柱相连；两侧髋臼与股骨头构成髋关节，与双下肢相连。骨盆负重时的支持作用在后环部，故后环骨折较前环骨折更不稳定；但前环系骨盆结构最薄弱处，故前环骨折较后环骨折为多。骨盆是连接脊柱和下肢的栋梁，具有将躯干重力传达到下肢，将下肢的震荡向上传到脊柱的重要作用，同时也是血管、神经和肌肉的通道。骨盆对盆腔内脏器、神经、血管等有重要的保护作用。但当骨盆骨折发生时，这些器官也容易受损伤。

医学上会阴有狭义和广义之分。狭义的会阴仅指肛门和外生殖器之间的软组织，广义的会阴是指盆膈以下封闭骨盆下口的全部软组织，其前界为耻骨联合下缘，后界为尾骨尖，两侧为坐骨结节，这4个点连接后形成的菱形区域即为广义的会阴部。法医学鉴定中所谓会阴部是指广义的会阴，包含肛门、男女外生殖器官(阴茎、阴囊、睾丸、附睾、输精管、阴道)和尿道口。

第一节　盆部损伤的伤残鉴定

一、骨盆骨折

(一)鉴定标准

骨盆骨折鉴定标准见表12-1。

表12-1　骨盆骨折鉴定标准

条款	内容	损伤程度
5.8.2a	骨盆骨折畸形愈合,致双下肢相对长度相差5.0 cm以上	重伤二级
5.8.2b	骨盆不稳定性骨折,须手术治疗	重伤二级
5.8.3a	骨盆2处以上骨折;骨盆骨折畸形愈合;髋臼骨折	轻伤一级
5.8.4a	骨盆骨折	轻伤二级

(二)结构与术语

1. 骨盆不稳定性骨折　外力往往会造成骨盆骨折,如物体击打、摔跌、碰撞,也有肌肉猛力收缩所致髂前上棘或坐骨结节撕脱骨折。当外力较大时,如车祸、高坠、挤压等,骨盆的前后环联合损伤并发生移位,使骨盆稳定性遭受破坏,形成骨盆不稳定性骨折。骨盆骨折分类方法较多,按骨盆环完整性受损程度的临床4型分类法有助于对不稳定性骨盆骨折的把握和操作。

Ⅰ型:即无损于骨盆环完整性的骨折,包括髂前上棘或髂前下棘、坐骨结节、髂骨翼骨折,第5骶骨骨折或尾骨脱位,一侧耻骨单支骨折。

Ⅱ型:即骨盆环一处断裂的骨折,包括一侧耻骨双支骨折、耻骨联合分离、一侧骶髂关节附近骨折脱位。

Ⅲ型:即骨盆环两处以上断裂的骨折,包括耻骨联合附近两处骨折脱位(耻骨双支骨折或耻骨联合分离),合并髂骨或骶骨骨折或骶髂关节脱位,以及骨盆环多处骨折。常见的是耻骨联合分离和一侧骶髂关节脱位或髂骨、骶骨骨折,或者为单侧耻骨上下支骨折合并骶髂关节脱位或骶骨、髂骨骨折。

Ⅳ型:髋臼骨折,包括髋关节中心性脱位。

其中Ⅲ型骨折骨盆环失去稳定性,为不稳定性骨折,而Ⅰ、Ⅱ、Ⅳ型的骨盆环仍稳定,故为稳定性骨折。

2. 骨盆骨折畸形愈合　骨盆骨折畸形愈合是指骨盆骨折愈合后骨折断端对线及对位差,存在分离、旋转或重叠畸形引起骨盆环欠规整,存在一定的变形。

3. 髋臼　髋骨由髂骨、坐骨和耻骨三部分组成,其外侧面有一个大而深的窝,称为髋臼,是骨盆与下肢骨的连接处,与股骨头组成髋关节。髋臼是髋关节的重要组成部分,由于髋关节负重大,活动度大,因此很容易发生损伤。髋臼骨折可由骨盆骨折时耻骨、坐骨或髂骨骨折而波及髋臼,也可由髋关节中心性脱位所致。髋臼骨折易影响髋关节的活动和负重支撑作用。

（三）检查与诊断

骨盆骨折一般通过 X 射线平片影像学检查即可明确诊断,必要时可摄骨盆入出口位片更好地观察骨折移位情况,有条件的可行 CT 扫描和三维重建,能更加直观地反映骨折情况。

（四）鉴定要点

（1）骨盆不稳定性骨折,临床上往往采取手术复位治疗。具体手术指征:①闭合复位失败。②外固定术后残存移位。③耻骨联合分离>2.5 cm 或耻骨联合交锁。④垂直不稳定性骨折。⑤合并髋臼骨折。⑥骨盆严重旋转畸形导致下肢旋转功能障碍。⑦骨盆后环结构损伤移位>1 cm,或耻骨移位合并骨盆后方不稳,患肢短缩>1.5 cm。⑧无会阴污染的开放性后方损伤。⑨耻骨支骨折合并股神经、血管损伤。⑩开放骨折。

骨盆不稳定性骨折,经过手术治疗,按 5.8.2b 评定为重伤二级。鉴定中应把握:①必须首先确定骨盆骨折属不稳定性骨盆骨折。通过术前和术后的 X 射线片或 CT 片等影像学资料相比较,参照不稳定性骨折的分类确定。②必须经过手术治疗。法医鉴定时必须审核有无手术指征,以防过度医疗导致鉴定错误。③骨盆不稳定性骨折临床上一般采用手术复位+内固定,但对于临床上采用骨针+外固定架固定,或因年龄等种种原因不能耐受手术而采取石膏外固定的,不应依照 5.8.2b 评定。④骨盆不稳定性骨折可因骨折移位而造成骨盆变形,但骨盆变形不是确定骨盆不稳定性骨折的必要条件。

【案例 12-1】骨盆不稳定性骨折的法医学鉴定。××男,32 岁,因车祸造成右侧耻骨上下支骨折,骶髂关节脱位,属骨盆不稳定性骨折,经手术内固定复位,评定为重伤二级。

（2）不稳定性骨盆骨折由于畸形愈合,可引起骨盆倾斜,造成伤者在直立状态下双足跟不在同一平面。这种情况下的双下肢长度差是由骨盆倾斜而造成的相对短缩,实际上双下肢的长度没有改变,因此需测量骨盆的倾斜程度来确定。

骨盆倾斜程度的测量可采用以下3种方法:①测量胸骨剑突至两髂前上棘的距离,然后求两距离差。②测量脐至两髂前上棘的距离,然后求两距离差。③在骨盆平片上分别沿两髂骨翼最高点、两坐骨结节及髋臼中心点作3条水平线,上述水平线两条之间的距离,反映倾斜的程度。

上述3种测量方法以第3种方法更直接,更符合鉴定标准要义。鉴定中应把握:①5.8.2a双下肢相对长度是指由骨盆倾斜所致,应测量骨盆的倾斜度,不能以测量下肢长度来定。②如果采取第1、2种方法测量要换算成垂直方向的长度差值,而采用第3种方法测量时应注意所摄平片的缩放比例。③如果相对长度差大于5 cm,依据5.8.2b鉴定为重伤二级。④5.8.2a不包含严重的骨盆骨折,如骨盆达到5.8.2b所规定的程度,则应以5.8.2b评定为重伤二级。

【案例12-2】骨盆骨折畸形愈合鉴定。骨盆多发性骨折畸形愈合,造成骨盆倾斜,两侧髂脊髋臼均不在同一水平线上,导致双下肢相对长度相差5 cm(图12-1),评定为重伤二级。

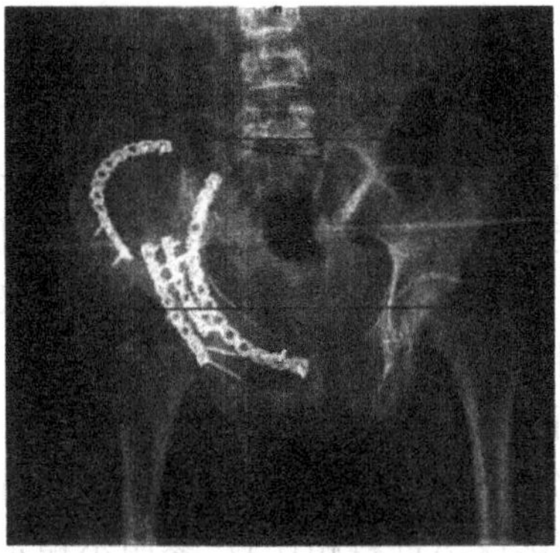

图12-1 骨盆骨折畸形愈合

(3)骨盆骨折畸形愈合:骨盆两处骨折断端对线及对位差,存在分离、旋转或重叠畸形引起骨盆环欠规整,依据5.8.3a鉴定为轻伤一级。

(4)髋臼骨折多由于骨盆骨折或股骨头冲击形成,最好以CT片检查为准。如果髋臼多发骨折且关节活动受限较重,应视其功能状况依据下肢关节活动功能中相应条款进行鉴定。

二、盆腔内组织器官损伤

(一)鉴定标准

盆腔内组织器官鉴定标准见表12-2。

表 12-2　盆腔内组织器官鉴定标准

条款	内容	损伤程度
5.8.1b	子宫及卵巢全部缺失	重伤一级
5.8.2c	直肠破裂,须手术治疗	重伤二级
5.8.2d	肛管损伤致大便失禁或者肛管重度狭窄,须手术治疗	重伤二级
5.8.2e	膀胱破裂,须手术治疗	重伤二级
5.8.2i	子宫破裂,须手术治疗	重伤二级
5.8.2j	卵巢或者输卵管破裂,须手术治疗	重伤二级
5.8.2r	直肠阴道瘘;膀胱阴道瘘;直肠膀胱瘘	重伤二级
5.8.3c	输尿管狭窄	轻伤一级
5.8.3d	一侧卵巢缺失或者萎缩	轻伤一级
5.8.4b	直肠或者肛管挫裂伤	轻伤二级
5.8.4c	一侧输尿管挫裂伤;膀胱挫裂伤;尿道挫裂伤	轻伤二级
5.8.4d	子宫挫裂伤;一侧卵巢或者输卵管挫裂伤	轻伤二级

（二）结构与术语

1. 大便失禁　大便失禁是指肛门失去控制排气、排便的能力,大便不自主流出的一种症状,也称肛门失禁。导致肛门失禁的因素很多,法医鉴定中主要指外伤导致肛门括约肌或支配肛门括约肌的神经受损所引起,如累及肛管括约肌的割刺伤、撕裂伤、烧伤,肛周损伤后遗严重的瘢痕影响括约肌收缩等。肛门失禁的程度依《人体损伤程度鉴定标准》附录 B.1.7 分为轻度和重度(表 12-3)。

表 12-3　肛门失禁分度

轻度	重度
稀便不能控制	大便不能控制
肛门括约肌收缩力较弱	肛门括约肌收缩力很弱或丧失
肛门括约肌反射较弱	肛门括约肌反射很弱或消失
直肠内测压,肛门注水法<20 cmH_2O	直肠内测压,肛门注水法 20～30 cmH_2O

2. 肛管损伤　肛管是消化道的末端,上自肛管直肠环平面,下至肛缘,长 3～4 cm,末端开口为肛门。肛管受损后形成严重瘢痕,可使肛门狭窄,出现排便困难。肛门括约肌损伤,使括约肌失去了括约功能,可致大便失禁。

3. 瘘　“瘘”是指体内脏器因病变或损伤向外溃破而形成器官之间或与

外界相通的异常管道。盆腔脏器位置相邻紧密,往往因病变、剖宫产手术、腔镜检查不当或外伤等导致器官间形成瘘管,如直肠阴道瘘、膀胱阴道瘘、直肠膀胱瘘。瘘管的存在,会造成异常漏尿、漏便,严重时大便不能自控。一般无法自愈,大部分患者需要手术干预。由于病变部位局部解剖的特殊性和复杂性,手术难度大,若处理不当会导致反复感染、复发率高,往往导致患者难言的病痛,生活质量下降。

(三)检查与诊断

子宫、卵巢、输卵管、直肠、尿道、膀胱均属盆腔内的重要器官,在受到暴力作用时往往会出现挫裂伤,甚至破裂出血,严重者会危及生命。盆腔器官由于受到骨盆的保护,一般性暴力导致较少,常出现在交通事故、锐器伤等,往往会合并骨盆骨折等其他损伤。根据损伤及临床表现结合影像学、超声检查,必要时临床可行手术探查可明确诊断。对于有些损伤,特殊的专科检查更有助于确诊。如输尿管、膀胱、尿道或输卵管损伤行静脉肾盂造影、逆行肾盂输尿管造影检查、尿道造影、输卵管逆行造影或输尿管镜、尿道镜、膀胱镜等检查。腔镜检查、钡剂灌肠、超声和磁共振检查均有助于明确瘘管的诊断等。

(四)鉴定要点

对盆腔内组织进行伤残鉴定应根据不同组织的不同情况区别对待。

(1)对于子宫、卵巢、输卵管、直肠、输尿管、膀胱破裂行手术治疗的,按《人体损伤程度鉴定标准》评定为重伤二级。此手术治疗是鉴定中的必要条件,对于有些如子宫不完全破裂、膀胱腹膜外破裂行保守治疗的,不能依据该条款评定。法医鉴定时必须审核有无手术指征,以防过度医疗导致鉴定错误。如手术指征不甚明确或行手术探查但未见器官全层破裂的,不能按此条款鉴定。

(2)卵巢不仅是女性的生殖器官,同时也是女性的性激素分泌器官。因损伤致双侧的卵巢和子宫全部切除(包括宫颈),生育功能丧失同时,需要性激素的替代治疗,属于严重残疾情形,评定为重伤一级。5.8.1b 规定的子宫及卵巢全部缺失是指同时发生的单纯子宫或卵巢切除,应遵照 5.8.2i 或 5.8.2j 评定为重伤二级。对于一侧卵巢因外伤必须手术切除的应依据 5.8.2j 评定为重伤二级,而不宜依据 5.8.3d 做出损伤程度评定。

(3)确证伤及肛管直肠环,使括约肌失去了括约功能而致大便失禁,此时应行乙状结肠造口,待伤口愈合后,二期行括约肌修补术。对于重度肛门失禁而必须手术治疗的应评定为重伤二级。有时肛管损伤严重,治疗时直接行乙状结肠造口,因肛管系直肠的一部分,可以比照 5.8.2c 评定为重伤二级。在评判肛门失禁的严重程度时,直肠内测压肛门注水法,因个体的正常值差异较大，不能机械地仅依据测压值或某一项检查确定，应依据损伤基础、直肠指检、肛门反射结果，下消化道动力学检查结果综合分析判断。

（4）肛管受损后形成严重瘢痕，使肛门狭窄，出现排便困难。肛门狭窄程度一般通过直肠指检来判断。正常指检容易通过，如果指检通过困难，为轻度狭窄；不能通过或只能容纳示指尖，为重度狭窄。肛门狭窄经定期扩肛不能奏效，有进行肛门狭窄成形术的指征，可以依据《人体损伤程度鉴定标准》5.8.2d 评定为重伤二级。

（5）腔镜检查、钡剂灌肠、超声和磁共振检查均有助于明确瘘管的诊断等。一旦确诊外伤造成直肠阴道瘘、膀胱阴道瘘、直肠膀胱瘘，无论如何治疗和治疗的效果，均依据 5.8.2r 评定为重伤二级。

（6）盆腔内器官挫裂伤的鉴定重点在于明确诊断，确诊不能单凭临床症状，关键要有相应的影像学检查。常规超声检查对子宫、卵巢、输卵管、直肠、输尿管、膀胱等部位的挫裂伤即可确诊。对于超声检查不能确诊的情况下，需行相应的特殊检查，如静脉肾盂造影、逆行肾盂输尿管造影检查、尿道造影、输卵管逆行造影或输尿管镜、尿道镜、膀胱镜等检查。在明确诊断后可依据相应条款鉴定为轻伤二级。怀疑有盆腔内器官挫裂伤的，建议伤后尽快到医院检查，以便明确诊断。临床诊断有挫裂伤而超声检查一时不能明确的，一定要行特殊检查，以防日后因时机丧失无法明确诊断而造成鉴定工作被动。

（7）卵巢破裂鉴定时必须与卵巢巧克力囊肿自发破裂、卵巢异位妊娠破裂、黄体破裂、卵巢囊肿蒂扭转等相鉴别。当这些疾病存在时，一般轻微外力也会导致破裂，应注意按照总则 4.3 来把握伤病关系，评定损伤程度。

三、尿道损伤和排尿障碍

（一）鉴定标准

尿道损伤鉴定标准见表 12–4。

表 12–4　尿道损伤鉴定标准

条款	内容	损伤程度
5.8.2f	后尿道破裂，须手术治疗	重伤二级
5.8.2g	尿道损伤致重度狭窄	重伤二级
5.8.2s	重度排尿障碍	重伤二级
5.8.3b	前尿道破裂，须手术治疗	轻伤一级
5.8.4m	轻度排尿障碍	轻伤二级

（二）结构与术语

1. 排尿障碍　排尿障碍是指排尿不顺畅、费力，须增加腹压才能排出。轻者表现为排尿延迟、射程短；重者表现为尿线变细、尿流滴沥且不成线，排尿时甚至需要屏气用力，乃至需要用手压迫下腹部才能把尿排出；严重的可发展为尿潴留。排尿障碍分功能性和阻塞性两大类，常因疾病（如肿瘤、炎症、前列腺增生等）、外伤（脊髓、尿道损伤等）、先天性异常等造成。本章外伤性排尿障碍主要指尿道损伤后导致尿道狭窄所引起的机械性梗阻。

2. 前、后尿道　男性尿道从解剖学上以前列腺为界分为前尿道（球部尿道与悬垂部尿道）及后尿道（前列腺尿道及膜部尿道）。

3. 尿道狭窄　尿道狭窄是指尿道较正常狭窄，多因尿道损伤严重或初期处理不当，瘢痕挛缩所造成，实际上是尿道外伤的后期并发症。临床对尿道狭窄的程度并没有明确的分级或分度，在确定尿道狭窄后，一般通过尿道造影或以测定残余尿量来判断狭窄相对程度较为客观准确。

（三）检查与诊断

尿道损伤的诊断，应根据病史、体征、尿道器械检查和尿道膀胱造影术而确定。临床上确定尿道有无狭窄一般采用尿道探子、B 超和尿道造影来检查确定，尿动力学检查也有助于对排尿困难的原因做出诊断。

（四）鉴定要点

尿道不同损伤类型及后遗症在鉴定时应考虑以下内容。

（1）前尿道破裂对人体的损害较后尿道破裂损害轻，故男性前尿道破裂，须手术治疗的，其损伤程度评定为轻伤一级；后尿道破裂，须手术治疗的，其损伤程度评定为重伤二级。女性尿道相当于男性后尿道，其尿道损伤均按后尿道损伤评定损伤程度。

（2）骨盆损伤引起的排尿障碍特指尿道损伤引起的后遗症，排尿困难是尿道狭窄的主要临床症状，因此在鉴定中首先要明确其原发性损伤基础。因脊髓损伤造成的排尿困难应参照脊髓损伤的有关条款评定。

（3）尿道狭窄是尿道外伤后的后遗症，前尿道损伤手术治疗者，术后尚需定期尿道扩张治疗，因此对于排尿困难或尿道狭窄的鉴定，宜在多次尿道扩张治疗后鉴定。尿道狭窄经多次尿道扩张效果欠佳者，有手术指征而行手术治疗的，应为《人体损伤程度鉴定标准》所指的尿道重度狭窄，评定为重伤二级。

（4）排尿障碍的程度通过残余尿量测定的方法较为客观准确。正常排尿后经导尿或 B 超检查膀胱内残余尿量≥50 mL 时可依据 5.8.2s 鉴定为重伤二级，当排尿后膀胱内残余尿量<50 mL 时可依据 5.8.4m 鉴定为轻伤二级。但排尿障碍宜受到主观因素干扰，法医应根据原发性损伤程度、临床表现、尿道造影检查结果进行综合判定，而不宜单独依据超声检查残余尿量确定。

第二节　会阴部损伤的伤残鉴定

一、女性会阴部损伤

（一）《人体损伤程度鉴定标准》

女性会阴部损伤鉴定标准见表 12-5。

表 12-5　女性会阴部损伤鉴定标准

条款	内容	损伤程度
5.8.2k	阴道重度狭窄	重伤二级
5.8.2l	幼女阴道Ⅱ度撕裂伤	重伤二级
5.8.2m	女性会阴或者阴道Ⅲ度撕裂伤	重伤二级
5.8.3e	阴道轻度狭窄	轻伤一级
5.8.4e	阴道撕裂伤	轻伤二级
5.8.4f	女性外阴皮肤创口或瘢痕长度累计 4.0 cm 以上	轻伤二级
5.8.5a	会阴部软组织挫伤	轻微伤
5.8.5b	会阴创	轻微伤

（二）结构与术语

1. 会阴阴道撕裂　会阴是指盆膈以下封闭骨盆出口的全部软组织结构，会阴部损伤多由外力直接打击或性侵暴力造成，轻者造成会阴部挫伤，重者往往造成会阴阴道撕裂，包括表浅的黏膜裂伤和深及阴道壁或盆底组织裂伤，有时，严重的盆部损伤和阴道撕裂伤还会因瘢痕形成阴道狭窄的后遗症。

《人体损伤程度鉴定标准》附录 B.7.3 会阴及阴道撕裂的分度标准与临床上相一致。根据损伤累及部位，一般将会阴部撕裂伤分为 3 个等级。Ⅰ度：会阴部黏膜、阴唇系带、前庭黏膜、阴道黏膜等处有撕裂，但未累及肌层及筋膜。Ⅱ度:撕裂伤累及盆底肌肉筋膜,但未累及肛门括约肌。Ⅲ度:肛门括约肌全部或者部分撕裂,甚至直肠前壁亦被撕裂。

2. 阴道狭窄　阴道是女性性交器官和生殖通道,因损伤后瘢痕形成,往往会造成阴道管径相对狭小。由于阴道是一个肌性管道,富有伸展性,其是否狭窄和狭窄的程度通过数量值准确评价比较困难,一般以妇科检查中阴道指检情况来定。

(三)检查与诊断

女性会阴部损伤通过临床妇科检查即可明确,对于阴道狭窄,一般可通过阴道指检确定。值得注意的是,会阴部是女性的私密部位,检查多有不便。法医鉴定时最好在医院与妇科医生共同检查,或者将检查的要求告知医生,请其协助检查并做好记录和损伤拍照。

(四)鉴定要点

(1)会阴阴道撕裂伤的鉴定根据病历描述、手术缝合记录和临床对会阴阴道撕裂分度的判定,依照《人体损伤程度鉴定标准》条款即可进行损伤程度评定。需要时进行阴道检查,观察缝合后的瘢痕部位、触诊瘢痕范围等,结合临床记录综合判断阴道撕裂程度。

(2)会阴阴道撕裂伤对幼女(年龄不满 14 岁)的心身健康损害较大,故幼女阴道撕裂伤达到Ⅱ度时,依照《人体损伤程度鉴定标准》评定为重伤二级。

(3)对于阴道狭窄的程度,以阴道指检情况而定。检查时能容纳 2 指(示指和中指)偏紧,视为轻度狭窄,依据《人体损伤程度鉴定标准》5. 8. 3e 评定为轻伤一级;仅能容纳一示指的为严重狭窄,依据《人体损伤程度鉴定标准》5. 8. 2k 评定为重伤二级。

(4)会阴阴道损伤涉及人的隐私,鉴定时要注意保护隐私。

二、阴茎和阴囊损伤

(一)《人体损伤程度鉴定标准》条款

男性外生殖器官损伤鉴定标准见表 12-6。

表 12-6　男性外生殖器官损伤鉴定标准

条款	内容	损伤程度
5.8.1a	阴茎及睾丸全部缺失	重伤一级
5.8.2n	龟头缺失达冠状沟	重伤二级
5.8.2o	阴囊皮肤撕脱伤面积占阴囊皮肤面积50%以上	重伤二级
5.8.3f	龟头缺失1/2以上	轻伤一级
5.8.3g	阴囊皮肤撕脱伤面积占阴囊皮肤面积30%以上	轻伤一级
5.8.4g	龟头部分缺失	轻伤二级
5.8.4h	阴茎撕脱伤；阴茎皮肤创口或者瘢痕长度在2.0 cm以上；阴茎海绵体出血并形成硬结	轻伤二级
5.8.4i	阴囊壁贯通创；阴囊皮肤创口或者瘢痕长度累计在4.0 cm以上；阴囊内积血，2周内未完全吸收	轻伤二级
5.8.5b	阴囊创；阴茎创	轻微伤
5.8.5c	阴囊皮肤挫伤	轻微伤
5.8.5d	阴茎挫伤	轻微伤

（二）结构与术语

阴茎是男性外生殖器官，由3个平行的长柱状海绵体组成。阴茎头又称龟头，为阴茎末端。阴茎头底部的游离缘隆起，称阴茎头冠。阴茎头冠的后方较细部称冠状沟，为阴茎头和体部的移行部。

（三）检查与诊断

损伤的原因有以下几点。

（1）阴茎海绵体损伤：多见于直接打击撞击、粗暴性交等形成挫伤出血；阴茎缺失多见于阴茎切割伤、剪切伤、咬伤所造成的阴茎离断。

（2）阴囊壁贯通创：是指阴囊壁全层贯通的阴囊开放性损伤，可以是锐器、火器伤。

（3）阴茎或阴囊皮肤撕脱：是指阴茎或阴囊皮肤自深层组织撕脱，多由巨大钝性暴力所致。

（4）阴囊积血：是指阴囊或其内容物损伤后出血，并造成血液在阴囊内积聚。

通过外伤史、临床表现、临床触诊、B超、CT检查可以明确阴茎和阴囊损伤。阴茎挫伤、海绵体出血一般可在皮肤上看到淤青，阴囊积血可通过透光实验与鞘膜积液相鉴别。

（四）鉴定要点

对男性外生殖器进行鉴定需要参考以下几点内容。

（1）5.8.2b 规定是指阴茎和双侧睾丸同时全部缺失，如仅阴茎全部缺失可按 5.8.2n 评定。外伤后确证有阴茎海绵体出血，并经超声及体检证实遗留阴茎海绵体硬结的，可依据《人体损伤程度鉴定标准》5.8.4h 评定为轻伤二级。

（2）阴茎及阴囊皮肤撕脱伤面积的测量方法：采用软纸或薄膜平覆，沿边缘描绘损伤的形态后来计算撕脱伤的面积，相对较为准确。由于阴茎、阴囊皮肤的特殊组织结构，受环境影响较大，因此创口或面积的测量，在不同的条件下测量结果会出现较大的差异。故在测量阴茎及阴囊皮肤创口或撕脱伤面积时，应在正常室温（18～25 ℃）条件下，同时阴茎及阴囊皮肤处在自然、无张力状态下测量。

（3）阴茎及阴囊皮肤有明确的外伤史，致皮肤撕脱、软组织创伤，或遗留瘢痕，可依据相应的《人体损伤程度鉴定标准》条款确定其损伤程度。鉴定时应注意确证损伤为阴囊壁全层贯通伤。纤细的针状物所致的阴囊全层穿透，未伤及阴囊内容物，且出血轻微或短时间内自止、无须清创缝合及进一步特殊治疗的，不宜依照阴囊壁贯通伤来评定损伤程度。

（4）阴囊积血有时不用治疗血液可自行吸收，但大量积血就需要外科手术排除。若 2 周未完全吸收，则可评定为轻伤二级。鉴定时应注意与常见的阴囊鞘膜积液相鉴别。

（5）阴茎损伤多半合并有尿道损伤。阴茎外伤在未累及尿道或未出现排尿障碍时，视缺失和损伤的程度，依据相应的条款鉴定。当累及尿道出现排尿障碍时，在阴茎损伤和排尿困难两项中，择重评定。

三、睾丸及输精管损伤

（一）《人体损伤程度鉴定标准》

男性内生殖器损伤鉴定标准见表 12-7。

表 12-7　男性内生殖器损伤鉴定标准

条款	内容	损伤程度
5.8.1a	阴茎及睾丸全部缺失	重伤一级
5.8.2p	双侧睾丸损伤，丧失生育能力	重伤二级
5.8.2q	双侧附睾或者输精管损伤，丧失生育能力	重伤二级

续表 12-7

条款	内容	损伤程度
5.8.3h	一侧睾丸或者附睾缺失;另一侧睾丸或者附睾萎缩	轻伤一级
5.8.4j	一侧睾丸破裂、血肿、脱位或者扭转	轻伤二级
5.8.4k	一侧输精管破裂	轻伤二级
5.8.5d	阴茎挫伤	轻微伤

（二）结构与术语

1. 生育能力丧失　睾丸位于阴囊内,通过精索与身体相连,左右各一,是男性的生殖腺,具有产生精子、分泌男性激素、刺激男性性征发育的功能。精子由睾丸产生后,在附睾内发育、成熟,并储存于附睾和输精管的附近睾段内,通过输精管和尿道射出体外。睾丸损伤多由脚踢、手抓、挤压、骑跨、刀刺、枪弹伤等造成,损伤严重者导致精子生成障碍,将影响男性的生育能力。双侧睾丸、附睾或输精管损伤后,精子生成或输精管堵塞导致精子排出功能严重障碍,也会导致男性生育能力丧失。男性生育能力是一个复杂的过程,《人体损伤程度鉴定标准》所规定的丧失生育能力特指因睾丸、附睾、输精管损伤造成精子生成障碍或无法排出所导致。

2. 睾丸挫伤、破裂、脱位、扭转　会阴部钝性损伤可发生睾丸挫伤、破裂、脱位、扭转等,处置不当晚期则可出现睾丸萎缩。睾丸离开阴囊位置称睾丸脱位;睾丸与连系它的精索在外力的作用下发生360°以上的扭转,称睾丸扭转,也叫精索扭转。

3. 睾丸萎缩　睾丸萎缩是指男子睾丸体积缩小痿软。正常成年男子的睾丸平均4～5 cm长,2.5～3.5 cm宽,重10.5～14.0 g,两侧睾丸体积大致相同。正常睾丸与萎缩睾丸之间无明显分界线。外伤导致睾丸萎缩多因阴囊或睾丸部位撞击性损伤,造成阴囊血肿或睾丸挫伤、破裂、脱位、扭转等,使睾丸长期处于供血不足状态时发生。

（三）检查与诊断

不同损伤的确诊方法不同,应注意鉴别诊断。

（1）睾丸和输精管损伤:可根据临床表现、触诊、超声、CT、放射性核素扫描及精子化验等检查确定。睾丸脱位浅部常位于皮下脂肪组织中、腹股沟区、耻骨前、阴茎根部、大腿内侧及会阴部或阴茎头部冠状沟附近,深部脱位可至腹股沟管、股管及腹部。对于外伤后不能扪及睾丸者,可经B超、CT、放射性核素扫描仔细查找脱位睾丸以明确诊断。要注意排除隐睾、先天性无睾、并睾等自身疾病。

(2)睾丸扭转:可根据临床症状(外伤后睾丸剧痛,迅速肿大并伴有严重的恶心、呕吐)、体格检查(睾丸和附睾的位置异常或触诊不清楚,触痛明显,托高不能缓解)、彩色多普勒超声睾丸扫描(显示血流灌注减少)明确诊断。

(3)睾丸萎缩检查:目前临床上常采用国际通用的睾丸体积测量器测量睾丸体积(包括阴囊皮肤在内)。中国人的睾丸大小范围为15~25号,临床上常以小于12号的诊断为"睾丸萎缩"。睾丸萎缩时超声检查出现体积明显缩小,内部回声低并失去原来正常细密光点,彩色血流消失。法医鉴定时判断睾丸是否萎缩,除了测量睾丸的体积大小,还必须结合睾丸质地、超声检查和睾酮水平综合确定。当确定睾丸是否萎缩有困难时,最准确的方法是睾丸活检、病理检查。诊断发生困难时,应考虑做此项检查。测量时将被测睾丸拉起,绷紧阴囊皮肤,将睾丸测量子置于被测睾丸旁逐一比较,找出与被测睾丸大小最相近的睾丸测量子,其上标注的数字即为被测睾丸体积的毫升数。

(四)鉴定要点

(1)睾丸和输精管损伤比较复杂,鉴定时要明确外伤史,根据暴力的类型、大小和损伤当时的检查情况认真评估,注意临床表现和体格检查,结合化验、超声、CT等辅助检查手段在排出自身疾病所致后方可认定。

(2)5.8.2b规定是指阴茎和双侧睾丸同时全部缺失,如仅双侧睾丸全部缺失,可按5.8.2p评定。

(3)影响男性生育能力的因素很多,《人体损伤程度鉴定标准》中睾丸、附睾或输精管损伤丧失生育能力特指生精和排精不能,只要依据精液检查即可,无须考虑过多因素,这样客观易于把握。

睾丸、附睾或输精管损伤后,多次精液检查未查到精子,临床诊断为无精症者,可视为丧失生育能力,依照5.8.2p或5.8.2q评定为重伤二级。一侧睾丸、附睾及输精管损伤,健侧功能仍然正常,可仅表现为生育能力的下降,并不足以导致生育能力丧失,依照5.8.3h评定为轻伤一级。鉴定时注意排除输精管结扎、无精子症的情形。

(4)睾丸随性成熟而迅速生长,至老年随着性功能的衰退而萎缩变小,在睾丸萎缩鉴定时要充分考虑到年龄因素的影响和功能,不能单纯依据测量数据认定。

(5)会阴部损伤常会造成不同程度的多器官复合型损伤,有时往往因关注于某些损伤而忽略了别的损伤存在,如外力导致睾丸脱位,临床上易因伤者护痛、阴囊部血肿检查不细而漏诊。因此,鉴定时一定要认真审核病历资料,全面检查,必要时可待损伤治疗恢复一段时间后复查,防止因漏诊造成鉴定错误。

【案例 12-3】××男，40 岁。纠纷中被人膝顶会阴部受伤。医院检查阴囊疼痛、淤青，肿胀明显，诊断为阴囊积血，1 周后疼痛消失，积血、水肿渐消退，鉴定为轻微伤。当时医生未认真查体，对伤者右侧腹股沟区隐痛不适也未予重视。2 月余，伤者以右侧腹股沟区隐痛不适到医院检查，发现右侧阴囊空虚，右侧腹股沟区内环口上方可触及一 5.0 cm×4.0 cm×3.0 cm 大小类圆形物，质软，触痛，周围未触及肿大淋巴结，左侧睾丸、附睾、精索均正常，诊断为外伤性睾丸脱位，行睾丸复位术。术中见睾丸位于右侧腹股沟内环口，与周围组织粘连，大小、质地、血运均正常。充分分离后，将睾丸牵引固定于阴囊，术后恢复良好。重新鉴定以外伤性睾丸脱位鉴定为轻伤二级。

第三节　体表损伤的伤残鉴定

一、概　述

人体体表损伤是指人体体表所遭受的创伤，在损伤类型中最常见。广义的体表损伤是包括头、面、颈在内的全身皮肤表面的损伤，但本节所叙述的体表损伤是特指四肢及躯干部位的损伤，因为头、面、颈部的损伤都有对应的分则条款，故不包括在内。如果有涉及多部位的体表损伤程度鉴定时，可以结合运用分则条款及附则条款对损伤进行综合评定；如分则条款达到轻伤以上损伤程度，则不需要引用附则条款 6.17；若多个分则条款均没有达到轻伤的程度，而运用附则条款 6.17 可以将体表的损伤评定为轻伤，那么在损伤程度鉴定时则必须运用附则条款 6.17。

在人体损伤程度鉴定中，涉及体表的损伤主要类型有挫伤、创口（瘢痕）、撕脱伤、皮肤缺损等。如果单纯从上述损伤本身来看，体表损伤一般所致的后果与其他损伤相比显得较轻，所以在体表损伤的损伤程度分级中就没有重伤一级的划分，这也与《人体损伤程度鉴定标准》附录 A 中轻重伤的定义相符。但在体表损伤（如挫伤）达到一定程度（如面积足够大）后，由于软组织损伤可以导致创伤性休克、疼痛性休克，甚至皮下脂肪损伤，也可以导致脂肪栓塞的可能，故体表损伤也有可能导致严重的后果。如果体表的挫伤导致休克、脂肪栓塞等损伤后果，在损伤程度鉴定时应按照其他相应条款来评定。

二、体表擦挫伤的损伤程度鉴定

（一）鉴定条款

不同损伤面积的损伤程度鉴定标准见表 12-8。

表 12-8 不同损伤面积的损伤程度鉴定标准

条款	内容	损伤程度
5.11.1a	挫伤面积累计达体表面积 30%	重伤二级
5.11.2a	挫伤面积累计达体表面积 10%	轻伤一级
5.11.3a	挫伤面积达体表面积 6%	轻伤二级
5.11.4a	擦伤面积在 20.0 cm^2 以上或挫伤面积在 15.0 cm^2 以上	轻微伤

（二）结构与术语

1. 挫伤　挫伤是指由钝器作用造成的以皮内和（或）皮下组织出血为主要改变的闭合性损伤。

2. 擦伤　擦伤又称表皮剥脱，是指钝性致伤物与体表摩擦挤压造成的以表皮剥脱为主要改变的损伤。其主要类型有抓痕、擦痕、撞痕、压擦痕等。

（三）检查与诊断

法医工作者一般仅凭肉眼即可完成对擦伤、挫伤等的诊断。

（四）鉴定要点

（1）由于体表挫伤和擦伤容易愈合，为了准确地计算其损伤面积，应当在伤后及时对体表挫伤、擦伤进行检查，并照相记录。病史资料未做记录的损伤，应当根据损伤检查结果，结合调查情况酌定。

（2）在分析说明中，要体现出挫伤的诊断。由于在轻微伤条款中涉及擦伤，所以要注意擦伤与挫伤的鉴别。挫伤的范围以肉眼可见的皮下出血区或明显肿胀区为界线，主观感觉疼痛或软组织压痛范围不得计为挫伤面积。擦伤局部伴挫裂创或者皮肤缺损的，可以累计为擦伤，也可以按挫裂创创口长度或皮肤缺损面积确定损伤程度，以达到《人体损伤程度鉴定标准》规定较高的等级作为最终结论。擦伤早期一时难以判断是否伴有创或皮肤缺损的，应当根据擦伤愈合后是否形成瘢痕确定损伤程度。

（3）损伤面积计算：体表损伤常以不规则的损伤形态出现，如何精确地测算体表损伤面积是这类损伤的鉴定要点及难点。体表面积的计算方法：九分估算法、手掌法、公式计算法。

1）九分估算法：成人体表面积视为100%，将总体表面积划分为11个9%等面积区域，即头（面）颈部占1个9%，双上肢占2个9%，躯干前后及会阴占3个9%，臀部及双下肢占5个9%+1%（表12-9）。

表12-9　体表面积的九分估算法　　单位：%

部位	面积	按九分法估算面积
头	6	(1×9)=9
颈	3	
前躯	13	(3×9)=27
后躯	13	
会阴	1	
双上臂	7	(2×9)=18
双前臂	6	
双手	5	
臀	5	(5×9+1)=46
双大腿	21	
双小腿	13	
双足	7	
全身合计	100	(11×9+1)=100

注：12（周）岁以下儿童体表面积，头颈部=9+（12-年龄），双下肢=46-（12-年龄）。

2）手掌法：受检者五指并拢，一掌面相当其自身体表面积的1%。

3）公式计算法：随着计算机技术的发展，在法医学实践中，有人利用计算机软件图像处理功能，摸索出测量人体体表损伤面积的方法。利用计算机图形处理软件测量不规则损伤面积结果较为准确，目前广泛应用的软件有Photoshop、AutoCAD等。在运用计算机对损伤面积进行计算时，需要计算出全身体表面积以确定损伤所占的百分比，其计算公式为 $S(m^2)=0.0061\times$ 身长(cm) $+0.0128\times$ 体重(kg) -0.1529。

计算面积时，为了保证计算结果的客观性，可让不同的鉴定人分别计算后采取平均值，以减少测量误差。在鉴定文书中，要记载体表面积的计算方法。在鉴定文书中，损伤面积要尽量准确，不宜采用“达到多少以上”“未达到多少”来表达。

在一些损伤案例中，其体表挫伤呈散在性分布，肉眼可见皮肤损伤之间夹杂有小范围的空白区。若此时只对损伤面积进行计算，一是面积的准确性难以保证；二是难以准确地反映损伤程度。此时要根据挫伤的特点分析，虽皮肤损伤之间夹杂有小范围的空白区，但皮下软组织的出血可达融合状态，故此时体表面积计算可依据损伤的边界范围进行测量。当然，在损伤空白区较大时则不适宜运用上述方法。

【案例 12-4】2013 年 6 月，被告人李××与其丈夫施××通过安徽省来安县民政局办理了收养施××的手续，并将其带回南京市抚养。2015 年 3 月 31 日晚，在其家中，李××认为施××考试作弊、未完成课外阅读作业且说谎，先后使用抓痒耙、跳绳对施××进行抽打，造成施××体表分布范围较广泛的挫伤（图 12-2）。经南京市公安局物证鉴定所鉴定，施××躯干、四肢等部位挫伤面积为体表面积的 10%，其所受损伤已构成轻伤一级（本案例来自网络）。

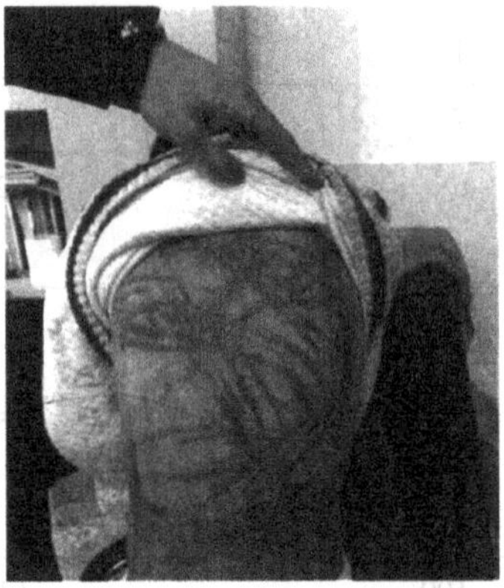

图 12-2 体表大面积挫伤

三、体表创口（瘢痕）的损伤程度鉴定

（一）鉴定条款

不同长度的创口或瘢痕损伤程度分级见表 12-10。

表 12-10 不同长度的创口或瘢痕损伤程度分级

条款	内容
5.11.1b	创口或者瘢痕长度累计 200.0 cm 以上
5.11.2b	创口或者瘢痕长度累计 40.0 cm 以上
5.11.3b	单个创口或者瘢痕长度 10.0 cm 以上；多个创口或者瘢痕长度累计 15.0 cm 以上
5.11.4b	一处创口或者瘢痕长度 1.0 cm 以上；两处以上创口或者瘢痕长度累计 1.5 cm 以上

（二）结构与术语

1. 创 创是指机械性暴力作用于人体造成皮肤全层组织结构连续性完整性破坏的开放性损伤。创的类型一般分为钝器创、锐器创、火器创。

2. 瘢痕 瘢痕是创伤愈合的一种结局，是机体对致伤因子侵袭的一种防御反应，在创伤的修复中起到重要作用。

（三）检查与诊断

法医工作者一般仅凭肉眼即可完成对创、瘢痕的诊断。深达真皮层下的创，一般会形成瘢痕，未达全层的损伤，不能定义为创，也不易形成瘢痕。

（四）鉴定要点

（1）由于在《人体损伤程度鉴定标准》5.9.3m“肢体皮肤创口或者瘢痕长度累计 45.0 cm 以上”、5.9.4l“肢体皮肤一处创口或者瘢痕长度 10.0 cm 以上；两处以上创口或者瘢痕长度累计 15.0 cm 以上”与本章节的相应条款文意上有冲突，为了合理解释及适用条款，建议：所有创口或瘢痕仅位于四肢和躯干的，依据“5.9.3m”“5.9.4l”评定。肢体有创口或瘢痕，头、面、颈、会阴任意部位也有创口或瘢痕时，依据“5.11.2b”“5.11.3b”评定。

（2）因临床治疗进行扩创的，由于临床扩创的必要性难以把握，在实际发生的案件中，曾出现过手术医生参与损伤造作的情况。为了避免这种情况发生，有些地方的公检法联席会议明确规定了临床扩创创口不计入创口长度的计算。但公安部《人体损伤程度鉴定标准释义》及司法部《人体损伤程度鉴定标准适用指南》都明确提出“因临床治疗需要进行扩创的，以扩创后创口或瘢痕长度确定损伤程度”。笔者认为，为了避免造作伤对鉴定意见的影响，可在损伤程度鉴定时对扩创的必要性进行分析论证，若确实需要临床扩创的（如组织毁损、深部异物存留等），扩创后的创口应该计入创口长度。

确实需要临床扩创的创口，扩创创口的长度如何计入总长度也是一个容易争议的问题。有人主张，因扩创是在原创口的基础上做延长，应该按单条创口计算总长度；另有人主张，扩创的医学基础是不同时间段形成的损伤，应该按多条创口计算总长度。笔者认为，确有必要的临床扩创已将非侵害人造成的损伤计入创口总长度，若再按单条创口计算长度，有“主观归罪”嫌疑，建议扩创后的创口按多条计算。

（3）由于在身体某些特殊部位的瘢痕会受到体位的影响，故对特殊位置的瘢痕测量时需注意体位要求。①眼睑、口唇：自然闭合状态。②颈部：直立，双眼平视正前方。③双腋下：双手交叉掌心紧贴头顶。④虎口：拇指外展状态。⑤背部：自然直立体位，必要时可俯卧于体检床上，全身呈放松状态。⑥腹股沟：直立自然体位。⑦臀股沟：上身向前弯曲与双下肢呈90°，使臀股沟皱褶自然展开。⑧肘、膝关节：功能位。⑨肘窝、腘窝：直立，上、下肢自然伸展体位。

(4)测量创口或瘢痕长度，以厘米(cm)为计量单位，精确到小数点后1位。对弧形、弯曲、分支、交叉等不规则条状创口或瘢痕，应当分段测量再累加长度，或用无弹性细线准确比对创口或瘢痕，再测量线长以获得创口或瘢痕的实际长度。

四、体表其他损伤的损伤程度鉴定

(一)鉴定条款

不同损伤面积损伤程度鉴定标准见表12-11。

表12-11　不同损伤面积损伤程度鉴定标准

条款	内容	损伤程度
5.11.2c	撕脱伤面积100.0 cm^2以上	轻伤一级
5.11.3c	撕脱伤面积50.0 cm^2以上	轻伤二级
5.11.2d	皮肤缺损30.0 cm^2以上	轻伤一级
5.11.3d	皮肤缺损6.0 cm^2以上	轻伤二级
5.11.4b	刺创深达肌层	轻微伤
5.11.4c	咬伤致皮肤破损	轻微伤

(二)结构与术语

1.撕脱伤　因外力造成皮肤组织与肌肉深筋膜之间撕脱分离，形成囊腔样改变或皮肤破裂撕脱。

2.皮肤破损　正常皮肤结构遭到破坏即构成皮肤破损，如咬伤致表皮剥脱、挫伤、创等。

(三)检查与诊断

对于撕脱伤、皮肤缺损、刺创等，法医工作者一般仅凭肉眼即可对其进行诊断。

(四)鉴定要点

为确保鉴定的准确性和可靠性，应考虑以下4点。

(1)撕脱伤的面积按游离软组织面积计算。对于潜行皮肤撕脱伤，检查时应在体表清晰标记出撕脱范围，并照相记录。

（2）对于长度的测量，为了保证测量结果的客观性，可让不同的鉴定人分别测量后采取平均值，以减少测量误差。

（3）由于皮肤破损所对应的条款是轻微伤，所以对于皮肤破损的定义及界定就显得比较宽松，法医鉴定人员在鉴定时对皮肤破损的把握不应受字面意思的限制。如咬伤致表皮剥脱即构成皮肤破损。

（4）机械性损伤导致的体表块状瘢痕，按实测瘢痕面积比照皮肤缺损相应条款确定损伤程度。

第四节　特殊损伤的伤残鉴定

其他损伤是指《人体损伤程度鉴定标准》前述条文未列入的、综合性损伤或损伤引起的全身性、系统性并发症或后遗症，包括烧烫伤、电击伤、枪弹伤、溺水、休克、脑水肿、挤压综合征、脂肪栓塞综合征、呼吸功能障碍、异物存留、阴茎勃起功能障碍、假体或内固定装置损坏等。

一、烧烫伤

（一）《人体损伤程度鉴定标准》

烧烫伤损伤程度鉴定标准见表12-12。

表12-12　烧烫伤损伤程度鉴定标准

条款	内容	损伤程度
5.12.1a	深Ⅱ度以上烧烫伤面积达体表面积70%或者Ⅲ度面积达30%	重伤一级
5.12.2a	Ⅱ度以上烧烫伤面积达体表面积30%或者Ⅲ度面积达10%；面积低于上述程度但合并吸入有毒气体中毒或者严重呼吸道烧烫伤	重伤二级
5.12.3a	Ⅱ度以上烧烫伤面积达体表面积20%或者Ⅲ度面积达5%	轻伤一级
5.12.4a	Ⅱ度以上烧烫伤面积达体表面积5%或者Ⅲ度面积达0.5%	轻伤二级
5.12.4b	呼吸道烧伤	轻伤二级
5.12.5b	面部Ⅰ度烧烫伤面积10.0 cm以上；浅Ⅱ度烧烫伤	轻微伤

续表 12-12

条款	内容	损伤程度
5.12.5c	颈部Ⅰ度烧烫伤面积15.0 cm以上;浅Ⅱ度烧烫伤面积2.0 cm以上	轻微伤
5.12.5d	体表Ⅰ度烧烫伤面积20.0 cm以上;浅Ⅱ度烧烫伤面积4.0 cm以上;深Ⅱ度烧烫伤	轻微伤

(二)结构与术语

1.烧烫伤　烧烫伤是由热力(火焰、热液体、热固体、热气体)、电击、放射线、化学物质等作用于人体造成的损伤。损伤的途径主要是身体接触、辐射和吸入,可伴有呼吸道烧烫伤和(或)有毒气体中毒。

2.呼吸道烧伤　呼吸道烧伤是因吸入火焰、干热空气、热蒸汽、有毒或刺激性烟雾、气体导致呼吸道损伤。

3.有毒气体中毒　有毒气体中毒是指受伤环境中因热作用或挥发性化学物质产生的有毒、有害气体被人体吸入后造成的损伤。

(三)检查与诊断

1.烧烫伤的临床表现与分度　见表12-13。

表12-13　烧烫伤的临床表现与分度

程度		损伤组织	烧伤部位特点	愈后情况
Ⅰ度		表皮	皮肤红肿,有热、痛感,无水疱,干燥,局部温度稍有增高	不留瘢痕
Ⅱ度	浅Ⅱ度	真皮浅层	剧痛,表皮有大而薄的水疱,疱底有组织充血和明显水肿;组织坏死仅限于皮肤的真皮层,局部温度明显增高	不留瘢痕
	深Ⅱ度	真皮深层	痛,损伤已达真皮深层,水疱较小,表皮和真皮层大部分凝固和坏死。将已分离的表皮揭去,可见基底微湿,色泽苍白上有红出血点,局部温度较低	可留下瘢痕
Ⅲ度		全层皮肤或者皮下组织、肌肉、骨骼	不痛,皮肤全层坏死,干燥如皮革样,不起水疱,蜡白或者焦黄,炭化,知觉丧失,脂肪层的大静脉全部坏死,局部温度低,发凉	需自体皮肤移植,有瘢痕或者畸形

2. 呼吸道烧烫伤的临床表现与分度　见表12-14。

表12-14　呼吸道烧烫伤的临床表现与分度

程度	烧烫伤部位	临床表现
轻度	咽喉以上	口、鼻、喉黏膜发白或脱落，充血水肿，分泌物增多，有刺激性咳嗽，吞咽疼痛或困难，鼻毛烧焦
中度	支气管以上	出现声嘶和呼吸困难，早期痰液较稀薄（在火场烧伤的，多包含有黑色炭粒），肺部偶有哮鸣音或干啰音。气管切开可改善呼吸困难
重度	深及小支气管	呼吸困难发生早且严重，气管切开不能改善，肺水肿出现早，呼吸音减低并有干、湿啰音

3. 电烧伤的特点

（1）电弧烧伤的特点：同火焰烧伤。

（2）电流烧伤的特点：入口处常炭化，形成裂口或洞穴；烧伤深达肌肉、骨骼，外小内大；没有明显的坏死层面；局部渗出重，可出现筋膜腔内水肿；进行性坏死，坏死范围可扩大数倍。

4. 常见化学烧伤的特点

（1）酸烧伤：组织脱水，蛋白凝固，一般无水疱，迅速结痂，深部组织不受侵蚀。硫酸烧伤后痂呈深棕色，硝酸为黄棕色，盐酸为黄色。

（2）碱烧伤：强碱可使组织细胞脱水并使脂肪皂化，碱离子还可与蛋白结合，形成可溶性蛋白，向深部组织穿透。创面呈黏滑或皂状焦痂，色潮红，有小水疱，创面较深；焦痂或坏死组织脱落后，创面凹陷，边缘不易愈合。

5. 有毒气体中毒的临床表现

（1）有中毒症状：头晕、恶心、呕吐、昏迷等。

（2）可以有皮肤黏膜溃烂表现。

（3）可以有神经系统表现：神经衰弱、中毒性脑病等。

（4）有呼吸系统炎症、声门水肿、化学性肺水肿、喷嚏、流涕、咽痛、咯痰、胸痛、呼吸困难。

（5）中毒程度重，可出现休克。

6. 烧烫伤的检查

（1）实验室和影像学检查有助于酸碱烧伤及有毒气体中毒的诊断。

（2）气管镜检查是诊断呼吸道烧烫伤最准确的方法。

7. 烧烫伤面积的测量与计算

（1）体表面积计算方法：见本章第三节。

(2)烧烫伤面积测量方法:坐标纸法、微积分法、计算机法。

1)坐标纸法:将透明坐标纸贴于损伤表面(同时拍照),描绘出损伤图形,再用坐标格计算面积。

2)计算机法:运用 Photoshop 的标尺功能,对损伤图形进行面积计算。

(四)鉴定要点

(1)准确认定烧烫伤程度:依据病历记录中的烧烫伤局部表现、愈合瘢痕、色素沉着、植皮情况,容易识别孤立的、深度表现典型的烧烫伤程度。对于广泛性、程度混杂的烧烫伤,法医学检验要及时,对原始损伤拍照固定。

(2)准确测量烧烫伤面积:坐标纸法直观简便,计算机法相对准确。对于测量面积在临界值的,可以采用多人、多次、多种方法测量取平均值的办法。

(3)《人体损伤程度鉴定标准》5.12.1a、5.12.2a、5.12.3a、5.12.4a 所列的两种情形分别鉴定,如两种情形均达不到规定数值,应当将程度重的烧烫伤面积计入程度轻的面积。

(4)5.12.2a 所指严重呼吸道烧烫伤须达到中度以上,即烧烫伤累及气管,出现呼吸困难。气管镜检查可见气管内有炭粒、黏膜水肿或溃疡、脱落。

(5)局限性烧烫伤面积未达到本节鉴定标准,留有颜瘢痕影响容貌和功能的,参照有关部位条文鉴定。

(6)《人体损伤程度鉴定标准》未列入低温损伤(冻伤)情形。因低温损伤与烧烫伤损伤机制类似,低温损伤可参照本节条文鉴定(表 12-16)。

表 12-16　冻伤的分度(供参考)

程度	损伤组织	损伤局部表现	愈合情况
Ⅰ度	表皮	皮肤红肿、充血,自觉热、痒或疼痛	不留瘢痕
Ⅱ度	真皮层	红肿更显著,伴有水疱,疱内有血清样液,局部疼痛较剧,对针刺、冷热感觉消失	形成痂皮,脱痂后少有瘢痕
Ⅲ度	皮肤全层或累及皮下、肌肉、骨骼	开始复温后,水疱为血性,随后皮肤变褐、变黑,以致坏死,一般为干性坏死。程度严重的,可致整个肢体坏死	有瘢痕、功能障碍

二、枪弹创

(一)《人体损伤程度鉴定标准》

枪伤,指枪所伤后留下的伤痕。枪伤的分度见表 12-17。

表 12-17　枪伤的分度

条款	内容	损伤程度
5.12.2b	枪弹创,创道长度累计 180.0 cm	重伤二级

(二)结构与术语

(1)枪弹创是由枪支发射的弹头或其他抛射物所致的人体创口。

(2)创道是弹头或抛射物在人体运行造成组织损伤或缺损的通道。枪弹作用于人体,可擦过、贯通、回旋、屈折或存留体内,形成不同形态的创道。

1)贯通创道:弹头射入人体,穿越身体,又穿出体外形成的创道。

2)盲管创道:弹头射入人体,在体内运行减缓并停止,形成有入口无出口的创道。

3)屈折创道:弹头射入人体,在体内遇骨质等组织阻挡,改变方向,穿出人体或存留体内形成的创道。

4)擦过创道:弹头擦过体表形成的非封闭创口。

(三)检查与诊断

(1)典型的枪弹射击人体,有射入口、射出口,合并多组织器官损伤,容易诊断。近距离射击,射入口侧周围或(和)衣服上有火药颗粒与烟晕,入口中心皮肤缺损,周围有擦拭轮、挫伤轮,射出口形态不规则。

(2)X 射线检查是发现体内弹头和抛射物的最好方法,B 超、CT、磁共振检查可以明确体内组织器官损伤情况。

(3)手术探查和治疗也是确定创道的方法。

(四)鉴定要点

(1)创道的确定:①盲管创道位于射入口和弹头之间。②屈折创道要通过影像学检查或手术找到弹头在体内的转折点。

(2)创道长度的测量方法:①擦过性创道,测量创口长度。②直线贯通创道,测量射入口和射出口之间的线段长度。③盲管创道和曲折创道,可以用 B 超或 MRI 等检查方法测量。

(3)霰弹或抛射物造成的创道,累加计算。

(4)创道长度不足180.0 cm的,依据《人体损伤程度鉴定标准》附则6.5的规定鉴定损伤程度。

三、脑水肿、脑疝

(一)《人体损伤程度鉴定标准》

脑损伤分度见表12-18。

表12-18　脑损伤分度

条款	内容	损伤程度
5.12.2c	各种损伤引起脑水肿(脑肿胀),脑疝形成	重伤二级

(二)结构与术语

1.脑水肿　脑水肿是指脑组织内水分增加,导致脑容积增大的病理现象,是脑组织对各种致病因素的反应。注意与脑脊液循环或吸收障碍所致的脑积水区别。《人体损伤程度鉴定标准》所指的脑水肿是由机体受到物理性、化学性、生物性损伤所致。

2.引发脑水肿的主要原因

(1)颅脑损伤:压迫脑组织的凹陷性骨折、脑挫裂伤、颅内血肿、弥漫性轴索损伤、冲击伤(气浪冲击胸部使上腔静脉压力骤升,压力传入颅内,冲击脑组织)等均可引起脑水肿。

(2)导致脑缺氧的损伤:颈部胸部损伤引起的窒息、呼吸困难;失血致长时间低血压、休克;一氧化碳中毒等,脑处于缺氧状态,脑内小血管麻痹扩张,血管通透性增加,产生脑细胞间质水肿,同时,钠泵运转失常,钠离子蓄积细胞内引发脑细胞水肿。

(3)外源性或内源性中毒:砷、铅、铊、钡等金属中毒或其他生物性、化学性、物理性因素引起的全身性中毒,常并发弥漫性脑水肿。

(4)脑的放射性损害,如微波、红外线、X射线、电磁损伤等。

3.脑疝　脑疝脑水肿进一步发展,产生颅内高压。脑组织从高压区向低压区移位,导致脑组织、血管及脑神经等受压和移位,被挤入小脑幕裂孔、枕骨大孔、大脑镰下间隙等生理性或病理性间隙或孔道,出现严重临床症状,称为脑疝,分别称为小脑幕切迹疝、枕骨大孔疝(小脑扁桃体疝)、大脑镰下疝(扣带回疝)。

(三)检查与诊断

1.临床表现　头痛,局灶性脑水肿可有相应部位脑损伤体征;迅速出现颅内压增高症状(颅内高压三主征——头痛、呕吐、视神经盘水肿)、昏迷,多为弥漫性脑水肿,可出现意识障碍(嗜睡、昏睡、昏迷、瞳孔变化等)及生命体征变化(血压升高、呼吸不规则、脉搏徐缓、体温升高等)。

2. 颅内压监护　颅内压监护可以显示和记录颅内压的动态变化,提示脑水肿的发展与消退。

3. CT 或 MRI 扫描　CT 或 MRI 扫描是直接诊断脑水肿的可靠方法,CT 图像所显示的征象,在病灶周围或白质区域不同范围的低密度区,MRI 在 T_1 或 T_2加权像上,水肿区为高信号(T_1应为低信号)。

4. 有效性治疗　经脱水治疗,病情随之改善,说明存在脑水肿。

(四)鉴定要点

(1)明确诊断脑水肿,依据临床表现、影像资料诊断不难,颅内压监护和有效性治疗后的病情改善等动态变化,对明确诊断脑水肿更有价值。

(2)须确认引起脑水肿的原发性器质性组织器官损伤,排除脑炎、脑膜炎、脑血管疾病、颅内肿瘤、癫痫发作、重症肺炎、中毒性痢疾等疾病导致脑水肿的可能。

(3)须论证原发损伤与脑水肿的必然联系,根据原发损伤的病理生理过程,确定脑水肿是原发损伤的病理阶段或结果。

(4)脑水肿未形成脑疝,不能适用本条文,可对引起脑水肿的原发性损伤评定损伤程度。确诊脑水肿,有颅内高压征象的,可以依据《人体损伤程度鉴定标准》附则 6.2,比照 5.1.3f 评定损伤程度。

(5)引起脑水肿的原发性损伤构成重伤的,不再适用本条文。

四、休克

(一)《人体损伤程度鉴定标准》

休克分度见表 12-19。

表 12-19　休克分度

条款	内容	损伤程度
5.12.2d	各种损伤引起休克(中度)	重伤二级
5.12.4f	各种损伤引起休克(轻度)	轻伤二级

(二)结构与术语

1. 休克的概念　休克,是机体有效循环血容量减少、组织灌注不足,细胞代谢紊乱和功能受损的病理过程,是一个由多种病因引起的综合征。氧供给不足和需求增加是休克的本质，产生炎症介质是休克的特征。引起休克的因素包括大出血、创伤、中毒、烧伤、窒息、感染、中毒、过敏、心力衰竭等。本条款中规定的休克，是指物理性、化学性、生物性等因素作用于人体造成损伤导致的休克，不包括疾病因素引发的休克。

2. 休克的分类　临床一般将休克分为低血容量性、感染性、心源性、神经性、过敏性5类。低血容量性休克包括失血性休克、创伤性休克、烧伤性休克。

(1)失血性休克：多见于大血管破裂、脏器破裂、多处创口，大量血液流失，通常迅速失血超过全身总血量的20%时，即出现休克。

(2)创伤性休克：多见于严重外伤，如挤压伤、复杂性骨折等，血浆丧失，损伤处体液渗出，导致低血容量，同时微血管扩张并血管通透性增高，有效循环血量进一步降低。

(3)烧伤性休克：主要由毛细血管通透性增加导致体液丢失所致。烧伤休克的发生时间与烧伤严重程度密切相关，面积越大，程度越深，休克发生越早越重。

(4)感染性休克：可继发于以释放内毒素的革兰氏阴性杆菌为主的感染，如急性腹膜炎、尿路感染等，又称为内毒素休克。

(5)神经性休克：剧烈的神经刺激(如创伤、剧烈疼痛)，可引起反射性血管舒缩中枢抑制，周围血管扩张，血液大量淤积在扩张的微血管中，有效循环血量突然减少，引发休克。

(6)心源性休克：是指心功能极度减退，导致心输出量显著减少并引起严重的急性周围循环衰竭的一组综合征。急性心包压塞、张力性气胸等可成为心源性休克的引发因素。

(7)过敏性休克：是体外抗原性物质进入已经致敏的机体后，通过免疫机制在短时间内触发的一种严重的全身性过敏性反应，突然发生且程度剧烈。多有喉头水肿或哮喘。

(三)检查与诊断

1. 休克的临床表现与分度　以《人体损伤程度鉴定标准》附录为主，本节列出休克的临床分度，供参考(表12-20)。

表 12-20 休克的临床表现与分度

分期	程度	神志	口渴	皮肤黏膜		脉搏	血压	体表血管	尿量	估计失血量
				色泽	温度					
代偿期	轻度	清楚，表情痛苦	口渴	开始苍白	正常	100 次/min 以下	收缩压正常，脉压缩小	正常	正常	20%以下（800 mL 以下）
失代偿期	中度	尚清楚，表情淡漠	很口渴	苍白	发冷	100～200 次/min	收缩压 70～90 mmHg，脉压小	表浅静脉塌陷	尿少	20%～40%（800～1 600 mL）
	重度	意识模糊，甚至昏迷	非常口渴	显著苍白，肢端青紫	厥冷（肢端更明显）	脉速，细弱，或摸不清	收缩压 70 mmHg 以下，或测不到	表浅静脉塌陷	尿少或无尿	40%以上（1 600 mL 以上）

2. 实验室检查

(1)血红蛋白含量(正常值:男性不低于 120 g/L,女性和儿童不低于 110 g/L,婴儿不低于 160 g/L)和红细胞计数(正常值:男性不低于 4×10^{12}/L,女性不低于 3.5×10^{12}/L,新生儿不低于 6.0×10^{12}/L)下降。

(2)弥漫性血管内凝血(DIC)的检测:严重休克可发展至 DIC 阶段,下列5项异常出现3项,即可诊断 DIC。①血小板计数低于 80×10^{9}/L。②凝血酶原时间比对照组延长 3 s 以上。③血浆纤维蛋白原低于 1.5g/L 或者进行性降低。④血浆鱼精蛋白副凝(3P)试验阳性。⑤血涂片中破碎红细胞超过2%。

(3)休克常见的特殊监测指标:①中心静脉压(CVP)代表右心房或胸腔段腔静脉内压力变化,正常值为 5～10 cmH_2O。小于 5 cmH_2O 时提示血容量不足;高于 15 cmH_2O 时,提示心功能不全;超过 20 cmH_2O 时,提示存在充血性心力衰竭。②肺毛细血管楔压(PCWP),正常值为6～15 mmHg,低于正常值提示血容量不足。③动脉血气分析,动脉血氧分压正常值为 80～100 mmHg,二氧化碳分压正常值为 36～44 mmHg,休克时可因肺换气不足,体内二氧化碳潴留,二氧化碳分压明显升高。

（四）鉴定要点

（1）确定引起休克的原发性损伤，并阐述该损伤和休克的必然联系。

（2）确定休克的程度具体指标如下。

1）判断休克的程度，要综合临床症状，实验室检查，不能单凭一次血压和脉搏计数，注意补充血容量后的血压变化，测量基础血压，以及抗休克的有效性治疗（审查病程记录、麻醉记录和护理记录，注意补充血容量后的生命体征变化和尿量、CVP、PCWP、血气分析等监测指标）。

2）判定休克的指标：A. 收缩压低于 90 mmHg；B. 脉率大于 90 次/min；C. 精神淡漠、不安、嗜睡或昏迷；D. 皮肤苍白发冷；E. 尿量少；F. 血红蛋白和红细胞计数下降；G. 特殊检测指标。笔者认为：具备 A、B 两项指标的，可判定为轻度休克；具备 A、B 两项指标，同时具备后 5 项指标中 2 项者，可判定为中度休克。

3）失血性休克在补充血容量后，血红蛋白和红细胞计数下降程度，也有助于判断休克程度，下降 20% 以上，提示有中度以上休克。

4）临床常用脉率/收缩压（mmHg）计算休克指数，低于 0.5 提示无休克，大于 1.0 提示有休克，大于 2.0 提示严重休克。

（3）引起休克的原发性损伤程度高于休克损伤程度的，不再适用本条文。

五、挤压综合征

（一）《人体损伤程度鉴定标准》

挤压伤分度见表 12-21。

表 12-21　挤压伤分度

条款	内容	损伤程度
5.12.2e	挤压综合征（Ⅱ级）	重伤二级
5.12.2c	挤压综合征（Ⅰ级）	轻伤二级

（二）结构与术语

1. 挤压综合征　挤压综合征是指遭受挤压伤的人在挤压解除以后，全身微循环障碍，肾小球滤过率降低，肾小管受阻塞、变形、坏死，出现以肌红蛋白尿和急性肾衰竭为主要特征的临床综合征。挤压综合征可见于多种原因，如肢体受挤压、中毒烧伤、肢体外伤后包扎过紧、肢体广泛软组织挫伤、肢体被持续长时间捆绑等。挤压综合征所指的挤压伤，是狭义的挤压伤，是人体肌肉丰富的部位（四肢与躯干）受挤压，肌肉缺血、变形、坏死、组织间隙出血水肿。广义的挤压伤不单纯是局部肌肉的缺血坏死,多伴有严重的脏器损伤。

2. 挤压综合征的发生机制 软组织(主要是肌肉)遭受挤压后变性、坏死,同时毛细血管因损伤并缺血缺氧而通透性增加,血浆大量渗入组织间隙,局部肿胀加重、血液循环障碍、组织灌注减少,加重肌肉坏死,出现恶性循环;坏死肌肉和组织释放大量肌红蛋白、肌酸、肌酐、组织毒素、血管活性物质等,被吸收入血后导致全身循环障碍性代谢紊乱,出现氮质血症、代谢性酸中毒、高钾血症和高磷血:继而损害肾小管,出现肌红蛋白血症、肌红蛋白尿症、少尿等,表现为全身循环衰竭和急性肾衰竭。

(三)检查与诊断

1. 挤压伤的特点 挤压伤外轻内重;体表多见擦伤挫伤,能反映挤压物接触面的形态特点;伤肢麻痹无痛觉,明显水肿,皮肤青紫发亮;尿呈棕黑色。

2. 实验室检查 血中钾、磷离子升高,钙离子减少,肌酐和尿素氮升高,肌红蛋白尿试验阳性,肌酸磷酸激酶(CPK)增高。

3. 挤压综合征的分级

Ⅰ级:肌红蛋白尿试验阳性,CPK 增高,无肾衰竭表现。

Ⅱ级:肌红蛋白尿试验阳性,CPK 明显升高,肌酐、尿素氮增高,少尿,低血压。

Ⅲ级:肌红蛋白尿试验阳性,CPK 显著升高,少尿或尿闭,休克,高血钾,代谢性酸中毒。

(四)鉴定要点

(1)确定出现挤压综合征:①身体肌肉、软组织丰富部位受挤压损伤。②肌肉软组织出现变性坏死。③实验室检查有异常。

(2)必须出现急性肾衰竭,才能鉴定为重伤二级:肾功能 48 h 内突然减退,血清肌酐绝对值升高≥0.3 mg/dL(26.5 μmol/L)或 7 d 内血清肌酐增至≥0.45 mg/dL(39.75 μmol/L)倍基础值或尿量<0.5 mL/(kg · h),持续时间>6 h。

【案例 12-5】王××,2014 年 5 月 20 日被两人打伤(一人抱住腰部用力挣脱未果,被按倒在地,另一人脚踢腰部)。2014 年 5 月 20 日就诊 A 医院:胸背部外伤 3 h,局部红肿,疼痛。诊断:胸背部软组织伤。同年 5 月 23 日就诊 B 医院:腹痛 3 d 伴恶心、呕吐,24 h 尿量约 500 mL;实验室检查示肌酐 86 μmol/L、血钾 7.23 mmol/L。诊断:肾衰竭、高钾血症。同年 5 月25 日就诊 C 医院:实验室检查示血钾 3.86 mmol/L、血钠 131.7 mmol/L、肌酸激酶 1 376 U/L、血清蛋白 31.4 g/L、肌酐 724 μmol/L、尿素氮 16.1 mol/L、肌红蛋白 860 μg/mL、乳酸脱氢酶 680 U/L、尿蛋白微量。诊断：急性肾损伤（横纹肌溶解可能性大）。同年 5 月 27 日入住 D 医院：腰腹部痛 6 d，咳嗽、胸闷 3 d，引用 C 医院实验室检查结果，诊断：急性肾功能不全，横纹肌溶解综合征，肺部感染，双侧胸腔积液。法医学检查：活体检验及实验室检查均未见异常。鉴定意见：被鉴定人王××腰背部（肌肉组织丰富）受到挤压事实清楚，伤后出现横纹肌溶解，尿量减少，CPK 显著升高，肌红蛋白 860 μg/mL，肌酐、尿素氮升高，且出现急性肾衰竭，符合挤压综合征且达到Ⅱ级以上。根据《人体损伤程度鉴定标准》5.12.2e 之规定，其损伤程度评定为重伤二级（本案例来源：《法制博览》2016 年 9 月）。

六、脂肪栓塞综合征

（一）《人体损伤程度鉴定标准》

挤压综合征是指人体四肢或躯干等肌肉丰富部遭受事物（如石块等）长时间的挤压，在挤压解除后出现身体一系列的病理生理改变。其分度见表 12-22。

表 12-22　挤压综合征分度

条款	内容	损伤程度
5.12.2e	挤压综合征（Ⅱ级）	重伤二级
5.12.4c	挤压综合征（Ⅰ级）	轻伤二级

（二）结构与术语

1. 脂肪栓塞综合征　骨折处出血，骨髓腔内血肿张力过大，骨髓被破坏，或脂肪损伤，脂肪滴进入破裂的静脉窦，血液中出现脂肪栓子，随血循环进入各组织器官，引起毛细血管栓塞，产生病症。最常见的是肺脂肪栓塞和脑脂肪栓塞。

2. 形成机制　主流学说认为，脂肪栓子阻塞肺毛细血管，肺供血量不足，肺泡膜细胞产生脂肪酶，使脂肪栓子中的中性脂肪小滴水解成甘油和游离脂肪酸，释放儿茶酚胺，损伤毛细血管壁，使富含蛋白质的液体漏至肺间质和肺泡内，发生肺出血、肺不张和低氧血症。

（三）检查与诊断

1. 临床表现与分型

（1）骨折处出血、肿胀。

（2）不完全型脂肪栓塞综合征：骨折后出现胸部疼痛，呛咳震痛，胸闷气急，痰中带血，疲软，面色差，皮肤放点，脉搏细涩。

(3)完全型脂肪栓塞综合征(典型症候群)：初起表现为呼吸和心动过速、高热，随后出现神志不清以至昏迷、严重呼吸困难、口唇发绀、极度胸闷，眼结膜和肩胸部皮下有散在出血点。

2. 实验室检查

(1)血清脂肪酶升高，红细胞沉降率加快，血红蛋白降低，血小板减少，动脉血氧分压下降。

(2)肺部 X 射线检查可见多变的进行性的斑片状阴影和右心肥大。

(三)诊断标准

1. 主要标准

(1)皮下出血点，常见于头、颈及上胸部皮肤和黏膜。

(2)呼吸系统症状，表现为呼吸急促(>35 次/min)，胸部 X 射线有双肺暴雪状阴影。

(3)非颅脑损伤所致的脑部症状。

2. 次要标准

(1)血氧分压下降(<8.0 kPa)。

(2)血红蛋白下降(<100 g/L)。

3. 参考标准

(1)脉搏增快(>120 次/min)。

(2)尿中有脂肪滴。

(3)发热(>38 ℃)。

(4)红细胞沉降率加快(>70 mm/h)。

(5)血中有游离脂肪滴。

(6)血小板减少。

(7)血中脂肪酶增加。

(8)眼底镜检查视网膜有栓子。

以上标准中，主要标准有 2 项或主要标准 1 项同时次要或参考标准 4 项以上，可确证脂肪栓塞综合征；无主要标准，只有次要标准 1 项及参考标准 4 项者，为隐性脂肪栓塞综合征。

(四)鉴定要点

(1)注意骨折部位和骨折类型：骨盆和下肢骨折出血量较大，容易形成脂肪栓塞。骨折需累及骨髓腔，髓腔内积血。

(2)根据临床表现和实验室检查，判定综合征的类型：不完全型没有神经系统症状体征，不出现呼吸困难，实验室检查仅有脂肪酶升高、低氧血症、肺部阴影。

(3)须确定损伤(骨折)与肺脂肪栓塞综合征的直接因果关系。

(4)隐性脂肪栓塞综合征没有出现呼吸困难和脑部症状,尚未危及生命,但对人体造成了一定程度的损害。如原发损伤已达到轻伤,隐性脂肪栓塞综合征不再评定损伤程度,如原发损伤未达到轻伤,可以依据附则6.2,比照5.6.4h鉴定为轻伤二级。

【案例12-6】陈××,男,29岁,××年1月4日上午被人用推土机撞击双下肢。1月4日入院,右大腿及左小腿肿胀,X射线示右股骨干骨折、左胫腓骨骨折。1月6日体温升高,T 39 ℃,P 133次/min,呼吸急促,胸闷咳嗽,痰中带血;血气分析示pH值7.51,PO_2值53 mmHg、PCO_2值28 mmHg;胸部CT示双肺弥漫性斑片状阴影改变;血红蛋白80 g/L。鉴定意见:本例右股骨干骨折及左胫腓骨骨折,伤后2 d出现呼吸急促、体温升高、脉搏加快、低氧血症和双肺斑片状阴影,符合脂肪栓塞综合征诊断标准,属于完全型脂肪栓塞综合征。根据《人体损伤程度鉴定标准》5.12.2f之规定,其损伤程度应评定为重伤二级。

七、呼吸功能障碍

(一)《人体损伤程度鉴定标准》

脂肪栓塞一般指脂肪栓塞综合征。脂肪栓塞综合症是指骨盆或长骨骨折后24~48 h出现呼吸困难,意识障碍和瘀点。其分度见表12-23。

表12-23　脂肪栓塞分度

条款	内容	损伤程度
5.12.2f	损伤引起脂肪栓塞综合征(完全型)	重伤二级
5.12.3b	损伤引起脂肪栓塞综合征(不完全型)	轻伤一级

(二)结构与术语

1.急性呼吸窘迫综合征　急性呼吸窘迫综合征(ARDS)是指由各种肺内和肺外致病因素导致的急性弥漫性肺损伤和进而发展的急性呼吸衰竭。主要病理特征是炎症导致的肺微血管通透性增高,肺泡腔渗出富含蛋白质的液体,肺水肿及透明膜形成,常伴肺泡出血。主要病理生理改变是肺容积减少、肺顺应性降低、严重通气/血流比例失调。引起急性呼吸窘迫综合征的原因较多,常见的有多发性肋骨骨折、肺挫伤、肺破裂、血胸和气胸等胸部损伤,头部外伤昏迷者吸入血液或呕吐物、大量输血及输液过多、骨折后的脂肪栓塞、创伤后感染等,也是造成呼吸窘迫综合征的原因。

2. 急性肺损伤　急性肺损伤是各种直接和间接致病因素导致的肺泡上皮细胞及毛细血管内皮损伤，造成弥漫性肺间质及肺泡水肿，导致的急性低氧性呼吸功能不全。急性肺损伤和急性呼吸窘迫综合征是统一疾病过程的两个阶段，前者处早期，病情较轻，后者处后期，病情严重。

3. 窒息　窒息是呼吸过程任何环节受阻或异常，全身各器官组织缺氧，二氧化碳潴留，引起组织细胞代谢障碍、功能紊乱和形态结构损害的整个过程。呼吸过程由 3 个环节组成：一是外呼吸，包括肺通气和肺换气；二是血液中气体的运输；三是内呼吸，包括血液与组织、细胞间的气体交换过程和细胞内的氧化过程。根据窒息的原因、机制和病历过程，可将窒息分为 5 类：①机械性窒息，因机械性暴力作用引起的呼吸障碍所致窒息。②电性窒息，因电流作用，呼吸肌或呼吸中枢麻痹引起窒息。③中毒性窒息，因毒物作用，血红蛋白变性、红细胞携氧能力降低或组织细胞对氧的摄取及利用障碍产生的窒息。④缺氧性窒息，空气中氧气不足引起的窒息。⑤病理性窒息，由疾病引起的窒息。

（三）检查与诊断

1. 临床表现　窒息征象，临床表现为发绀，面、颈、上胸部皮肤出现针尖大小的出血点，球结膜下有出血斑点。急性呼吸窘迫综合征多在原发损伤后 72 h 内发生，几乎不超过 7 d。早期症状是呼吸加快，进行性加重的呼吸困难，发绀，常伴有烦躁、焦虑、出汗。呼吸困难的特点是呼吸深快、费力、胸廓紧束、严重憋气，即呼吸窘迫。吸氧不能改善，也不能用其他原发心肺疾病（气胸、肺气肿、肺不张、肺炎、心力衰竭）解释。早期双肺可闻及少量细湿啰音，后期可闻及水泡音，可有管状呼吸音。

2. 实验室检查

（1）胸部 X 射线检查：边缘模糊的肺纹理增多，继之出现斑片状乃至融合成大片状的毛玻璃或实变浸润影。特点是快速多变。

（2）动脉血气分析：氧分压降低、二氧化碳分压降低、pH 值升高。肺氧合功能指标对急性呼吸窘迫综合征的诊断和程度划分有重要意义，临床常用氧合指数（PaO_2/FiO_2，即氧分压/吸入氧浓度），正常值为 400～500 mmHg，≤300 mmHg 是诊断急性呼吸窘迫综合征的必要条件。

3. 诊断标准

（1）明确诱因下 1 周内出现的急性或进行性呼吸困难。

（2）胸部平片或 CT 显示双肺浸润影，不能完全用胸腔积液、肺不张和结节影解释。

（3）呼吸衰竭不能完全用心力衰竭和液体负荷过重解释。

（4）低氧血症，$PaO_2/FiO_2 \leq 300$ mmHg。

根据急性呼吸窘迫综合征柏林定义,同时满足上述4个条件,方可诊断急性呼吸窘迫综合征。

急性呼吸窘迫综合征分度见表12-24。

表12-24 急性呼吸窘迫综合征分度

程度	呼吸频率(次/min)	临床表现	X射线	血气分析
轻度	>35	无发绀	无异常或肺纹理增多	200 mmHg < PaO_2/FiO_2 ≤ 300 mmHg
中度	>40	发绀,肺部有异常体征	斑片状乃至融合成大片状的毛玻璃或实变浸润影	100 mmHg < PaO_2/FiO_2 ≤ 200 mmHg
重度	呼吸极度窘迫	发绀加重,肺广泛湿啰音	双肺大部分密度普遍增高	PaO_2/FiO_2 ≤100 mmHg

注:《人体损伤程度鉴定标准》附则B.8.5对急性呼吸窘迫综合征的诊断和分度给出了标准,本节所列标准可参考结合使用。

(四)鉴定要点

(1)关注原发损伤的部位和类型,特别是胸部、头部、颈部损伤,排除疾病因素(如过敏、呼吸道疾病、血液病等),明确损伤与急性呼吸窘迫综合征的直接因果关系。

(2)急性呼吸窘迫综合征是一个发展迅猛的动态过程,临床表现、X射线所见、血气分析变化快,差异大,鉴定时要多收集资料,注意比较,鉴定中体现急性呼吸窘迫综合征的这一特点。

(3)急性呼吸窘迫综合征必须达到重度,PaO_2/FiO_2≤100 mmHg,方可鉴定为重伤二级。

(4)其他机械性、中毒性、缺氧性因素引起呼吸功能障碍,发生窒息并出现窒息征象的,或急性呼吸窘迫综合征中度以下的,均鉴定为轻伤二级。

八、电击伤

(一)《人体损伤程度鉴定标准》

电击伤,指人体与电源直接接触后电流进入人体,造成机体组织损伤和功能障碍。其分度见表12-25。

表 12-25 电击伤分度

程度	临床表现
Ⅰ度	全身症状轻微,触电肢体麻木,全身无力,易恢复
Ⅱ度	触电肢体麻木,面色苍白,心跳、呼吸加快,可昏厥、意识丧失,但瞳孔不散大,对光反射存在
Ⅲ度	呼吸浅而弱、不规则,甚至呼吸骤停。心律失常,有心室颤动或心搏骤停

(二)结构与术语

(1)电击伤是指一定量电流通过人体引起不同程度的组织器官损伤和功能障碍。电击包括低压电(≤380 V)、高压电(>1 000 V)和超高电压或雷击(>1 000 万 V)3 种电击类型。

(2)电流斑,系电流入口,是带电导体与皮肤接触,电流通过完整皮肤时,在接触处产生的焦耳热及电解作用造成的特殊皮肤损伤。

典型电流斑呈灰白或灰黄色,质硬、干燥,中间凹陷,周围稍隆起,形似火山口。因电极与皮肤接触面形状不同,电流斑可呈圆形、椭圆形、条状、弧状、犁沟状或不规则形。

(3)皮肤金属化,系因电极金属在高温下熔化或挥发,金属颗粒在电场的作用下沉积于接触部位皮肤。因电极金属不同,皮肤可呈不同颜色:铜电极,皮肤呈淡绿色或黄褐色;铁电极,呈灰褐色;铝电极,呈灰白色。

(4)前臂腔隙综合征,电流烧伤部位组织炭化或坏死成洞,肌肉组织水肿坏死,肌肉筋膜下组织压力增加,出现神经和血管受压体征,脉搏减弱,感觉消失,可有功能障碍。

(三)检查与诊断

1. 临床表现

(1)全身表现:心悸、头晕痛、面色苍白;高压电击时可发生意识丧失、呼吸和心搏骤停;大面积体表烧伤时,可出现休克;直接肾损伤或肌肉坏死,可促发急性肾衰竭;心律失常、心功能障碍等。

(2)局部表现:可见电流斑,电流出口,皮肤金属化(高压电击时尤为明显),局部电烧伤,手接触高压电可以出现前臂腔隙综合征。

2. 实验室检查

(1)心电图检查:电流通过心脏时,可造成心肌和传导系统损伤,心电图显示心律失常、非特异性 ST 段降低、心房颤动、心室颤动或心肌梗死等改变。

(2)血液检验:直接肾损伤或较大面积肌肉坏死时,可检见肌球蛋白尿、肌红蛋白尿、血红蛋白尿和肌酐、尿素氮升高等急性肾衰竭血液改变。

3. 并发症和后遗症　电击伤24～48 h常出现并发症和后遗症：如心肌损伤、严重心律失常和心功能障碍；吸入性肺炎和肺水肿；消化道出血和穿孔、麻痹性肠梗阻；DIC和溶血；肌球蛋白尿或肌红蛋白尿和急性肾衰竭；骨折、肩关节脱位或无菌性骨坏死；鼓膜破裂、听力丧失。电击数天或数月可出现上升或横断性脊髓炎、多发性神经炎或瘫痪；角膜烧伤、视网膜剥离、白内障和实力障碍。孕妇遭电击可发生流产、死胎或宫内发育迟缓。

（四）鉴定要点

（1）确认电击伤，了解案情，注重现场勘验，根据临床表现，实验室检查，确定电击伤存在。注意，在潮湿环境，特别是水中，电击可能没有电流斑。

（2）电击伤的鉴定标准简单，分度标准仅以临床表现为依据，鉴定时不易把握。笔者认为：确定有电流进出口，证明电流已通过人体，即可鉴定为轻伤二级（进出口位于同一肢体，没有明显组织器官损伤的除外）。有明确的心脏损伤，出现心房颤动或心室颤动，或者有明显意识障碍，呼吸异常的，可鉴定为重伤二级。前臂腔隙综合征没有（明显）功能障碍的，鉴定为轻伤二级，有严重功能障碍的，依据肢体功能障碍鉴定。

表12-26　电击伤损伤程度

条款	内容	损伤程度
5.12.2h	电击伤（Ⅱ度）	重伤二级
5.12.4d	电击伤（Ⅰ度）	轻伤二级

（3）电击伤时，电流通过的器官系统均可能受到损伤。鉴定时，要根据电流入口和出口，判断电流路径，考虑电流可能损伤的组织器官，确定或排除与这些组织器官有关的并发症和后遗症。

（4）电击伤并发症和后遗症，是电流直接损害的后果，鉴定时不能遗漏，应当依据器官系统损伤相应标准鉴定损伤程度。

九、溺　水

溺水多见于意外和自杀，本节讨论的是被溺水者的损伤鉴定问题。

（一）《人体损伤程度鉴定标准》

淹溺又称溺水，是人淹没于水或其他液体介质中并受到伤害的状况。其分度见表12-27。

表 12-27 溺水分度

条款	内容	损伤程度
5.12.2i	溺水(中度)	重伤二级
5.12.4e	溺水(轻度)	轻伤二级

(二)结构与术语

溺水,是由于液体机械性阻塞呼吸道及肺泡,阻碍气体交换,体内缺氧,二氧化碳潴留,发生窒息的过程。引起溺水的液体包括淡水、海水、油、尿液、酒等,溺水可以发生在湖泊、海洋,也可以发生在盛装液体的容器中。

(三)检查与诊断

1.临床表现 溺水者临床表现个体差异大,与溺水时间长短、吸入液体量多少、吸入液体性质等因素有关。可有头痛或视觉障碍、剧烈咳嗽、胸痛、呼吸困难、咯粉红色泡沫样痰。溺入海水者,口渴,数小时内可有寒战和发热。口鼻腔可能有污泥,皮肤发绀,球结膜充血。烦躁、抽搐、昏睡、昏迷。呼吸表浅、急促,肺部可闻及干、湿啰音。心律失常、心音微弱。腹部膨隆,四肢厥冷。

2.实验室检查

(1)血和尿液检查:血常规白细胞轻度增高。溺淡水者,血钾升高,血和尿液中可出现游离血红蛋白。溺海水者,可有高钠血症或高氯血症。严重者,可有 DIC 实验室表现。

(2)心电图检查:窦性心动过速、非特异性 ST 段和 T 波改变、室性心律失常或完全性传导阻滞。

(3)动脉血气分析:低氧血症,大部分有混合性酸中毒。

(4)X 射线检查:胸片显示双肺斑片状浸润。

3.溺水的分度

1)轻度:刚落水片刻,神志清,血压升高,心率、呼吸增快。

2)中度:落水 1 ~2 min,神志模糊,呼吸不规则或者表浅,血压下降,心搏减慢,反射减弱。

3)重度:落水 3 ~4 min 后,昏迷,呼吸不规则,上腹部膨隆,心音减弱或者心搏、呼吸停止。

(四)鉴定要点

(1)充分了解案情,明确溺水时间,被救时的意识情况和身体状态;调阅病历,特别是首次病程记录;结合实验室检查结果,综合评定。

(2)溺水的分度仅以临床表现为依据,如临床记录不及时、不全面,鉴定就难以准确。及时进行实验室检查尤为必要,检查结果是溺水后果的客观表现,可作为溺水的证明和溺水程度的评判依据。

(3)溺水是个缺氧窒息过程,鉴定时要注重缺氧依据,如窒息征象、低氧血症,可以作为轻伤以上的客观依据。出现明显意识障碍;明显呼吸异常、胸片显示肺浸润;心电图显示室性心律失常或完全性传导阻滞的,应鉴定为重伤二级。出现 DIC 实验室表现的,应鉴定为重伤二级。

【案例 12-7】廖××,2016 年 5 月××日,乘游船时与同行李××发生争执,被李××推落入水,随即被救起。3 h 后到卫生院就诊:呼吸 23 次/min,脉搏 78 次/min,血压 118/81 mmHg,双眼睑球结膜轻微发红,余未见异常。其他送鉴材料,①同船乘客手机录视频:廖××入水到被救离水面,间隔 57 s;廖××入水后,头部在水中起伏,被救起后神志较清醒,呼吸急促,剧烈咳嗽,呕吐水样物,活动自如。②廖××、李××、游船工作人员询问笔录各一份:廖××被李××推落入水事实清楚。法医学检验:溺水 2 d 后鉴定,法医查体未见损伤,其他亦未见异常。鉴定意见:本例廖××溺水事实清楚,溺水时间短,溺水后呼吸加快,神志清醒,属轻度溺水,鉴定机构依据《人体损伤程度鉴定标准》5.12.4e 规定,评定其损伤程度为轻伤二级。

十、异物存留

(一)《人体损伤程度鉴定标准》

异物存留,指受伤后异物存留在机体内,常见异物如木刺,石子等。主要危害是异物引起的感染、功能障碍及重要脏器和大血管的损伤。其分度见表 12-28。

表 12-28 异物存留损伤分度

条款	内容	损伤程度
5.12.2j	脑内异物存留;心脏异物存留	重伤二级
5.12.4h	面部异物存留;眶内异物存留;鼻窦异物存留	轻伤二级
5.12.4i	胸腔内异物存留;腹腔内异物存留;盆腔内异物存留	轻伤二级
5.12.4j	深部组织内异物存留	轻伤二级

(二)结构与术语

(1)各种损伤造成人体组织器官内存留非本组织器官的物质,称异物存留。异物包括非人体组织和人体组织器官损伤破碎后的游离组织。

(2)本节所指的深部组织,是指皮下组织以下的组织,包括肌肉、骨骼、血管、神经及其他软组织，不包括皮肤和皮下组织，也不包括本节鉴定条文中所列的腔窦和组织器官。

（三）检查与诊断

异物进入人体内，对存留部位组织器官造成原发性损害和继发性病变，可以有相应的临床表现。

异物存留人体内，主要依靠影像学检查（X 射线、CT、MRI、B 超等）发现，手术也能发现体内异物。

（四）鉴定要点

（1）本节所指的异物存留，是指异物留在体内没有临床症状或者症状轻微，没有功能障碍，但有潜在性危害的情形。

（2）异物对组织器官造成的原发性损害和继发性病变，依照组织器官相应鉴定标准评定损伤程度。

（3）异物存留在脑、心脏等重要器官内，因头部活动、心肌收缩，异物有移动游走的可能，即使手术也会造成严重损害，有危及生命的潜在危险，应评定为重伤二级。

（4）异物经手术去除的，不再适用上述鉴定条款，但手术过程中不可避免的破坏造成组织器官损害，达到轻伤以上鉴定标准的，可以依据附则 6.2，参照本节相关条款鉴定。

【案例 12-8】王××，男，12 年前被人用火药枪击伤右胸部，即于当地镇医院捆绑包扎，随后因胸部疼痛加剧入住当地县医院。右肩背部见多处不规则弹片裂口；X 射线示右侧血气胸、右胸腔内异物；予抗炎、镇痛等治疗，未取出异物。法医学检验：右腋窝处见 4.0 cm×1.5 cm 陈旧性瘢痕，右侧背部见 0.8 cm×1.0 cm 陈旧性瘢痕；X 射线片示右胸腔多个异物存留；复查 CT 示胸壁上、胸腔内有多个异物，其中一异物存在于右肺上叶，一异物存在于肝右叶。鉴定意见：本例异物存留于肺和肝内，伤时未致肝、肺组织严重损害而危及生命，存留时间 12 年，也未引起肝、肺功能障碍，且异物已被结缔组织包裹，后期对肝、肺组织造成损害的可能性小。根据《人体损伤程度鉴定标准》5.12.4i 规定，其损伤程度应评定为轻伤二级。

十一、阴茎勃起功能障碍

（一）《人体损伤程度鉴定标准》

阴茎勃起功能障碍是最常见的一种男性功能障碍，指阴茎持续不能达到或维持足够的勃起以完成满意性生活，病程在 3 个月以上。其分度见表 12-29。

表 12-29 阴茎损伤分度

条款	内容	损伤程度
5.12.2k	器质性阴茎勃起功能障碍(重度)	重伤二级
5.12.3c	器质性阴茎勃起功能障碍(中度)	轻伤一级
5.12.4m	器质性阴茎勃起功能障碍(轻度)	轻伤二级

(二)结构与术语

(1)阴茎勃起功能障碍,是指阴茎持续或反复不能达到或维持足够勃起以完成满意性生活。按照病因可分为心理性、器质性和混合性勃起功能障碍3类,器质性勃起功能障碍又分为血管性(包括动脉性、静脉性和混合性)、神经性、内分泌性和解剖结构性。

(2)与阴茎勃起功能障碍有关的因素较多,例如,年龄增长;躯体疾病,包括心血管病、高血压、糖尿病、肝肾功能不全、高脂血症、肥胖、内分泌疾病、神经疾病、泌尿生殖系统疾病等;精神心理因素;用药,主要包括利尿剂、抗高血压药、心脏病用药、催眠药、抗抑郁药、激素类药、细胞毒类药、抗胆碱药等;不良生活方式,包括吸烟、酗酒、过度劳累等;外伤、手术及其他医源因素。

(三)检查与诊断

(1)通过国际勃起功能评分表(表 12-30),询问病人过去6个月有关性活动的5个问题,根据回答结果鉴定勃起功能障碍的严重程度。总分25分,重度1~7分、中度8~11分、轻到中度12~16分、轻度17~21分、正常22~25分。

表 12-30 勃起功能评分

题目	评分标准(分)					
	0	1	2	3	4	5
对获得勃起和维持勃起的自信度如何	无	很低	低	中等	高	很高
受到性刺激而又勃起,有多少次能够插入阴道	无性活动	几乎没有或完全没有	少数几次(远少于一半时候)	有时(约一半时候)	大多数时候(远多于一半时候)	几乎总是或总是

续表 12-30

题目	评分标准(分)					
	0	1	2	3	4	5
性交时,有多少次能在进入阴道后维持勃起状态	没有尝试性交	几乎没有或完全没有	少数几次(远少于一半时候)	有时(约一半时候)	大多数时候(远多于一半时候)	几乎总是或总是
性交时,维持阴茎勃起至性交完成有多大困难	没有尝试性交	困难极大	困难很大	困难	有点困难	不困难
性交时,有多少次感到满足	没有尝试性交	几乎没有或完全没有	少数几次(远少于一半时候)	有时(约一半时候)	大多数时候(远多于一半时候)	几乎总是或总是

(2)夜间阴茎勃起试验(NPT)是区分心理性和器质性勃起功能障碍的最好方法,必要时联合睡眠监测,更有助于结果评价。

(3)为进一步查明器质性的原因,可以进行阴茎海绵体注射血管活性药物试验、血管彩色双功能超声检查、勃起神经监测(包括阴茎生物阈值、球海绵体反射潜伏期和神经传导速度测定等)、内分泌激素检测等。

(4)器质性勃起功能障碍的诊断:①神经性勃起功能障碍,有阴部神经功能障碍的临床表现;勃起神经监测显示阈值升高、潜伏期延长、传导速度减慢;阴茎勃起最大硬度60%,或≥60%但持续时间小于10 min。②血管性勃起功能障碍:阴茎血液循环不良(如海绵体纤维化等)阴茎血管超声检查异常:阴茎勃起最大硬度<60%,或≥60%但持续时间小于10 min。③内分泌性勃起功能障碍:有内分泌系统功能紊乱的临床表现;血液生化检测示激素水平异常(包括睾酮、黄体生成素、雌二醇等);阴茎勃起最大硬度<60%,或≥60%但持续时间小于10 min。

(5)阴茎勃起功能障碍的分度:①重度,阴茎无勃起反应,硬度及周径均无改变。②中度:阴茎勃起时0<最大硬度≤40%,每次勃起持续时间小于10 min。③轻度:阴茎勃起时40%<最大硬度<60%,每次勃起持续时间小于10 min。

(四)鉴定要点

阴茎勃起功能障碍致病因素多,检查手段专业,建议依据专业机构检查结果评定损伤程度。

(1)明确阴茎勃起功能障碍的器质性原因,确定原发损伤与勃起功能障碍的直接因果关系,排除心理性和自身疾病性勃起功能障碍。有两种以上器质性原因的,应分别阐述。

(2)混合性的勃起功能障碍,须对器质性原因分析评判,原发损伤足以引起勃起功能障碍的,无论有无心理性和疾病性因素,依据相关条款鉴定损伤程度;损伤和疾病共同作用,难分主次的,降一等级评定损伤程度;因损伤引起被鉴定人心理障碍而出现勃起功能障碍的,只分析原因,不评定损伤程度。

(3)损伤后器质性勃起功能障碍的认定,必须通过连续 3 个晚上的 NPT 来评估,必要时联合动态睡眠监测,排除睡眠质量影响。

(4)勃起功能障碍应在损伤 6 个月以后进行鉴定。不满 16 周岁的未成年人原则上暂不进行勃起功能鉴定。

十二、假体或内固定装置损坏

(一)《人体损伤程度鉴定标准》

骨折,指骨结构的连续性完全或部分断裂。其分度见表 12-31。

表 12-31　骨折分度

条款	内容	损伤程度
5.12.4k	骨折内固定物损坏需要手术更换或修复	轻伤二级
5.12.41	各种置入式假体装置损坏需要手术更换或者修复	轻伤二级

(二)结构与术语

1. 假体　《人体损伤程度鉴定标准》所称的假体,是指植入人体内、整体或部分替代组织器官功能的装置。如颅骨修补材料、人工晶状体、义眼、种植牙、人工关节、起搏器、支架、阴茎假体等。

2. 骨折内固定　不稳定性骨折及移位性骨折,需要手术切开复位,并放置硬物(内固定物)保护支撑,使骨折处临时不再承重,骨折顺利愈合。内固定物损坏断裂与多种因素有关,如内固定物材质、外力、手术中骨折未解剖复位、安放位置不当、固定不牢、术后锻炼不恰当等。

(三)检查与诊断

(1)骨折内固定断裂,因支撑和保护功能丧失,未完全愈合的骨骼可能再次断裂,骨折局部畸形,相应肢体功能异常。假体损坏,其替代的功能丧失或异常。

(2)外露的假体损坏,容易发现;植入体内的假体或内固定损坏,需借助影像学(X射线、CT、B超等)检查发现;手术也是确诊的方法。

(四)鉴定要点

(1)骨折内固定物或假体损坏,必须手术修补或更换的,方能使用《人体损伤程度鉴定标准》。损坏程度轻,并有较轻替代功能损害,无须手术的,可以依据本《人体损伤程度鉴定标准》附则6.2,比照相关条文评定为轻微伤。

(2)本《人体损伤程度鉴定标准》所指的假体,不包括可摘除的义眼、义齿等。假体损坏须与外力有直接因果关系。

(3)骨折内固定物损坏,鉴定时要考虑外力的大小和作用方式,排除因骨不连或延迟愈合、内固定物疲劳而自行损坏的可能,排除手术时的技术问题和内固定物的材质问题,明确外力与内固定物损坏的直接因果关系。

(4)固定义齿的损坏比照《人体损伤程度鉴定标准》牙齿损伤的相应条款评定。

【案例12-9】2017年11月18日,潘××(女,48岁)因纠纷发生打架致其受伤。外伤后医院检查腰背部压痛(+),叩击痛(+),左髋部压痛(+),双下肢肌力正常,无麻木感。X射线:腰椎术后改变并钉棒断裂。后于2017年12月5日行“腰椎金属异物取出术+椎间隙融合器置入+钉棒系统内固定术”。经查证,潘××2015年8月2日因不小心跌倒致腰4/5椎体滑脱,做过钉棒内固定+椎旁植骨术。被鉴定人潘××曾于2015年8月2日行钉棒内固定、椎旁植骨术,经调原始病历,植入的内固定有医疗器械合格证。此手术有可能出现钉棒的疲劳性断裂,且2016年12月4日复查X射线片显示复位位置有丢失,此时钉棒已有疲劳性应力作用;2017年11月18日因纠纷发生打架而发现腰椎内固定钉棒断裂。综上所述,被鉴定人潘小平2017年11月18日的腰椎内固定钉棒断裂可以为疲劳性应力与外力共同作用所致,依据《人体损伤程度鉴定标准》4.3.2、5.12.4k,其损伤程度属轻微伤。

参考文献

[1]王俭,贾文霄,张雪宁.感染与炎症放射学 颅脑脊髓卷[M].北京:科学出版社, 2021.

[2]李宏军.感染与炎症放射学:骨肌卷[M].北京:科学出版社, 2020.

[3]鲁宏,刘衡,战跃福.脑水肿机制与多模态磁共振成像[M].北京:中国科学技术出版社, 2021.

[4]周志官.人体损伤的伤残评定:50 个实例评残策略[M].上海:复旦大学出版社, 2020.

[5]顾晓峰.脊柱损伤法医临床鉴定实务[M].南京:东南大学出版社, 2017.

[6]陈林.人体损伤程度鉴定实战指引[M].北京:法律出版社, 2019.

[7]郭满珍.人体损伤医学影像学与司法鉴定[M].郑州:郑州大学出版社, 2022.

[8]刘丽云.常用司法鉴定意见质证要点[M].北京:法律出版社, 2021.

[9]钟庆旭.法医临床司法鉴定实践与应用[M].南宁:广西科学技术出版社, 2020.

[10]司法部公共法律服务管理局,司法鉴定科学研究院.2019 司法鉴定能力验证鉴定文书评析[M].北京:科学出版社, 2020.

[11]DOUGLAS H. 全球司法鉴定实践[M].何晓丹,译.北京:科学出版社, 2019.

[12]程燕.数字影像司法鉴定研究[M].北京:法律出版社, 2019.

[13]李桢.法医学司法鉴定实践[M].昆明:云南科技出版社, 2019.

[14]沈忆文.法医学[M].上海:复旦大学出版社有限公司, 2021

[15]赵虎,刘超.高级法医学[M].3 版.郑州:郑州大学出版社, 2021.

[16]廖林川.法医学[M].4 版.北京:高等教育出版社, 2021.

[17]郝树勇.法医学[M].北京:法律出版社, 2020.

[18]林子清,陈霆宇.法医学[M].2 版.北京:中国人民公安大学出版社, 2020.

[19]李玲,侯一平.法医学[M].2 版.北京:人民卫生出版社, 2020.

[20]王慧君.法医学[M].郑州:郑州大学出版社, 2019.

[21]李连宏.法医学[M].北京:科学出版社, 2019.
[22]刘耀,丛斌,胡丙杰.中国法医学70年理论与实践[M].北京:科学出版社, 2019.
[23]刘迎春.法医学[M].北京:法律出版社, 2018.